KB039393

존 볼비의
안전기지

• 애착이론의 치료적 적용 •

John Bowlby 저   김수임 · 강예리 · 강민철 공역

a secure base
Clinical Applications of Attachment Theory

학지사

A Secure Base

by John Bowlby

Copyright © 1988 by John Bowlby
Authorized translation from the English language edition published by
Routledge, a member of the Taylor & Francis Group.

All rights reserved.

Korean Translation Copyright © **2014** by Hakjisa Publishers
This translation is published by arrangement with Routledge, a member of
the Taylor & Francis Group through Imprima Korea Agency.

이 책의 한국어 판 저작권은 Imprima Korea Agency를 통해
Routledge, a member of the Taylor & Francis Group와의
독점계약으로 '(주)학지사'에 있습니다.
저작권법에 의하여 한국 내에서 보호를 받는 저작물이므로
무단전재와 무단복제를 금합니다.

역자 서문

이 책은 애착이론에 관련된 논문을 읽을 때면 거의 빠짐없이 인용되는 Bowlby의 저서 중 하나다. 주로 발달적인 측면에서 이해되었던 애착이론이 최근에는 상담이론으로서 부각되는 추세다. 이는 새로운 경향이 아니라 Bowlby가 처음 애착이론을 제안할 때부터 의도했던 바이기도 하다. 이 책의 부제를 통해서도 알 수 있듯이 Bowlby는 애착이론을 치료적 관계에 적용하고 싶어 했다. 이것이 처음에 이 책에 관심을 갖고 번역하기로 마음먹은 이유다.

원저의 부피가 그리 크지 않아 겁 없이 번역작업을 시작하였으나 막상 그 과정은 쉽지 않았다. 이 책은 Bowlby가 처음부터 책으로 쓴 것이 아니라 여러 곳에서 강연했던 내용을 정리하여 모아 놓은 일종의 강연 모음집이다. 그러다 보니 어투가 구어체적인 것이 상당히 많았고 이를 활자화된 책의 성격에 맞게 다듬는 과정이 필요했다. 번역과정에서는 강연 모음집인 만큼 Bowlby가 말하는 듯한 느낌을 최대한 자연스러운 범위에서 살리고자 하였다.

한편 Bowlby는 애착이론을 과학적 원리에 근거하여 특히 동물행동학이라는 생물학적 지식을 적용하여 체계적인 이론을 정립하고자 하였다. 당시 정신분석학과 행동주의가 팽배한 시대 분위기 속에서 애착이론이라는 새로운 개념적 틀을 피력해야 했던 Bowlby는 최대한 증거에 기초하여 다른 분야와 구별되는 점을 말하려고 애쓰고 있다.

오늘날에는 많은 상담자와 연구자가 애착이론에 관심을 가지고 있으며, 이미 그 내용에 대해서도 많이 알고 있다. 그러나 이 책의 특징이라면 애착이론의 개발자를 통해 이론의 핵심을 들을 수 있을 뿐 아니라 이론을 발전시키게 된 구체적인 배경에 대해서도 보다 생생하게 이해할 수 있다는 점이다. 이 책이 애착이론에 관심이 있는 상담자, 연구자, 일반인에게 애착이론을 안내하는 흥미로운 길잡이가 되길 기대한다.

이 책의 구성은 다음과 같다. 제1장 '어린 자녀 양육'과 제2장 '애착이론의 기원'에서 이론의 기본 틀에 대해 개관하고 있다. 제3장 '예술 및 과학으로서의 정신분석'과 제4장 '자연과학으로서의 정신분석'에서는 정신분석과 구별되는 애착이론의 방법론과 특징에 대해 주로 다룬다. 제5장 '가정폭력'과 제6장 '확인받지 못한 사고와 감정'에서는 부모의 잘못된 양육이 정신병리에 영향을 미치는 점에 대해 설명하고 있다. 제7장 '성격발달에서 애착의 역할'은 애착 패턴이 어떻게 형성되고 지속되는지에 대해 기술하고 있으며, 마지막으로 제8장 '애착, 의사소통, 치료과정'에서는 치료관계에서 애착이 어떻게 치료적으로 적용될 수 있는지에 대해 다루고 있다.

번역은 세 명의 역자가 나누어 초벌 번역하고 교차 검토한 후

전체적으로 자연스럽게 다듬는 과정을 거쳤다. 강예리 선생님은 영국에 거주하고 있어서 메일을 통해 의견을 주고받았는데 이렇게 함께할 기회를 갖게 되어 감사하다. 또한 좋은 동료인 강민철 선생님에게 감사의 마음을 전한다. 번역을 하는 데 예정된 시간보다 많은 시간이 지체되었다. 그 시간을 인내로 기다리며 출판을 도와주신 학지사 김진환 사장님을 비롯한 학지사 관계자 여러분께 깊이 감사드린다.

2014년 3월
역자 대표 김수임

감사의 글

과거 10년 동안 나는 타비스톡 클리닉의 직원 및 학생들을 비롯하여 유아기와 아동기에 애착 패턴이 어떻게 발달하는지에 대한 선구적인 연구에 참여했던 동료들과 수많은 대화를 하였다. 때로는 유용한 제안으로, 때로는 꼭 필요한 수정으로 늘 자극과 격려를 준 데 대해 그들에게 깊이 감사한다. 오랜 세월 동안 나의 관심사를 자신의 것으로 삼아 헌신해 준 나의 비서 Dorothy Southern에게도 깊이 감사한다.

이 책의 장들을 준비하면서 편집상 도움을 주고 색인을 만들어 준 Molly Townsend에게도 감사하다.

이 책의 처음 6개 장은 다른 출판물에 나왔었는데, 여기에 다시 출판할 수 있도록 허락해 준 출판 관계자 여러분에게 감사를 전한다. 제1장은 *Parenthood: A psychodynamic Perspective* (Rebecca S. Cohen, Bertram J. Cohler, & Sidney H. Weissman 편저, the Guilford Press; New York, 1984), 제2장은 Attachment and loss: retrospect and prospect(*American Journal of Orthopsychiatry, 52*, 664-678,

1982), 제3장은 Psychoanalysis as art and science (*International Review of Psychoanalysis, 6*, 3-14, 1979), 제4장은 Psychoanalysis as a natural science(*International Review of Psychoanalysis, 8*, 243-256, 1981), 제5장은 Violence in the family as a disorder of the attachment and caregiving systems(*The American Journal of Psychoanalysis, 44*, 9-27, 1984), 제6장은 *Cognition and Psychotherapy* (Michael J. Mahoney & Arthur Freedman 편저, Plenum Publishing Corporation; New York & London, 1985)의 6장으로, 이는 On Knowing what you are not supposed to know and feeling what you are not supposed to feel(*Canadian Journal of Psychiatry, 24*, 403-408, 1979)에서 확장된 것이다.

John Bowlby

A Secure Base: Clinical Applications of Attachment Theory

저자 서문

나는 1979년에 『정서적 유대의 형성과 파괴(*The Making and Brea-king of Affectional Bonds*)』라는 제목으로 20년 동안 다양한 청중에게 해 온 강의를 모아 작은 모음집을 출간하였다. 이 책은 그때 이후 해 온 강의 가운데 선별한 것을 제시하였다. 처음 5개 장은 각각 특별한 경우에 특정의 청중에게 강의했던 것이다. 자세한 내용은 장마다 맨 앞에 제시한 간략 서문에 기술되어 있다. 나머지 3개 장은 유럽과 미주 국가에 있는 정신건강 전문가로 구성된 청중에게 즉흥적인 형태로 했던 강의를 확장한 버전이다. 이전 모음집에서처럼 나는 각 강의를 원래 버전에 가까운 형태로 출판하는 것이 가장 좋다고 생각했다.

모든 강의의 기초에 애착이론이 담겨 있기 때문에 어느 정도 생략함으로써 지나치게 중복되는 것을 막고자 했다. 나머지 경우는 동일한 아이디어지만 서로 다른 맥락에서 제시함으로써 이론의 뚜렷한 특징을 명료화하고 강조하고자 하였다.

애착이론은 치료자가 정서적으로 훼손된 환자와 가족을 위한 진단 및 처치에 사용하도록 만들었으나, 지금까지 그 용도는 주로 발달심리학에서의 연구를 촉진하는 데 있었다. 나는 이러한 연구 결과가 성격발달 및 정신병리에 대한 우리의 이해를 크게 확장해 주고, 또 가장 큰 임상적 연관성을 갖기 때문에 환영한다. 그러면서도 아직 치료자들이 이론의 활용을 검증하는 데는 매우 느린 것 같아 실망스럽다. 아마도 여기에는 많은 이유가 있을 것이다. 한 가지 이유는 처음에 의존하는 자료가 지나치게 행동적인 데 있는 것 같다. 다른 이유는 치료자가 매우 바쁜 사람이어서 낯선 개념적 틀을 완성해 가는 일이 자신의 임상적 이해와 치료기술을 향상하는 데 도움이 된다고 믿을 만한 강력한 근거가 있지 않는 한 시간을 투자하려 하지 않기 때문이다. 조망이 필요한 이들에게 여기에 모은 강의 내용이 유용한 입문서의 역할을 하기 바란다.

A Secure Base: Clinical Applications of Attachment Theory

차례

□ 역자 서문 / 3
□ 감사의 글 / 7
□ 저자 서문 / 9

CHAPTER **01** 어린 자녀 양육 14

없어서는 안 될 사회적 역할 _ 17

동물행동학적 접근법 _ 19

어머니-유아 상호작용의 시작 _ 23

어머니와 아버지의 역할: 유사점과 차이점 _ 27

안전기지의 제공 _ 30

임신기와 산후기의 지지 및 방해 요인 _ 32

부모의 아동기 경험이 미치는 영향 _ 35

최선의 도움을 제공하는 법 _ 39

CHAPTER **02** 애착이론의 기원 42

이론에 대한 새로운 관점 _ 49
연구 _ 65

CHAPTER **03** 예술 및 과학으로서의 정신분석 68

연구의 초점 _ 72
정보를 선택하는 양식 _ 73
회의와 믿음 _ 74

CHAPTER **04** 자연과학으로서의 정신분석 96

CHAPTER **05** 가정폭력 122

도입 _ 125
개념적 틀 _ 127
연구 결과 _ 132
예방책 _ 149

CHAPTER 06 확인받지 못한 사고와 감정 154

CHAPTER 07 성격발달에서 애착의 역할 184

애착이론의 독특한 특징 _ 187
친밀한 정서적 유대의 시초 _ 188
애착 패턴 및 발달을 결정하는 조건 _ 192
패턴의 지속 _ 196
내면화 이론 _ 199
어머니의 아동기 경험 회상 방식에서의 다양성 _ 204
성격발달의 경로 _ 207

CHAPTER 08 애착, 의사소통, 치료과정 210

다섯 가지 치료과제 _ 213
전이관계에 미치는 초기 경험의 영향 _ 219
아동기의 병리적 상황 및 사건 _ 224
치료자의 입장 _ 231
정서적 의사소통과 내적 작동모형의 재구조화 _ 235

□ 참고문헌 / 239
□ 찾아보기 / 263

어린 자녀 양육

애착이론의 기원

예술 및 과학으로서의 정신분석

자연과학으로서의 정신분석

가정폭력

확인받지 못한 사고와 감정

성격발달에서 애착의 역할

애착, 의사소통, 치료과정

CHAPTER 01

🌻 1980년 초에 나는 미국에서 강의를 하고 있었다. 그 무렵 시카고에 있는 마이클 리스(Michael Reese) 병원의 한 정신의학 담당직원이 자녀 양육을 주제로 한 회의에 참석해 달라는 초청장을 보내왔다.

🍄 없어서는 안 될 사회적 역할

대부분의 사람은 삶에서 어느 시점에 이르면 아이를 갖고 싶어 하며, 또한 아이가 건강하고 행복하며 자립적인 존재로 성장하기를 희망한다. 이를 훌륭히 수행해 낸 부모에게는 큰 보상이 따르지만, 아이를 건강하고 행복하며 자립적인 존재로 양육하는 데 실패한 부모는 불안, 걱정, 갈등, 수치심, 죄책감 등을 경험하게 된다. 즉, 부모가 되기 위해서는 커다란 위험을 감수해야 한다. 더욱이 성공적인 양육은 다음 세대의 정신건강에 핵심적인 부분을 차지하기 때문에, 우리는 양육의 특성과 아동발달에 영향을 미치는 다양한 사회적 · 정신적 조건에 대해 가능한 한 많은 것을 알아야 한다. 이러한 주제는 상당히 광범위하기 때문에 내가 이 책을 통해 기여할 수 있는 바는 이와 관련하여 나의 동물행동학적(ethological) 사고방식을 개괄적으로 제시하는 정도라 생각한다.

구체적인 내용으로 들어가기 전에 먼저 몇 가지 일반적인 내용에 대해 언급하도록 하겠다. 성공적인 부모가 되기 위해서는 여러 가지 매우 힘든 일을 견뎌야 한다. 갓난아기를 돌보는 것은 쉴 없이 매우 많은 시간을 쏟아부어야 하는 일로, 부모는 때로 매우 걱정스러운 상황을 맞이하게 된다. 비록 아이가 성장함에 따라 일이 점차 줄어들기는 하지만, 잘 자라고 있다 하더라도 아이는 여전히 부모의 관심과 시간을 필요로 한다. 이는 오늘날 많은 사람에게 있어 받아들이기 쉽지 않은 사실이다. 아이에게 관심과 시간을 쏟아붓는 일은 다른 관심과 활동의 희생을 의미한다. Grinker(1962)와

Offer(1969)의 연구를 포함한 여러 연구에 따르면, 건강하고 행복하며 자립적인 청소년 및 초기 성년기 성인은 어린 시절 어머니와 아버지 모두가 상당한 관심과 노력을 자녀에게 기울이는 가정에서 성장했음을 보여 준다.

나는 또한 어린아이를 돌보는 일이 한 사람이 전담하는 일이 되어서는 안 된다는 점을 강조하고자 한다. 아이 양육이 제대로 이루어지고 주 양육자가 소진된 상태에 이르지 않기 위해서는, 주 양육자를 물심양면으로 도와주는 사람이 곁에 있어야 한다. 주 양육자를 도와주는 사람은 상황에 따라 다를 수 있는데, 주로 남편(주 양육자가 아버지인 경우에는 아내)이 그 역할을 맡지만 할머니가 맡는 경우도 많다. 때로는 청소년기의 여자 아이나 젊은 성인 여성이 그 역할을 맡기도 한다. 어린아이를 양육하는 데 주변의 도움이 필요하다는 사실은 대부분의 사회에서 당연한 것으로 받아들여져 왔으며, 사회 역시 이에 맞추어 조직화되어 왔다. 하지만 역설적으로, 부유한 사회일수록 이러한 기본적인 사실을 간과해 온 것으로 보인다. 물질생산에 기여하는 인력은 경제지표에 보탬이 되는 것으로 산정되는 반면, 가정에서 행복하고 건강하며 자립적인 아이를 키우는 데 헌신하는 인력은 전혀 중요하게 인정되지 않는다. 우리는 뒤죽박죽인 세상을 만들어 온 것이다.

하지만 나는 여기서 복잡한 정치적·경제적 논쟁을 하고 싶지는 않다. 내가 이에 대해 지적한 이유는 단지 우리가 살고 있는 사회가 진화론적인 측면에서 과거의 산물이기는 하지만 많은 면에서 매우 기이한 특성을 가지고 있는 사회라는 점을 상기시키고자 하는 데 있다. 잘못된 규범을 채택하게 되면 많은 위험이 뒤따르게 된다. 만성적으로 음식이 부족한 사회에서 영양결핍을 당연한 것으로 받아들이듯이, 도움 없이 어린아이를 키우는 것이 만연된 사회에서는 이러한 상태를 당연하게 받아들인다.

🍄 동물행동학적 접근법

나는 앞서 자녀 양육이라는 인간의 행동을 이해하는 데 있어 나의 접근법이 동물행동학적 관점에서 비롯된 것이라 하였는데, 여기에서 그 이유를 설명해 보고자 한다.

과거에는 어린아이가 어머니에 대해 갖는 유대를 의존으로 간주하였다. 하지만 이는 의존이라기보다 사전에 프로그램화된 독특한 행동패턴의 결과로 보아야 한다. 이러한 행동패턴은 예측 가능한 보통의 환경 아래서 생애 초기 수개월 사이에 발달하며, 어머니에 대해 가능한 한 가까운 근접성을 유지하고자 하는 형태로 나타난다. 생후 첫해 말에 이르면 이러한 행동은 인공두뇌학적으로 조직화된다. 이는 어떤 특정 조건이 일어날 때마다 그 행동체계가 활성화되고 다른 조건이 발생하게 되면 그 행동체계가 비활성화됨을 의미한다. 예를 들어, 아이가 고통스럽거나 지쳐 있을 때, 혹은 무서움을 느끼거나 어머니가 근처에 없다고 인식했을 때 아이의 애착행동은 활성화된다. 애착행동이 비활성화되는 조건은 활성화 자극의 강도에 따라 달라진다. 자극의 강도가 작을 경우에는 단순히 어머니를 보거나 어머니의 목소리를 듣는 것만으로도 충분할 수 있으나, 자극의 강도가 클 경우에는 신체 접촉이나 매달림이

20

필요하기도 하다. 아이가 매우 고통스럽거나 불안한 경우와 같이, 활성화 자극의 강도가 매우 강한 경우에는 어머니의 장시간 포옹 없이는 애착행동이 좀처럼 비활성화되지 않는다. 애착행동의 생물학적 기능은 보호, 특히 포식자로부터의 보호다.

위의 예에서는 아이와 어머니에 대해 다루었다. 하지만 애착행동은 결코 아이에게서만 일어나는 것이 아니다. 대개 덜 일어나기는 하지만 불안하거나 스트레스 상황하에 놓여 있는 청소년이나 성인 역시 애착행동을 한다. 임신한 여성이나 어린아이를 키우는 어머니가 돌봄을 받으려는 욕구를 강하게 가지고 있다는 것은 전혀 놀랄 일이 아니다. 이러한 상황에서 애착행동의 활성화는 매우 보편적인 것으로, 나는 이를 일반적인 현상으로 받아들여야 한다고 생각한다.[1]

나이와 관련 없이 나타나면서 임상적으로 가장 중요한 애착행동의 특성은 애착행동에 수반되는 정서의 강도다. 이러한 정서의 종류는 애착인물과 얼마나 좋은 관계에 있는지에 따라 달라진다. 부모와 자녀 사이에 긍정적인 관계가 형성된 경우 기쁨과 안전감이 뒤따르는 반면, 그 관계가 위험에 처해 있는 경우 시샘, 불안, 분노 등의 감정이 수반된다. 그 관계가 심하게 손상된 경우에 자녀는 큰 슬픔과 우울을 경험하게 된다. 또한 애착행동이 어떻게 조직화되는가는 상당 부분 개인이 어린 시절 가정에서 어떠한 경험을 했느냐에 의해 좌우된다는 강력한 증거가 있다.

---

[1] 남편이나 어머니로부터 더 많은 보살핌을 받고자 하는 열망은 Wenner(1966)와 Ballou(1978)의 연구에서 보고된 바 있다.

나는 애착이론이 지금까지 나온 이 분야의 여러 다른 이론에 비해 많은 이점을 가지고 있다고 믿는다. 이 이론은 관찰된 자료를 보다 잘 설명할 수 있을 뿐 아니라 현대 생물학 및 신경생리학과 양립 가능한 개념적 틀을 제공해 준다.

양육에 대해서도 마찬가지로 동물행동학적인 면에서 유용하게 접근할 수 있다. 이를 위해서는 양육행동 패턴의 특징, 특정 양육행동을 활성화하거나 종료하는 조건, 아이의 성장에 따른 양육행동 패턴의 변화 양상, 양육행동이 개인에 따라 다르게 조직화되는 여러 방식, 양육행동의 발달에 영향을 미치는 수많은 경험 등을 관찰하고 기술하는 것이 필요하다.

이 접근법은 양육행동 역시 애착행동과 마찬가지로 어느 정도는 사전에 프로그램화된 특징을 가지고 있으며, 그렇기 때문에 특정 노선을 따라 일정한 방식으로 발달해 간다는 가정을 암묵적으로 내포한다. 이는 일반적인 상황에서 부모가 아기를 안거나, 달래거나, 따뜻함을 제공해 주거나, 보호해 주거나, 젖을 주거나 할 때 어떤 전형적인 방식으로 행동하려고 하는 강한 욕구를 가지고 있음을 의미한다. 물론 적절한 행동 패턴이 처음부터 매우 구체적인 방식으로 완성되어 있는 것은 아니다. 이는 분명 인간뿐 아니라 다른 동물에게도 마찬가지다. 어떤 것은 아기와의 상호작용을 통해, 어떤 것은 다른 부모의 행동에 대한 관찰을 통해, 또 어떤 것은 자신이 어린 시절 경험한 부모와의 경험을 통해 모든 세부적인 행동 패턴은 학습된다.

행동발달에 대한 이와 같은 현대적 관점은 과거의 대표적인 두 패러다임인 본능 및 사전에 프로그램화된 구성요소를 지나치게

22

강조하는 패러다임과 학습을 지나치게 강조하는 패러다임과는 극명하게 대조적인 것이다. 인간의 양육행동은 불변하는 양육본능의 산물도 아니며, 그렇다고 단순한 학습의 산물도 아니다. 내가 볼 때, 양육행동은 강한 생물학적 근원을 갖는다. 이는 양육행동과 관련된 매우 강한 정서를 설명해 준다. 하지만 양육행동이 구체적인 형태로 우리 각자에게 어떻게 나타날 지는 우리의 경험—어린 시절의 경험, 청소년기의 경험, 결혼 전후의 경험, 자녀와의 경험—에 달려 있다.

따라서 나는 양육행동을 생물학적 근원에서 유래한 애착행동의 한 예로 간주하는 것이 유용하다고 생각한다. 성(性)행동, 탐색행동, 섭식행동 등도 애착행동의 다른 예라고 나는 본다. 각각의 행동 유형(type)은 고유한 방식으로 우리와 자손의 생존에 기여하는 바가 있다. 이들 각 행동 유형은 저마다 매우 필수적인 기능을 하기 때문에 어느 정도 사전에 프로그램화된 측면이 있다. 이러한 행동 유형의 발달을 전적으로 학습에 의한 결과로 간주하는 것은 생물학적 관점에서 보면 오류라 할 수 있다.

여러분은 내가 이론적 틀을 개괄하면서 각 행동 유형을 개념적으로 서로 구분하고 있음을 발견했을 것이다. 이는 분명 이러한 행동 유형을 단일 추동(drive)의 표현으로 간주하는 리비도(libido) 이론과는 대조되는 것이다. 이렇게 행동 유형을 서로 구분하는 데에는 여러 가지 이유가 있다. 첫째, 각 행동 유형은 고유한 생물학적 기능—보호, 번식, 영양섭취, 환경에 대한 지식 습득—을 가지고 있기 때문이다. 또 다른 이유는 일반적인 행동 유형 안에서 나타나는 많은 세부적인 행동 패턴 역시 서로 구별되기 때문이다.

예컨대, 부모에게 매달리는 행동은 아이를 달래고 위로하는 것과 차이가 있으며, 음식을 빨거나 씹는 행동은 성교와 확연히 구분된다. 더욱이 하나의 행동 유형 발달에 영향을 미치는 요인은 다른 행동 유형의 발달에 영향을 미치는 요인과 반드시 같은 것은 아니다. 이러한 행동 유형의 구분은 행동 유형 간의 차이점을 연구하는 데뿐 아니라 공통점 및 상호작용 방식에 대해 연구하는 데도 도움이 된다.

🍳 어머니–유아 상호작용의 시작

지난 10여 년간 이루어진 유럽과 북미 연구자의 공로로 인해 우리는 유아와 어머니 사이의 초기 상호작용에 대해 많은 것을 새로이 알게 되었다. 그중에서도 Klaus와 Kennell의 연구는 널리 알려져 있는데, 나는 여기서 그들의 여러 연구 내용 중 출산 후 자유의 시간이 주어졌을 때 어머니가 아기에게 어떠한 행동을 취하는지에 대한 관찰에 주목하고자 한다. Klaus, Trause와 Kennell(1975)은 아기가 태어난 직후에 어머니가 어떻게 아기를 안아 올리고 얼굴을 쓰다듬는지에 대해 자세히 기술하였다. 아기를 안고 얼굴을 쓰다듬는 행동 직후 아기가 잠잠해지자 곧 어머니는 아기의 머리와 몸을 손바닥으로 어루만진 후 아기를 자신의 가슴 쪽으로 끌어당겼다. 이에 반응하여 아기는 어머니의 젖꼭지를 오랫동안 물고 있었다. 연구자들에 따르면 '출산 직후 어머니들은 황홀경(ecstasy) 상태에 있는 것으로 보이는데' 흥미롭게도 관찰자 역시 고무되었다

24

고 한다. 태어나기 무섭게 아기는 사람들의 관심을 붙잡는다. 아기에게 있는 그 무언가가 부모뿐 아니라 아기의 출생 순간 주변에 있는 다른 사람의 관심을 끄는 것이다. 아기가 태어나고 며칠 동안 어머니는 아기를 그저 바라보고 껴안고 알아 가는 데 많은 시간을 보낸다. 일반적으로 어머니는 아기가 바로 그녀 자신이라고 느끼는 순간을 경험한다. 어떤 어머니는 그러한 순간을 일찍 경험하는데, 예를 들어 아기를 처음 안는 순간이나 아기가 어머니를 처음 바라본 순간 등이다. 하지만 첫째 아기를 병원에서 낳은 어떤 어머니는 1주일 정도 혹은 집으로 돌아가기까지 그러한 순간을 경험하지 못할 수도 있다(Robson & Kumar, 1980).

최근 연구자들은 건강한 신생아가 기본적인 형태의 사회적 상호작용을 시작할 수 있는 잠재력을 가지고 태어난다는 점과 보통의 민감한 어머니 역시 그러한 아기의 시도에 적절히 반응해 줄 수 있는 잠재력을 보유하고 있다는 점에 주목하였다.[2] 어머니와 아기가 2~3주 동안 함께하게 되면, 활발한 사회적 상호작용이 분리(disengagement) 단계와 번갈아 일어난다. 매 상호작용은 상호 간의 환영으로 시작해서 얼굴표정과 소리로 이루어지는 활발한 교류로 나아가는데, 아기는 팔과 다리를 신이 난 듯 흔들며 몸을 어머니에게로 향한다. 이러한 아기의 활발한 활동은 점차 진정되며,

---

2) 특히 Stern(1977), Sander(1977), Brazelton, Koslowski와 Main(1974), Schaffer(1977)의 연구를 보라. 우수한 리뷰 연구를 찾는다면 Schaffer(1979)와 Stern(1985)의 연구를 참조하라. 임신 동안 특히 임신 말기에 어머니의 민감성이 증가하는 현상은 Winnicott(1957)이 주목했던 과정으로, 이러한 민감성의 증가는 어머니가 아기의 요구에 세심하고 민감하게 적응하는 데 도움이 된다.

다음 상호작용이 시작되기 전 잠시 아기는 다른 곳을 바라본다. 이러한 순환 과정 내내 아기는 어머니와 마찬가지로 자발적으로 행동하는 경향이 있다. 어머니와 아기 간의 역할 차이는 반응 시간에서 나타난다. 아기의 상호작용 시작과 철수가 자신의 리듬에 따라 이루어지는 것과 달리 민감한 어머니는 아기의 행동에 맞게 자신의 행동을 조절한다. 뿐만 아니라 어머니는 아기에 맞추어 자신의 행동 양식을 바꾸어 나간다. 구체적으로 살펴보면, 어머니의 목소리는 다정다감하나 평상시보다는 톤이 높고 움직임은 다소 느리며, 아기의 행동에 따라 다음 행동의 형태와 시기가 달라진다. 어머니는 자신의 반응과 아기의 행동을 능숙하게 조화함으로써 아기에게 주도권을 주고 대화를 창조한다.

  그러한 대화가 발달해 가는 속도 및 능숙함, 그리고 어머니와 아기 간의 상호 즐거움을 보면, 이들이 서로에게 관여하는 것이 타고났음을 알 수 있다. 한편에서 어머니는 기꺼이 아기에게 맞추어 자신의 개입을 직관적으로 조절하며, 다른 한편에서 아기는 어머니가 개입하는 타이밍을 고려하여 기꺼이 자신의 리듬을 변화시켜 간다. 행복하게 발달해 가는 동반자 관계에서, 어머니와 아기는 각각 서로에게 적응해 간다.

  이와 매우 유사한 일련의 행동이 어머니와 아기 간의 교류에서도 나타난다. 예를 들어, Kaye(1977)는 수유 시 일어나는 어머니와 아기의 행동에 대한 관찰을 통해 어머니가 빨다 멈췄다 하는 아기의 행동 양식에 정확히 맞추어 아기와 상호 작용한다는 것을 발견하였다. 어머니는 아기가 젖을 빠는 동안에는 대개 가만히 있고, 아기가 젖을 빨지 않는 동안에는 아기를 어루만지며 이야기를 건넸다. 또 다른 예로 5~12개월 된 유아를 둔 어머니가 유아의 신호에 따라 자신의 행동을 결정한다는 것을 밝힌 Collis와 Schaffer (1975)의 연구를 들 수 있다. 연구자들은 시각적으로 주의를 끄는 크고 밝은 색상의 장난감이 가득한 장소로 어머니와 유아를 안내한 후 행동을 관찰하였다. 관찰 결과는 다음과 같았다. 첫째, 어머니와 유아는 대개 같은 물건을 동시에 바라보았다. 둘째, 시간에 따른 행동 분석 결과 거의 변함없이 유아가 먼저 주도하고 어머니가 따르는 양상을 보였다. 어머니는 장난감에 대한 유아의 자발적인 관심을 면밀히 추적 관찰하고 거의 자동적으로 같은 곳을 바라보았다. 이러한 방식으로 공통의 관심사가 형성되며, 어머니는 장난감의 이름을 말하거나 다루면서 공통의 관심사를 더욱 공고히 하였다. 이렇듯 경험의 공유는 유아의 자발적인 관심에 의해 시작되어 어머니가 유아에게 보조를 맞춤으로써 확고해졌다.

또 다른 예로, 언어를 습득하기 이전의 유아와 어머니 사이의 음성 교환(vocal exchange)을 다룬 Schaffer, Collis와 Parsons(1977)의 연구를 들 수 있다. 이 연구는 12개월과 24개월 유아를 비교하였는데, 놀랍게도 두 집단 유아 모두 겹치지 않게 번갈아 주고받는 능력이 상당히 뛰어났다. 따라서 인간의 대화 특징인 번갈아 주고받는 양식이 언어가 발달하기 훨씬 전에 이미 존재하는 것임을 알 수 있다. 이러한 결과는 한 명의 '화자'에서 다른 '화자'로 자연스러운 이행이 이루어지기 위해서는 어머니의 역할이 매우 중요하다는 것을 시사해 준다.

여러 예를 다소 길게 제시한 이유는 이러한 예가 양육 및 양육받는 존재의 특성에 대한 몇 가지 기본 원칙을 보여 준다고 믿기 때문이다. 이들 연구에서 공통으로 나타나는 것은 보통의 민감한 어머니는 유아의 자연스러운 리듬에 금방 익숙해지며, 유아의 행동을 면밀히 살피는 것을 통해 무엇이 유아에게 적합한지 알아내어 그에 맞게 행동한다는 점이다. 그렇게 함으로써 어머니는 유아를 만족시킬 뿐 아니라 유아의 협력을 얻어 낸다. 처음에는 유아의 적응 능력에 한계가 있지만 그렇다고 전혀 없는 것은 아니며, 자기 나름의 속도로 성장해 가도록 허용된다면 곧 보답이 따르게 될 것이다. Ainsworth와 동료들은 생후 첫해 어머니의 민감한 반응 속에 자란 유아가 그렇지 않은 유아에 비하여 덜 울 뿐 아니라 좀 더 부모가 원하는 대로 행동한다는 것을 언급한 바 있다 (Ainsworth et al., 1978). 결국 유아는 다른 동물의 새끼와 유사하게 사회적으로 협력하며 성장하게끔 타고났으며, 이러한 방식대로 성장하느냐 여부는 상당 부분 부모가 유아를 어떻게 대하느냐에 달려 있다고 결론 맺을 수 있다.

이러한 관점은 지금까지 오랫동안 서구 사회와 임상 이론 및 실제에서 받아들여 온 관점과 급격히 다르다. 물론 이는 부모의 역할에서도 매우 다른 개념을 지닌다.

🍳 어머니와 아버지의 역할: 유사점과 차이점

지금까지 언급했던 예에서는 부모 중 어머니에 대해서만 다루었다. 이는 연구를 수행할 때 아버지가 주 양육자 역할을 하는 경우가 드물다 보니 어머니의 돌봄을 받는 유아를 연구 대상으로 모

28

집하는 것이 상대적으로 수월해서 생기는 어쩔 수 없는 일이었다. 이에 나는 양쪽 부모 모두를 대상으로 수행한 최근 연구 중 한 연구에 대해 간략히 소개하고자 한다.

지금까지 Ainsworth 등(1978)이 고안한 낯선 상황 절차 연구에 참여한 유아의 수는 수백 명이 넘는다. 낯선 상황 절차는 유아가 먼저 부모와 같이 있을 때, 다음으로 유아가 혼자 남겨질 때, 마지막으로 부모가 돌아왔을 때로 나누어 유아의 반응을 관찰하는 연구방법이다. 관찰 결과에 따라 유아는 안정 애착 패턴과 두 가지 서로 다른 불안정 애착 패턴 중 한 가지 패턴으로 분류될 수 있다. 애착 패턴은 아이의 초기 성장기 동안 상당히 일관되게 유지되며, 또한 4세 6개월~6세의 유치원 시기에 아이가 낯선 사람이나 새로운 것을 어떻게 대하는지에 대해 예견할 수 있게 해 주는 것으로 밝혀졌다(Arend, Gove, & Sroufe, 1979). 따라서 이 절차가 아이의 사회적·정서적 발달을 평가하는 데 있어서 매우 높은 가치를 가지고 있다는 점은 강조할 필요조차 없다.

이 절차를 이용한 연구의 대부분이 어머니와 아이를 대상으로 수행되었다. 하지만 Main과 Weston(1981)은 60명의 아이를 대상으로 처음에는 한쪽 부모와의 애착을, 6개월 이후에는 다른 한쪽 부모와의 애착을 관찰함으로써 연구의 범위를 확장하였다. 이 연구의 한 가지 결과는 아이가 아버지에게 보이는 애착 패턴이 어머니에게 보이는 애착 패턴과 상당히 닮았으며, 애착 패턴의 비율 분포 역시 대체로 비슷하였다는 점이다. 두 번째 발견은 더욱 흥미롭다. 각 개별 아이의 애착 패턴을 조사하였을 때 한쪽 부모와의 애착 패턴과 다른 쪽 부모와의 애착 패턴 사이에는 유의한 상관이 발견되지 않았다. 즉, 어떤 아이는 어머니와 안정 애착을 맺은 반면 아버지와는 안정 애착을 맺지 못하였고, 어떤 아이는 반대로 아버지와 안정 애착을 맺었으나 어머니와는 불안정 애착을 맺었을 수 있다. 또한 양쪽 부모 모두와 안정 애착을 맺는 아이나 양쪽 부모 모두와 불안정 애착을 맺는 아이도 있다. 연구에 따르면, 아이가 새로운 사람과 사물에 보이는 반응에는 차이가 있었다. 양쪽 부모 모두와 안정 애착을 맺고 있는 아이가 가장 자신감 있고 유능한 반응을 보였으며, 양쪽 부모 모두와 안정 애착을 맺지 못한 아이가 가장 자신감 없고 유능하지 못한 반응, 그리고 둘 중 한 부모와만 안정 애착을 맺고 있는 아이는 그 중간 정도의 반응을 보였다.

어머니가 아이를 어떻게 대하는지에 따라 아이와 어머니 사이 애착 패턴의 발달이 달라진다는 증거가 있기 때문에(Ainsworth et al., 1978), 아이가 아버지와 맺는 애착 패턴의 발달 또한 아버지가 아이를 어떻게 대했는지에 따른 산물임을 예상할 수 있다.

이 연구는 비록 많은 문화에서 특히 아이가 어린 경우, 아버지의 역할이 어머니에 비해 상대적으로 작기는 하지만 아이에게 애착인물(attachment figure)을 제공한다는 면에서 아버지가 어머니와 매우 유사한 역할을 한다는 것을 제시해 준다. 하지만 어린아이가 있는 대부분의 가정에서 아버지의 역할은 어머니와는 다른 것이다. 아버지는 어머니보다 신체활동과 관련한 놀이를 특히 아들과 많이 하여 아이가 선호하는 놀이 친구가 되는 경향이 있다.[3]

---

3) 이와 관련 있는 연구로 Lamb(1977), Parke(1979), Clake-Stewart(1978), Mackey (1979) 등이 있다.

🍄 안전기지의 제공

부모의 안전기지 제공은 양육에 대해 내가 세운 개념의 핵심적인 부분을 차지한다. 안전기지는 아이가 외부 세계로 나아가는 데 있어 발판이 됨과 동시에 아이가 탐색을 마치고 돌아왔을 때 신체적·정서적 재충전을 제공해 준다. 아이는 탐색 중에 고통을 경험하거나 무서움에 빠지면 안전기지로 돌아와 안도와 위안을 추구하는데, 이를 위해서는 안전기지가 자신을 환영해 주리라는 확신이 필요하다. 본질적으로 안전기지는 아이가 격려와 도움을 원할 때면 언제든 접근 가능해야 하지만, 적극적인 개입은 꼭 필요할 경우에만 이루어져야 한다. 이러한 점에서 그 역할은 원정부대가 출발하는 곳이자 후퇴할 때 다시 돌아오는 군 기지를 통솔하는 장교의 역할과 유사하다. 대부분 시간 동안 기지의 역할은 기다리는 것이나, 그럼에도 이는 매우 중요하다. 왜냐하면 장교는 본루가 안전하다는 확신이 있을 경우에만 부대를 이끌고 나아가 위험을 감수할 수 있기 때문이다.

아동과 청소년은 나이가 듦에 따라 기지에서 점차 멀리 나아가며, 기지 밖에서 더 오랜 시간을 보낼 수 있게 된다. 그들은 기지가 안전하고 언제든 그 기지를 사용할 수 있다고 확신하면 할수록 더 멀리, 더 오랜 시간 나아갈 수 있다. 하지만 부모 중 한쪽이 아프거나 죽으면 아동과 청소년의 정서적 평정심에 미치는 안전기지의 크나큰 의미가 즉각적으로 분명해진다. 유아 및 학령기 아동뿐 아니라 청소년이나 초기 성년기에 성인을 대상으로 한 연구에 따르면,

정서적으로 가장 안정되면서 기회를 최대한 활용할 줄 아는 사람
은 언제나 자녀의 독립성을 격려하면서 필요할 때는 도움과 반응
을 제공하는 부모 밑에서 성장하는 경향이 있었다. 불행히도 그
반대의 경우도 있다.

　부모가 성장하는 아이의 애착행동을 직관적으로 이해하거나 존
중하지 않고, 애착행동을 인간의 가치 있는 본질적인 속성으로 여
기지 않는 한 안전기지는 제대로 확립되기 어렵다. 전통적인 용어
인 '의존'이 해로운 영향을 미칠 수 있다는 근거가 바로 여기에 있
다. 의존에는 항상 부정적인 가치판단이 따라다닌다. 사람들은 이
를 오직 아동기에만 나타나는 특성이자 나이를 먹음에 따라 곧 없
어져야 할 것으로 간주하는 경향이 있다. 그 결과 임상학계에서는
아동기 이후에 애착행동이 발현될 때마다 이를 유감스럽게 여길
뿐 아니라 퇴행이라는 용어를 사용하여 의존 행동을 가치 절하하
였다. 나는 이러한 경향이 매우 잘못된 판단이라 믿는다.

　내가 양육에 대해 이야기하면서 아이에게 안전기지를 제공하는
부모의 역할에 특히 초점을 맞추는 이유는 그동안 이에 대해 부적
절한 개념화가 이루어져 왔기 때문이다. 그러나 부모는 안전기지
의 제공 이외에도 다른 많은 역할을 해야 한다. 어떤 사람은 아이
가 특정 방식으로 행동하도록 영향을 미칠 수 있는 부모의 역할과
이를 위해 사용할 수 있는 기술에 대해 관심을 기울인다. 이러한
기술 중 일부는 어쩔 수 없이 규제적인 속성을 가지며, 어떤 것은
징계 의도를 가지기도 하지만 대다수는 아이를 격려하는 방식으
로 사용된다. 예를 들어, 아이로 하여금 장난감이나 다른 환경 특
성에 주의를 기울이도록 하는 것이나 아이 스스로 해결할 수 없는

문제를 풀 수 있는 방법을 알려 주는 것 등이다. 사용되는 기술의 종류는 도움 및 격려를 비롯해 규제·처벌에 이르기까지 부모에 따라 상당히 다르다. Schaffer와 Crook(1979)은 유아를 자녀로 둔 부모가 사용하는 이 같은 기술의 종류에 대해 흥미로운 탐색을 제시하였다.

🍄 임신기와 산후기의 지지 및 방해 요인

이제까지 이 장에서 나는 사회적·정서적으로 잘 자라나는 아이를 둔 부모가 아이를 위해 행동하는 방식에 대해 설명하고자 하였다. 다행히도 많은 부모가 자연스럽게 이러한 행동을 하게 되며 그 결과로 일어나는 아이와의 상호작용을 즐겁고 보람되게 느낀다. 그러나 사회적·경제적 조건이 좋다고 해서 이러한 만족스러운 관계가 모든 가족에게서 발달되는 것은 아니다. 따라서 어떠한 심리적 조건이 이 같은 관계를 촉진하는지, 혹은 저해하는지 알아보도록 하겠다.

보통의 민감한 어머니는 아이의 행동과 신호에 맞춰 자신을 조율하며 적절하게 반응하고, 자신의 행동이 아이에게 미치는 행동을 관찰하여 이에 따라 수정할 수 있다는 점을 앞에서 언급했었다. 보통의 민감한 아버지에게도 동일하게 적용할 수 있을 것이다. 부모가 이러한 방식으로 행동하기 위해서는 적절한 시간대와 이완된 환경이 필요하다. 부모, 특히 양육을 맡는 어머니에게 초기 몇 개월 또는 몇 년간 어린아이 양육에 대해서뿐 아니라 집안 일에 대해서도 가능한 모든 도움이 필요하다.

　사회인류학자인 내 친구가 남태평양 제도에서 지내고 있을 때의 일이다. 거기에서는 아기를 출산하고 난 후, 어머니가 첫 달 동안 아기만을 돌볼 수 있게끔 두어 명의 여자 친척이 도움을 주는 관습이 있었다. 이에 깊은 인상을 받은 친구는 아기를 출산한 후, 자신을 돌봐 주겠다는 그곳 주민들의 제의를 흔쾌히 받아들였다. 마음이 맞는 여성 도우미4)는 새로이 어머니가 된 여성에게 실질적인 도움뿐 아니라 정서적 지지—나의 용어로는 일종의 안전기지—를 제공하게 된다. 우리 모두는 스트레스 상황에서 이러한 안전기지가 필요하며, 안전기지 없이는 이완하기가 힘들다. 거의 모든 사회에서 산후 도움은 당연하게 받아들여진다. 사실상 인류학자에 의해 연구된 150개의 문화 중 단 한 문화를 제외하고는 가족구성원 또는 친구—대개는 여성—가 진통과 출산을 겪는 동안 옆에 있어 준다(Raphael, 1966: Sosa et al., 1980 재인용).

　이제 우리 사회로 돌아가 보자. Klaus와 Kennell 팀이 과테말라의 한 출산 병동에서 수행한 연구는 굉장히 흥미로우면서도 실용적으로 중요한 사실을 담고 있다(Sosa et al., 1980). 한 집단의 여성은 진통과 출산 시 일반적인 관행에 따라 대부분의 시간 동안 혼자 남겨졌다. 다른 집단은 입원부터 출산까지 훈련받지 않은 일반인 여성으로부터 적절한 도움을 낮에 한 사람, 밤에 한 사람에게 지속적으로 받았다. 지지적인 집단의 진통시간은 8.7시간으로,

---

4) 역주: 여기에서 도우미는 가족이나 친구, 친척을 포함하는 포괄적인 의미로 사용되었다.

다른 집단의 19.3시간에 비해 절반도 채 안 되었다.[5] 또한 지지적인 집단의 어머니는 아기가 태어난 후 처음 1시간 동안 더 오래 깨어 있었고, 아기를 쓰다듬거나 미소 짓거나 말을 거는 모습이 더 많았다.

아기의 출생 직후 이루어지는 아기와의 충분한 접촉이 어머니가 아기를 대하는 방식에 미치는 효과에 대해서는 이미 잘 알려져 있다. 아기가 생후 1개월 되었을 때 Klaus와 Kennell이 한 관찰연구에 따르면, 출산 직후 아기와 더 많은 접촉을 했던 어머니가 아기에게 스트레스가 되는 병원 방문 시와 수유 시 아기를 더 편안하게 해 주는 경향이 있었으며 아기를 더 많이 쓰다듬어 주고 눈맞춤도 더 자주 하는 경향을 보였다. 유사한 차이점이 아기가 1세가 되었을 때 그리고 다시 2세가 되었을 때에도 관찰되었다. 이들 연구에서 출생 직후 좀 더 이루어졌던 접촉량은 출생 후 처음 3시간 동안 1시간도 채 안 되었고, 다음 3일 동안 오후에 5차례 더 이루어졌을 뿐이었다(Kennell et al., 1974; Ringler et al., 1975).[6]

임신기와 산후기 경험이 어머니가 아기와 애정 어리고 민감한 관계를 맺는 데 도움이 될 수도 있고 방해가 될 수도 있다는 발견

---

5) 이후 더 대규모 연구에서, 이러한 결과는 반복 검증되었다. 관례적 집단(routine group)은 279명, 산후도움을 받은 집단은 186명이었다. 후자의 집단은 전자의 집단에 비해 출산 진통 지속 시간이 절반 정도였을 뿐 아니라, 출산합병증도 절반이었다(Klaus et al., 1986).

6) 더 최근의 연구(예, Svejda, Campos, & Emde, 1980)가 초기 어머니-유아 접촉의 효과에 대한 초기 결과를 반복 검증하는 데 실패했기 때문에 이 문제는 모호하게 남아 있다. 아마도 초기 접촉이 어떻게 그리고 누군가에게 이루어지느냐에 대한 구체적인 정보가 뒷받침될 때 그 차이점이 설명될 것으로 보인다.

은 Peterson과 Mehl(1978)의 연구에서도 보고되었다. 연구자들
은 46명의 여성과 그들의 남편에 대한 종단연구에서 임신기, 분만
기, 출산 후 6개월 사이 총 4회의 면접과 관찰을 실시하였다. 어머
니의 유대를 예측하는 가장 유의미한 변인은 출산 후 아기와 떨어
진 시간과 기간이었다. 유의미하지만 덜 중요한 역할을 하는 다른
변인으로는 출산경험, 태도, 그리고 임신기 동안에 어머니가 표현
했던 기대감 등을 들 수 있다.

🎩 부모의 아동기 경험이 미치는 영향

어머니의 아이에 대한 감정과 행동이 이전의 개인적 경험, 특히
자신이 부모와 겪었던 그리고 아마도 현재도 겪고 있을 경험에 깊
게 영향을 받는다는 많은 임상적 증거가 있다. 아버지의 태도에
관한 증거는 상대적으로 적지만 동일한 결론을 시사한다.

이 문제와 관련하여 매우 인상적인 연구 결과들이 있다. 아이들
은 매우 일찍부터 양육방식을 발달시켜 나가게 되는데, 부모가 여
기에 영향을 미친다. 예를 들어, Zahn-Waxler, Radke-Yarrow와
King(1979)은 심리적 고통에 있는 타인을 돕고 위로하는 행동이
대개 2세 무렵의 아주 어릴 때부터 발달될 뿐 아니라, 어머니가 아
이를 대하는 방식에 영향을 받게 된다는 것을 발견하였다. 어머니
가 아이의 신호에 민감하게 반응하고 신체적 접촉을 통한 위로를
제공하게 되면, 아이는 타인의 심리적 고통에 빨리 그리고 적절하
게 반응한다.[7] 더욱이 이때 아이가 하는 행동은 어머니가 한 행동

36

의 재연으로 나타난다. 초기에 이러한 차이를 보이는 아동 집단에 대한 추수 연구는 굉장히 흥미로울 것으로 보인다.

런던에서 수행된 일련의 연구 결과는 아동기 시절의 경험이 여성의 아이양육 방식에 미치는 영향에 대해 또 다른 증거를 제시해 준다. 예를 들어, Frommer와 O'Shea(1973)의 연구는 11세 이전에 한쪽 부모 또는 양쪽 부모 모두와 헤어진 과거 경험이 있다고 말한 임산부가 출산 후 부부문제와 심리적 문제를 더 많이 경험하는 경향이 있었으며, 수유와 수면에 더 많은 어려움을 겪음을 보여주었다. 런던에서 Wolkind, Hall과 Pawlby(1977)가 수행한 또 다른 연구는 이러한 아동기 경험을 가진 여성이 상대적으로 안정적인 아동기를 보낸 여성보다 5개월 된 첫아이와 상호작용을 덜 한다는 것을 보여 주었다. 이러한 관찰은 수유시간을 제외하고 아기가 깨어 있는 동안 50분이라는 긴 시간에 걸쳐 생태학자에 의해 이루어졌다(종종 관찰자는 오전 내내 관찰하는 데 시간을 보내야만 하였다). 분열된 원가족을 가진 어머니는 아기와 떨어져 보내는 시간이 그렇지 않은 어머니보다 2배나 많았으며, 아기와 같이 있을 때 조차도 아기를 안거나 쳐다보거나 말을 건네는 시간이 더 짧았다. 뿐만 아니라 질문을 했을 때, '아기를 하나의 사람으로서 보는 것에 시간이 좀 걸린다'고 말했으며, '이제는 느끼나요?'라고 물으면 분열된 가족을 가진 어머니는 '그렇지 않다'고 대답하는 경향이 훨

---

7) 유아기에 이루어지는 어머니와의 가까운 신체적 접촉의 역할은 Ainsworth에 의해 연구되었는데, 그녀는 어머니에게 안정 애착을 발달시킨 아동이 유아기에 부드럽고 애정 어린 방식으로 가장 오래 안기는 경험을 했다는 것을 발견하였다 (Ainsworth et al., 1978).

씬 많았다(Hall, Pawlby, & Wolkind, 1979). 내가 강조하고 싶은 바는 원만하지 않은 아동기를 보낸 여성이 행복한 유년기를 보낸 여성에 비해, 아기의 상호작용 시간이 거의 전적으로 어머니에게 달려 있는 시기에 아기와 상호작용하는 데 덜 몰입한다는 것이다.

이후에 아이를 신체적으로 학대한 부모에 대한 연구(Parke & Collmer, 1979)에서 부모의 아동기 경험이 아이를 대하는 방식을 결정하는 데 지대한 역할을 한다는 것이 밝혀졌다. 아이를 학대하는 부모는 아예 아이를 돌보지 않거나 돌보더라도 그 방식이 상당히 기이하였다. 이러한 부모는 아이에게 비판과 비난을 퍼부으며 상대 배우자에게뿐 아니라 아이에게까지 폭력을 가하였다. 신체적으로 아이를 학대하는 어머니에 대한 DeLozier의 연구(이에 대해서는 5장에서 더 자세하게 기술할 것이다)에 따르면, 이러한 어머니의 상당수가 부모에게서 버림받을까 봐 끊임없이 두려워하며 지냈고, 실제 위탁가정이나 입양기관에 보내지기도 했으며, 또한 폭력적 구타나 심한 위협을 자주 경험하였다. 성인이 된 후 이들은 남편이나 남자친구에게 버림받을까 봐 끊임없이 불안해하고, 신체적 폭력을 자연의 법칙으로 여기며, 사랑이나 지지를 얻을 것이란 기대는 거의 가지지 못했다.

그렇지만 아동기에 이와 같은 경험을 한 여성 모두가 아이를 구타하는 것은 아니며, 한 아이를 신체적으로 학대하는 여성이 꼭 다른 아이도 학대하는 것은 아니다. 무엇이 이러한 차이를 설명해 줄 수 있을까? 여러 증거에 따르면, 초기 경험으로 인해 부정적인 양육 태도를 발전시키기 쉬운 개인이 출산 시와 산후기에 자신에게 일어나는 일에 대체로 더 예민한 편이다. 이 시기의 부정적인 경험은 이들을 심리적으로 무너뜨리는 결정타가 된다.

옥스퍼드에서 이루어진 Lynch(1975)의 연구에서는 신체적 학대
를 당한 25명의 아동을 학대받지 않은 형제자매와 비교하였다. 학
대를 경험한 아동은 다른 형제자매보다 비정상적인 임신과 출산
으로 태어난 경우가 많았으며, 출생 직후 48시간 또는 그 이상 어
머니와 분리되어 있었고, 생후 6개월 이내에 어머니와 분리를 더
빈번히 경험한 것으로 나타났다. 뿐만 아니라 출생 후 1년 동안 학
대를 경험하지 않은 형제자매보다 더 많이 아팠고, 어머니 또한 다
른 형제자매에 비해 학대아동의 출생 후에 더 많이 아팠던 경향이
있었다. 이 연구에서 부모의 성격 및 아동기 경험은 학대받은 아동
과 학대받지 않은 형제자매가 동일했기 때문에 이들의 운명은 임
신기와 산후기 동안의 어머니와 자녀 사이의 경험에 많은 부분 달
려 있었던 것으로 보인다. Cater와 Easton(1980)의 연구 역시 동일
한 결론을 시사한다.[8]

아동기에 뿌리를 둔 여러 역기능적 양육방식 중 하나가 아이를
학대하는 어머니에 대한 연구에서 발견된다(예, Morris & Gould,
1963; Steele & Pollock, 1968; Green, Gaines, & Sandgrun, 1974;
DeLozier, 1982). 이는 바로 아이에게 돌봄과 관심을 기대하고 요구
하는 경향, 즉 '역할 전도'다. 면담에서 이들은 보통 어릴 때 부모
가 자기를 돌보는 대신 자신이 부모를 돌봐 줘야 할 책임감을 느
꼈다고 기술하였다.

---

8) 이들 두 연구의 발견을 해석하는 데는 주의가 필요하다. 왜냐하면 모든 경우에서
아동의 어머니가 항상 학대를 하는 부모였는지는 확실치 않기 때문이다.

아이가 자기를 돌봐 주길 기대하는 대부분의 부모가 굉장히 부적절한 양육을 그들 스스로 경험했을 것이다. 불행히도 이러한 부모들이 아이에게 심한 심리적 문제를 반복해서 겪게 하는 일이 자주 일어난다. 나는 전도된 부모-자녀 관계가 학교 거부(학교공포증), 광장공포증, 우울증의 상당 부분 숨어 있는 진짜 이유라는 것을 다른 곳(Bowlby, 1973, 1980)에서 이미 주장한 바 있다.

🍷 최선의 도움을 제공하는 법

이 장에서 나는 성공적인 양육에 관해 우리가 알고 있는 사실과 함께 젊은 부부가 민감하게 잘 돌보는 부모가 되는 데 이를 수월하게 하거나 보다 어렵게 하는 몇 가지 변인에 주로 초점을 두었었다. 그 결과, 임상장면에서 우리가 흔히 만나게 되는 결핍되고 왜곡된 다양한 양육방식에 대해서는 극히 일부밖에 이야기할 수 없었다. 또 하나 생략한 주제는 젊은 부부가 성공적인 부모가 되도록 어떻게 가장 잘 도와줄 수 있겠는가 하는 점이다. 간단하게나마 이러한 작업에 있어 가장 중요한 원리라 믿는 것을 언급하도록 하겠다. 그것은 바로 우리가 성공적인 양육방식을 발달시키도록 젊은이들을 도와주는 데 있어서 언제나 원칙보다는 구체적인 예를 통해 그리고 교훈이 아니라 토의를 통해 지도해야 한다는 것이다. 민감하고 배려심 있는 부모가 어떻게 아이를 대하는지 직접 관찰할 기회를 젊은이에게 더 많이 주면 줄수록 이들이 따라 할 가능성은 높아질 것이다. 부모가 경험하는 어려움과 보상 그리고 실수와 성공에 대해 직접 관찰하는 것은 수백 번의 교육용 강연만큼의 가치가 있다. 이러한 프로그램이 많아지기 위해 우리는 민감하고 배려심 있는 부모의 협조를 구해야 한다. 다행히도 우리 사회에 이러한 부모는 여전히 많으며, 많은 이들이 기꺼이 그리고 뿌듯한 마음으로 도와주리라 믿는다.

A Secure Base

어린 자녀 양육

애착이론의 기원

예술 및 과학으로서의 정신분석

자연과학으로서의 정신분석

가정폭력

확인받지 못한 사고와 감정

성격발달에서 애착의 역할

애착, 의사소통, 치료과정

CHAPTER 02

1981년 봄, 나는 미국 예방정신의학회(American Orthopsychiatric Association)로부터 뉴욕에 와서 제4회 블랑시 아이틀슨 상(Blanche Ittleson Award)을 수상하면서 애착과 상실 분야의 연구에 대해 발표해 달라는 초청을 받았다. 영광스러운 기회가 주어진 것에 대해 회원들에게 감사한 후, 1953년 타비스톡 클리닉(Tavistock Clinic)에서부터 10년간 우리 연구를 후원해 준 3곳의 미국 재단인 요시아 메이시 주니어(Josiah Macy Junior), 포드(Ford), 정신의학 연구재단 기금(Foundations Fund for Research in Psychiatry)에 깊은 사의를 표하였다.

발표가 끝난 후, 학회의 학술지 편집장은 나에게 연구를 하던 당시 무엇을 알았는지 또 어떻게 그와 같은 지식에 도달하게 되었는지, 그리고 향후 연구가 나아가야 할 방향이 무엇인지에 관해 덧붙여 이야기해 달라고 요청했다. 이에 대해 나는 오랫동안 논쟁이 있어 온 분야에서 내가 객관적인 역사가가 될 수는 없고, 다만 내가 기억하고 있는 이야기 정도를 하는 것이며, 이론을 형성하는 데 큰 영향을 준 몇 가지 임상연구와 이론적 아이디어를 언급할 수 있을 뿐이라고 답하였다. 어쩔 수 없이 개인적인 편향이 모든 곳에 끼어들 수밖에 없을 것이라는 점을 설명하였다.

　1930년에서 1940년대 사이 양 대륙에서, 주로 독립적으로 일해 온 몇몇 치료자(clinician)는 초기 유아기 동안 보호시설에서 장기적으로 양육받거나 주 양육자가 자주 교체될 때 아동의 성격발달에 부정적인 영향을 미친다는 것을 발견하였다. 이후 주요 연구가 잇따라 출판되었다. 연구자들을 소개하면 Lauretta Bender(Bender & Yarnell, 1941; Bender, 1947), John Bowlby(1940, 1944), Dorothy Burlingham과 Anna Frued(1942, 1944), William Goldfarb(1943 a, b, c, 그리고 6개의 논문들, 1955에 요약됨), David Levy(1937), 그리고 Rene Spitz (1945, 1946) 등이다. 모든 저자가 정신분석가로 구성되었기 때문에(나중에 훈련을 받은 Goldfarb를 제외하고), 연구 결과가 정신분석학계 밖에서는 거의 반향을 일으키지 못했다는 사실이 놀랄 일은 아니다.

　바로 이즈음인 1949년 후반에 정신분석학에 관심이 있으면서 세계보건기구(World Health Organization)의 정신건강지부 의장으로 임명을 받은 창의적인 젊은 영국 정신과 의사 Ronald Hargreaves[9]가 개입하게 되었다. 그는 국제연합(UN)에서 주관한 집 없는 아동의 필요 관련 연구에 참여해 달라는 요청을 받고 제기된 문제점에 대한 정신건강적 측면의 보고를 해 줄 단기 자문가를 고용하기로 결정하였는데, 내가 이 분야에 관심이 있다는 것을 알고 이 임무를 수행해 달라고 부탁해 왔다. 이것은 내게 황금 같은 기회였다. 이때는 내가 5년간 군 정신의로 근무하고 나서 아동정신병원으

---

9) 리즈(Leeds) 대학의 교수로 재직 중이던 1962년에 맞이한 Ronald Hargreaves의 이른 죽음은 예방정신의학 분야의 큰 손실이었다.

로 돌아온 후, 전쟁 발발 이전에 연구하던 문제를 좀 더 탐색해 보기로 막 결심을 한 때였다. 또한 나의 첫 연구조교로 전쟁 중에 햄프스테드(Hampstead) 유아원에서 Anna Freud와 일을 한 경험 이 있는 James Robertson을 고용한 때였다. 그는 정신과 사회복 지가 자격증을 막 취득한 상태였다.

1950년 세계보건기구에서 6개월을 보내면서 나는 관련 연구문 헌을 읽고 다른 저자와 함께 논의할 기회를 가졌을 뿐 아니라, 유럽 과 미국에서 같은 분야에 경험이 있는 연구자들을 만날 기회를 가 졌다. 계약이 끝나자마자 『모성 돌봄 정신건강(Matenal Care Mental Health)』이라는 제목의 보고서를 제출하였고, 이는 1951년에 세계 보건기구 연구보고서로 출판되었다. 거기서 나는 초기 아동기 동 안 일어나는 부적절한 어머니의 양육이 성격발달에 부정적으로 미치는 영향에 대한 무시할 수 없는 증거를 리뷰하였다. 이는 사 랑하는 사람에게서 분리를 경험한 아동이 보이는 급성 심리적 스 트레스에 대해 주의를 기울일 것과, 어떻게 하면 장단기의 부정적 영향을 피하거나 적어도 최소화할 수 있는지에 대한 방법을 제안 하는 내용이었다. 몇 년 이내 이 보고서는 10여 개 언어로 번역되 었고 저가의 영어 요약판으로도 출판되었다.

글의 파급효과도 크지만, 영상이 주는 정서적 효과만큼은 아니 다. 1950년 전반에 걸쳐 Rene Spitz의 초기 영화 〈슬픔: 유아기의 위기(Grief: A Peril in Infancy)〉(1952)와 James Robertson의 〈병원에 간 두 살배기(A Two-Year-Old Goes to Hospital)〉(1952)는 엄청난 반 향을 불러일으켰다. 이들 영화는 시설기관 환경에 놓인 어린 아동 의 즉각적인 심리적 고통과 불안에 전문 인력이 관심을 갖게 만들

었을 뿐 아니라, 임상실제에서의 변화를 불러일으키는 강력한 도
구가 되었다. 이 분야에서 Robertson은 선두주자 역할을 하였다
(Robertson, 1958, 1970).

　1950년대 후반쯤에 아동 정신과, 심리학, 사회복지 분야를 비롯
하여 소아과와 아동 질병 간호 분야의 여러 종사자들이 연구 결과
를 받아들이고 변화를 시도하였다. 그러나 초기 출판물과 영화로
촉발된 격렬한 논쟁은 지속되었다. 전통적인 정신과 병동에서 훈
련받은 정신과 의사나 학습이론적 접근을 하는 심리학자는 증거
가 충분하지 않다는 점과 원인으로 언급된 경험의 종류가 어떻게
성격 형성에 영향을 미치는지에 대한 적절한 설명이 부족하다는
점을 끊임없이 지적하였다. 더구나 많은 정신분석학자, 특히 정신
병리에서 실제 사건의 중요성을 상대적으로 무시하고 환상의 역
할에 초점을 맞추는 이론을 주장하는 분석가는 우리의 발견을 의
심했고 때로는 굉장히 비판적이었다. 그 와중에도 연구는 계속되
었다. 예를 들어, 예일 대학의 Sally Provence와 Rose Lipton은 시
설에 있는 유아의 발달을 가족과 사는 유아와 비교하는 체계적인
연구를 진행했다(Provence & Lipton, 1962). 타비스톡에 소재한 나
의 소규모 연구모임에서도 어린 아동이 낯선 장소에서 낯선 사람
의 돌봄 속에 몇 주간 또는 몇 달간 지내게 될 때 받게 되는 단기
적 영향에 관한 연구자료를 적극적으로 수집하였다(특히 1956년
의 Christoph Heinicke와 1966년의 Ilse Westheimer의 연구를 참조하
라). 그런 가운데 나는 우리 자료에서 발생한 이론적 문제를 고심
하였다.

　그러는 동안 연구 분야에 변화가 일었다. 우선 1963년 세계보건

기구에서 '모성 돌봄의 박탈'에 해당하는 다양한 유형의 경험이 어떤 영향을 미칠 수 있는지에 대해 재평가한 여러 논문을 모아 출간한 일이 중요하게 영향을 미쳤다. 6편의 논문 중 가장 포괄적인 논문은 동료인 Mary Ainsworth(1962)가 쓴 것이다. 그녀는 광범위하게 다양한 증거를 리뷰하였고, 논쟁을 불러일으킨 여러 문제에 대해 논의했으며, 향후 연구가 필요한 많은 문제를 제시하였다.

두 번째 중요한 영향은 1950년대 후반에 시작되었다. Spitz 보고서의 자극을 받은 Harlow의 연구가 미국에서 이루어진 것이다. 어미의 박탈이 붉은털 원숭이에게 미치는 효과에 대한 Harry Harlow의 연구가 출판되었고 여기서도 영화는 큰 부분을 차지하였다. 영국에서 수행된 Robert Hinde의 보완 연구는 타비스톡의 우리 연구에 자극을 받은 것이었다. 두 과학자에 의해 그 후 10년 동안 이루어진 실험 결과(Harlow & Harlow, 1965; Hinde & Spencer-Booth, 1971)는 Ainsworth의 리뷰에서도 발군의 위치를 차지하며 반대의견을 수그러들게 하였다. 이후 우리 가설이 본질적으로 근거가 부족해 보인다는 이야기는 다시 들리지 않았고 건설적인 방향으로 비평이 이루어졌다.

그렇지만 많은 것이 여전히 확실치가 않았다. 비록 단기적인 심리적 스트레스와 행동장애가 확실하다고 할지라도, 무슨 증거로 부정적 효과가 지속될 수 있다고 하겠는가? 또 만약 부정적 효과가 지속된다 할지라도, 어떻게 그것을 설명할 것인가? 어떤 아동은 굉장히 힘든 환경을 상대적으로 크게 손상받지 않고 지나가는데, 어떻게 이런 일이 일어날 수 있는가? 한 사람의 주 양육자가 대부분 시간 동안 아이를 돌봐야 하는 것이 얼마만큼 중요한 것인가? 저개발 사회에서는 여러 양육자가 있는 것이 드문 일이 아니라는 주장도 있었다(밝혀진 바에 따르면 틀린 주장이다). 이같이 합당한 질문들 외에 오해도 일어났다. 예를 들어, 어떤 이들은 아이가 주 양육자에게 돌봐져야 한다는 데 찬성하는 사람은 주 양육자가 반드시 생모여야 한다―소위, 혈연(blood-tie) 이론―고 주장하는 것으로 가정한다. 또 어떤 이들은 아이가 '어머니(혹은 어머니 대체인물)와의 따뜻하고 친밀하며 지속적인 관계를 경험'해야 한다고 찬성하는 사람에 대해 이들은 어머니가 하루 24시간 동안 날마다 쉴 새 없이 자녀를 돌봐야 한다는 규정을 내리는 것으로 추정하기도 한다. 강렬한 감정을 불러일으키는 한편 대부분의 사람이 당연하게 관심을 갖고 있는 분야에서 분명하게 편향되지 않은 생각을 한다는 것은 늘 쉬운 일이 아니다.

🍄 이론에 대한 새로운 관점

어머니 양육과 정신건강에 대한 연구보고서는 두 부분으로 이루어졌다. 첫 번째는 모성 박탈의 부정적 영향에 대한 증거를 리뷰하였고, 두 번째는 그것을 예방하기 위한 방법에 대해 논의하였다. 여러 연구자가 언급했듯이, 빠진 게 있다면 모성 박탈에 해당하는 경험이 문제가 되는 성격발달에 어떻게 영향을 미치는지에 대한 설명이다. 이것이 누락된 이유는 간단하다. 자료를 설명해 줄 지금과 같은 이론이 그때는 없었고, 세계보건기구에서의 재직기간이 짧아 새로운 이론을 개진할 기회가 없었기 때문이다.

어머니에 대한 아이의 유대감

당시에는 아이가 어머니에게 친밀한 유대감을 발전시키는 이유가 수유 때문이라는 관점이 광범위하게 받아들여지고 있었다. 일차적 추동과 이차적 추동의 두 가지 추동이 있다고 보았는데, 음식은 일차적인 추동으로 여겨졌고 '의존성'이라고 일컬어진 대인관계는 이차적인 것으로 가정되었다. 나는 이 이론이 그다지 사실과 맞지 않는다고 느꼈다. 만약 이것이 사실이라면, 예를 들어 1세나 2세 유아는 수유를 해 주는 어떤 사람이든 쉽게 받아들여야 하는데, 실상은 꼭 그렇지 않았다. 이에 대한 대안적 이론이 헝가리의 정신분석학회에서 나왔는데 여기서는 초기 유아기부터의 원초적인 대상관계를 가정하였다. 그렇지만 가장 잘 알려진 견해는 Melanie Klein이 주장한 것으로, Klein은 어머니의 가슴을 생애 최초의 대상으로 가정하고 음식과 구강, 유아기적인 '의존성'을 매우 강조하였다.

그러나 현재의 의존성 이론이 맞지 않다면 대안적 이론에는 무엇이 있을까?

1951년 여름에, 내 친구 하나가 오리와 거위 새끼들의 추종 반응에 대한 Lorenz의 연구에 대해서 말해 주었다. 이 연구와 본능적 행동 관련 연구를 읽고 나는 새로운 세계에 대해서 알게 되었다. 우수한 과학자들이 우리가 인간을 대상으로 고심하는 것과 같은 문제—새끼와 어미 사이로 시작해 나중에는 짝짓기 대상 사이로 발달시켜 가는 지속적인 관계와 이러한 발달이 어그러지는 방식—에 대해 비영장류를 대상으로 연구하고 있었다. 나는 이 연구가 인간 '본능'에 관한 정신분석이론의 핵심 문제에 대한 실마리를 제공해 주지 않을까라는 생각을 하였다.

　이후로 오랜 기간 동안 나는 기본 원리를 완전히 익혔고, 어머니에 대한 아이의 애착 특성에서부터 이러한 원리를 우리의 문제에 적용해 보는 데 시간을 보냈다. 이때 Lorenz의 오리와 거위류의 추종 행동에 대한 연구는 특히 중요한 관심사 중 하나였다(Lorenz, 1935). 이 연구는 몇몇 동물 종에서 어미에 대한 강한 애착이 음식물의 매개 없이 발전 가능하다는 것을 보여 주었다. 왜냐하면 새끼 새의 경우 어미 새에게 음식을 받아먹지 않고 스스로 곤충을 잡아먹기 때문이다. 그렇다면 이는 전통적인 모델에 대한 대안이 될 수 있으며 인간에게도 적용할 수 있는 많은 특징을 갖는다. 이후로 동물생태학에 대해 더 많이 알게 되었고, 하나의 임상문제에서 다른 임상문제로 차례로 적용해 보게 되면서 점차 이것이 유력한 접근법이라는 것을 확신하게 되었다. 새로운 관점을 받아들이면서, 나는 '적용해서 결과가 나올 것 같기만 하다면 그러한 자료를 끝까지 더 알아볼 것이라고' 결심하게 되었다(Freud의 문구에서 인용함).

　『어머니에 대한 아동 유대감의 본성(*The Nature of the Child's Tie to his Mother*)』이 처음 발표된 1957년부터 『애착(*Attachment*)』이 등장한 1969년을 거쳐 『상실(*Loss*)』이 출판된 1980년까지, 나는 이 과제에 몰두하였다. 그 결과물인 개념적 틀(conceptual framework)[10]

---

10) 이것은 Thomas Kuhn(1974)이 이전 연구(Kuhn, 1962)에서 사용한 용어인 '패러다임(paradigm)'을 대체하여 현재 사용하고 있는 용어다.

은 Freud가 관심을 가졌던 모든 현상—예를 들면 연인 관계, 분리불안, 애도, 방어, 분노, 죄책감, 우울, 외상, 정서적 거리두기, 초기 인생에서의 민감한 시기—에 적용하도록 만들어졌다. 이는 결과적으로 정신분석학이라는 전통적인 메타심리학에 대한 대안 이론을 제공하는 한편 현존하는 다양한 임상이론에 하나를 더하게 되었다. 이러한 개념이 얼마나 성공적일지는 시간이 말해 줄 것이다.

Kuhn이 강조했듯이, 새롭게 정립된 개념적 틀은 이해하기가 어렵고, 특히 이전의 것에 오랫동안 익숙해 온 사람에게는 더욱더 그러하다. 내가 제기한 개념적 틀을 이해하는 데 있어 봉착하게 되는 많은 어려움 중에서 몇 가지만 기술해 보겠다. 첫째, 임상 증후군이나 개별 증후군의 기원을 회고적으로 기술하기보다는 아동기 외상의 종류를 기술하고 그것이 이후에 미치는 후유증을 추적했다는 점이다. 둘째, 자유연상이나 놀이에서 표현되는 환자 내면의 생각과 감정에서 출발하여 이를 바탕으로 성격형성이론을 발전시키는 대신, 특정 상황에서 아동의 생각과 감정을 포함한 행동 관찰에서 출발하여 성격발달이론을 발전시키려고 한 점이다. 또 다른 어려움은 심리 에너지(psychic energy) 대신 통제 시스템, 성적 단계(libidinal phase) 대신 발달단계와 같은 개념을 사용했다는 점이다. 이러한 개념은 생물과학 분야에서는 핵심 개념으로 확고하게 자리를 잡고 있지만, 많은 심리학자와 치료자 사이에서는 아직 생소한 것이다.

이차적 추동 개념, 어머니에 대한 아동의 유대감에 관한 의존이론, 그리고 Klein의 대안적 설명 등을 폐기한 후, 우선 과제는 대체

이론을 형성하는 일이었다. 이는 오랫동안 인간의 가장 근원적인 동기로 여겨졌던 섭식이나 성 행동과 다른 자체의 역동을 갖는 애착행동 개념을 만들게 하였다. 이를 강력하게 뒷받침해 준 증거는 Hallow의 연구에서 나왔다. 그의 연구에서 영장류 중 하나인 붉은 털 긴꼬리원숭이 새끼는 음식을 주는 딱딱한 가짜 '어미'보다 음식을 주지 않는 부드러운 가짜 '어미'를 선호한다는 것이 밝혀졌다(Harlow & Zimmermann, 1959).

애착행동은 세상에 더 잘 대처하는 것으로 보이는 사람에 대해 근접성을 획득하고자 하거나 유지하고자 하는 모든 행동을 일컫는다. 이러한 행동은 개인이 두려움에 처하거나, 피로해지거나, 아플 때마다 위로와 돌봄을 통해 안정을 찾는 것에서 가장 잘 드러난다. 다른 때에는 애착행동이 덜 분명하다. 그럼에도 애착인물이 필요할 때 옆에 있고 나의 요구에 반응할 것이라는 점을 알고 있으면 강력하면서도 전반적인 안전감을 갖게 되고, 관계에 가치를 두면서 지속해 나갈 용기가 생긴다. 애착행동은 초기 아동기에 가장 분명하게 나타나지만 인생의 전체 주기를 통틀어 관찰되며, 특히 위급 상황에서 뚜렷하게 나타난다. 이는 거의 모든 인류(다양한 유형이기는 하지만)에게서 보이므로, 인간 본성의 필수적인 부분이며 다른 종과도 공유하는 부분으로 여겨진다. 애착행동에 부여된 생물학적 기능은 보호기능이다. 위급 상황 시 나에게 와 줄 준비가 되어 있고 또 기꺼이 그렇게 해 줄 것으로 여겨지는 친숙한 인물에게 쉽게 접근할 수 있을 만한 거리를 유지하는 것은 나이와 상관없이 든든한 보험에 드는 것과 마찬가지다.

애착은 생존에 있어서 결코 식욕, 성욕에 비해 중요성이 떨어지는 것이 아닐뿐더러 이들 욕구와 구별되는 고유한 내적 동기를 가진 근원적인 행동 형태라고 개념화함으로써, 애착행동 및 애착동기는 이전에는 가지지 못하던 이론적 위치를 차지하였다. 비록 부모와 치료자는 오랫동안 이것의 중요성을 직관적으로 알고 있었지만 말이다. 이미 강조하였듯이, 이를 설명하기 위해 이제까지 사용해 온 '의존성' '의존적 욕구'라는 용어에는 심각한 단점이 있다. 먼저, '의존성'은 비하하는 느낌이 있다. 둘째, 한 사람 또는 확실히 선호하는 몇 사람과의 정서적인 관계를 의미하지 않는다. 셋째, 어떠한 특별한 생물학적 기능의 속성도 부여하지 않는다.

애착을 치료자와 발달심리학자뿐 아니라, 모든 부모에게도 핵심적인 중요성을 지니는 행동의 한 형태로 개념화하여 실용적인 방식으로 발전시킨 지 30년이 지났다. 이 시기 동안 애착이론은 훨씬 더 명료해지고 확장되었다. 가장 주목할 만한 공헌자는 자신의 연구(예, 1974)뿐 아니라 내가 생각하는 바를 이끌어 준 Robert Hinde와 1950년 후반에 시작하여 아프리카(예, 1963, 1967) 및 미국(Ainsworth & Wittig, 1969; Ainsworth et al., 1978)에서 애착행동의 임상적 연구를 개척하고 이론을 발전시키는 데(예, 1969, 1982) 크게 도움을 준 Ainsworth다. Ainsworth의 연구는 학생들과 그녀에게 영향을 받은 사람들의 연구(이 강연 이후 극적으로 확장되었는데, 7장에서 더 자세하게 기술될 것임)와 더불어 애착이론을 지금까지의 사회-정서발달이론 중에서 가장 큰 지지를 받는 이론으로 이끌었다(Rajecki, Lamb, & Obmascher, 1978; Rutter, 1980; Parkes & Stevenson-Hinde, 1982; Sroufe, 1986).

발달이론에서 나의 출발점이 행동관찰이었기 때문에, 다른 몇

몇 치료자는 내 이론이 행동주의의 또 다른 형태일 것이라고 가정하였다. 이러한 오해의 주된 원인은 이 개념이 생소하다는 데 있었고, 부분적으로는 초기 서술에서 애착과 애착행동을 명확하게 구별하는 데 내가 실패하였기 때문이다. 누군가에게 애착을 갖는 아이가 (또는 성인) 있다고 한다면, 이는 아이가 그 사람과 가까이 있고 싶고 접촉을 하고 싶은 마음이 강하다는 것이며 특히 어떤 특정 조건에서 그러하다는 것이다. 이런 식으로 행동하고자 하는 경향은 애착을 갖는 사람의 속성에 해당한다. 즉, 순간의 상황에 영향을 받는 것이 아닌 오로지 시간이 흐르면서 서서히 변화하는 지속적인 속성이다. 이와 대조적으로, 애착행동은 근접성을 확보하거나 유지하기 위해 그때그때 필요에 따라 보이는 다양한 형태의 행동을 일컫는다.

거의 모든 아이들이 고통스러울 때 한 사람—대개는 어머니—을 습관적으로 선호한다는 증거가 많이 있다. 그 사람이 없을 때는 다른 사람에게 어쩔 수 없이 가겠지만, 이 또한 가급적이면 잘 아는 사람이어야 한다. 이러한 경우 대부분의 아이는 분명한 선호 위계를 보여 주는데, 찾을 사람이 아무도 없을 때와 같이 극단적인 경우에는 친절한 낯선 이에게 접근할 수도 있다. 이와 같이 애착행동은 각기 다른 상황에서 다양한 사람에게 보일 수 있지만, 지속적인 애착 또는 애착유대(attachment bond)는 매우 적은 소수에게 제한된다. 만약 이러한 차이가 분명하지 않다면, 그 아이는 심각하게 문제가 있을 가능성이 있다.

애착이론은 단편적으로 출현하고 사라지는 애착행동뿐 아니라 아이를 비롯한 한 개인이 특정한 타인과 맺는 지속적인 애착 모두를 설명하기 위한 시도였다. 이 이론에서 핵심 개념은 행동체계다. 이는 체온이나 혈압과 같은 생리적 측정치가 적절한 한계 내에서 항상성 있게(homeostatically) 유지되도록 움직이는 생리적 체계와 유사한 개념으로 여겨진다. 어떤 한계 내에서 거리를 두는 것과 접근을 하는것 사이에서 개인이 애착인물과 관계를 유지하는 방식을 설명하기 위해 행동체계 개념을 제안하였는데, 항상성이라고 하는 이미 잘 알려진 원리를 활용하는 것보다 이에 대한 더 나은 설명은 없다. 항상성 원리는 어떤 환경 안에서 유기체가 특정 인물과 맺는 관계와 관련하여 한계를 두는 것으로, 이때 한계는 생리적 수단이 아닌 행동적 수단에 의해 유지된다.

이처럼 자기표상모델과 애착대상표상모델을 포함하는 다양하면서도 매우 독특한 특징을 가진 내적 심리체계의 존재를 가정함으로써, 애착이론은 구조 이론의 기본 속성을 가지고 있는 것으로 볼 수 있다. 구조 이론은 행동주의와 확연히 구별되며, 구조 이론 가운데 가장 잘 알려진 것이 정신분석이다. 역사적인 관점에서 볼 때, 애착이론은 대상관계 이론의 한 분파로 발달되어 왔다.

이러한 설명을 하면서 내가 애착의 개념과 이론에 많은 지면을 할애한 이유는 일단 이러한 원리를 이해해야 치료자의 주된 관심사인 많은 현상이 애착이론 안에서 어떻게 설명되는지 더욱 쉽게 이해할 수 있기 때문이다.

분리불안

예를 들어 분리불안, 즉 사랑하는 대상을 잃거나 사랑하는 대상에게서 분리되는 것에 대한 불안의 문제가 새롭게 조명을 받고 있다. '단순한 분리'가 왜 불안을 초래하는지는 수수께끼였다. Freud는 이 문제로 씨름하였고 많은 가설을 발전시켰다(Freud, 1926; Strachey, 1959). 다른 영향력 있는 정신분석가들도 똑같이 그래 왔다. 이들 가설을 평가할 방법이 없는 가운데, 많은 분파의 개념이 확장되었다.

내가 생각하기에, 문제는 분석가뿐 아니라 전통적인 정신과 의사들이 세워 놓은 검증되지 않은 가정, 즉 공포는 모든 사람이 본질적으로 고통스럽거나 위험하다고 지각할 만한 상황에서만 정신적으로 건강한 사람에게서 나타나는 것이거나, 공포를 일으키는 상황에 조건화된 사람에게만 나타나는 것이라는 가정에 있었던 것으로 보인다. 분리와 상실에 대한 공포는 이러한 공식에 잘 맞지 않기 때문에, 분석가는 개인이 두려워하는 것은 사실은 (분리와 상실에 대한 것이 아니라) 다른 상황이라고 결론을 내리며 수많은 다양한 가설을 개진해 왔다.

그러나 생태학적 접근법을 적용해 보면 문제점이 해결된다. 왜냐하면 다른 동물처럼 인간도 어떤 상황에서 공포로 반응할 수 있는데, 이는 그 상황이 '높은' 고통이나 위험을 수반하고 있기 때문이 아니라, 위험의 '증가'를 신호해 주기 때문이다. 이처럼 인간을 포함한 많은 종의 동물이 갑작스러운 움직임이나 소리 또는 빛의 심한 변화에 공포로 반응하는 경향을 타고났다. 왜냐하면 그렇게 하는 것이 생존 가치를 갖기 때문이다. 마찬가지로 인간을 포함한 많은 종이 잠정적인 애착인물과의 분리에 반응하는 경향을 타고났다.

58

이와 같이 분리불안을 인간이 기본적으로 타고난 성질이라는 관점에서 볼 때, 아이를 통제하기 위해 종종 사용되는 유기위협이 아이에게 얼마나 큰 두려움을 줄지 쉽게 이해할 수 있을 것이다. 알고 있듯이 유기위협이나 부모가 자살을 하겠다는 위협이 분리불안을 증가시키는 흔한 원인이 된다. 전통적인 임상이론에서 이러한 것이 기이하게도 무시되어 온 이유는, 내가 생각할 때 분리불안을 설명하는 이론이 부적절한 탓도 있고, 현실의 생활 사건이 갖는 강력한 영향에 적절한 비중을 두지 않았던 탓도 있다.

유기위협은 특히 나이 든 아동이나 청소년에게 있어서는 강한 불안뿐 아니라 강도 높은 분노감을 불러일으킨다. 이러한 분노는 애착인물이 위협하는 것을 멈추게 하는 기능을 하지만, 쉽게 역기능적이 될 수 있다. Burnham(1965)이 보고한 내용 중 어머니를 살해하고 나서 '엄마가 나를 떠나는 것을 참을 수 없었다'고 기술한 청소년의 터무니없어 보이는 역설적 행동을 이런 관점에서 보면 이해할 수 있게 된다.

다른 병리적 가족의 경우도 애착이론과 관련해서 쉽게 이해할 수 있다. 가장 흔한 예가 아이가 어머니와 종종 공생적 관계라고 기술되는 밀착된 관계를 가질 때, 가족 밖에서 사회생활을 발달시키기 어렵게 되는 경우다. 대부분 이런 경우에서 문제의 원인은 불안 애착으로 성장한 어머니가 자신의 아동기 어려움의 결과로 아이를 애착대상으로 만들려고 하는 것에 있다. 그러면 아이는 응석받이가 되기는커녕 어머니를 돌봐야 하는 짐을 지게 된다. 따라서 정상적 관계에서는 돌보는 부모에게 아이가 애착하게 되는데 이런 경우에는 전도되어 나타난다.

애도

분리불안이 상실에 대한 위협 또는 그러한 종류의 위험성에 대한 통상적인 반응인 반면에, 애도는 상실이 이미 일어난 후 일어나는 상실에 대한 통상적 반응이다. 정신분석 발달 초기에, 분석가는 아동기나 이후 삶에 발생하는 상실이 정서장애, 특히 우울장애를 일으키는 역할을 하는 것으로 보았다. 그리고 1950년 무렵 애도의 특성 및 상실에 대한 반응을 설명하는 수많은 이론이 발전되었다. 나아가 논쟁이 심화되기 시작하였다. 이러한 논쟁은 비엔나와 런던에서 유아발달에 대한 다양한 이론이 정교화되면서 1930년대에 시작되었다. 애도에 대한 상이한 관점을 보여 주는 대표적인 예는 Helene Deutsch의 『슬픔의 결여(*Absence of Grief*)』(1937)와 Melanie Klein의 『애도와 조울증 상태의 관계(*Mourning and its Relation to Manic-Depressive States*)』(1949)를 들 수 있다. Deutsch가 미성숙한 정신발달 때문에 아이는 애도의 감정을 느낄 수 없다고 가정한 것과 달리, Klein은 아이도 애도반응을 보일 수 있고 또 보인다고 가정하였다. 그렇지만 수유를 특별히 강조했던 것과 일맥상통하게 Klein은 애도의 대상이 상실된 가슴이라고 하였다. 그리고 아이의 복잡한 공상생활을 가정하였다. 서로 입장은 다르지만 두 이론 모두 동일한 방법론, 즉 정서적으로 손상된 성인 피검자를 분석하면서 이루어진 관찰을 바탕으로 초기 심리발달의 단계에 대해 역추론을 함으로써 발전되었다. 두 이론 모두 다양한 연령대의 평범한 아이가 상실에 어떻게 반응하는지에 대한 직접적인 관찰을 통해 검증받지 않았다.

60

문제를 예상하는 방식으로 접근함으로써 나는 다른 결론에 도달하였다. 1950년대 초기에 Robertson과 나는 어머니와의 짧은 분리를 경험한 아이가 보이는 일련의 반응을 저항, 절망, 거리 두기로 일반화하였다(Robertson & Bowlby, 1952). 몇 년 후 미망인이 남편을 잃은 슬픔에 어떻게 반응하는지에 대한 Marris(1958)의 연구를 읽고 그가 기술한 반응이 아이에게서 나타나는 것과 유사하다는 점에 놀랐다. 이를 계기로 애도에 대한, 특히 건강한 성인의 애도에 대한 체계적인 연구 문헌을 조사하게 되었다. 순서적으로 흔히 나타나는 반응은 기존에 임상이론가가 생각한 것과는 많이 달랐다. 심리적으로 건강한 성인에게서 보이는 애도반응이 당시 알려져 있던 6개월보다 더 지속적으로 나타났을 뿐 아니라, 보통 병리적이라고 여겨지던 몇 가지 반응요소가 건강한 애도에서 흔히 보였다. 이러한 반응요소로는 제삼자와 자기 자신 그리고 때때로 상실한 대상을 향한 분노, 상실이 일어났다는 것을 믿지 못함(부인이라는 잘못된 용어로 불림), 그리고 다시 만날 수 있다는 희망으로 상실한 대상을 찾으려는 경향성(항상 무의식적인 것은 아님)을 포함한다. 성인에게서 나타나는 애도반응에 대한 그림이 더 분명해짐에 따라 아동기에 관찰되는 반응과의 유사성이 더 분명하게 보였다. 이러한 결론에 대해 처음 주장했을 때(Bowlby, 1960, 1961) 많은 비판을 받았다. 그러나 지금은 이후에 이루어진 많은 연구로 인해 엄청난 지지를 받고 있다(예, Furman, 1974; Kliman, 1965; Parkes, 1972; Raphael, 1982).

건강한 애도반응에 대한 정확한 그림을 가지게 되자 병리를 나타내는 특징을 식별하는 것이 가능해졌다. 건강한 애도를 촉진하는 상황과 병리로 이끄는 상황 간의 구별 또한 가능해졌다. 아이가 애도를 느낄 수 없다는 기존의 믿음은 애도반응이 비정상적인 경로로 나타난 아이에 대한 분석을 일반화한 데서 비롯된 것으로 보인다. 많은 경우 이러한 현상은 아이에게 무엇이 일어났는지에 대해 아무도 적절하게 알려 주지 않았거나, 아이의 감정을 공감해 주면서 아이가 경험하는 상실과 잃어버린 부모를 향한 갈망, 분노, 슬픔을 점차로 받아들일 수 있도록 아무도 도와주지 않았기 때문에 나타난다.

방어과정

다음 단계로 이론을 재형성하면서 방어과정이 어떻게 잘 개념화될 수 있는가를 구상하였다. 방어기제는 언제나 정신분석이론의 중심에 있었기 때문에 중요한 단계였다. 치료자로서는 모든 방어기제 종류를 고려하였지만, 연구자로서 나는 어린아이가 병원이나 어린이집에 잠시 맡겨진 후 어머니에게 보이는 행동에 특히 관심이 있었다. 그러한 상황에서 처음에는 아이가 어머니를 거의 이방인처럼 대하는 것이 흔하며 대개 몇 시간 또는 며칠이 지나면 어머니를 다시 잃을까 봐 지나치게 매달리고 불안해지며 화를 내게 된다. 어떤 면에서 우리가 당연하게 생각하는 어머니에 대한 모든 감정, 그리고 어머니를 근접거리에 두면서 놀랐을 때나 다쳤을 때 어머니에게 가려는 모든 행동이 갑자기 사라지고 시간이 조금 지난 후에야 다시 나타난다. James Robertson과 내가 거리 두기(detachment)라고 용어를 붙인 현상이며 아동 내에서 어떤 방어기제가 작용하여 나타난 결과로 보인다.

Freud가 과학적 이론화 과정에서 물리적인 것이든 생물학적인 것이든 모든 현상을 에너지의 배치로 설명하는 개념적 모델에 국한되어 있다고 느꼈던 반면, 오늘날 우리는 훨씬 다양한 개념적 모델을 가지고 있다. 조직, 패턴, 정보와 같은 상호 관련한 개념이 도입되었고, 생물학적 유기체의 유목적적 활동은 특정 방식으로 구조화된 조절 체계(control system)로 개념화할 수 있다. 물리적 에너지의 공급이 이루어질 때, 이러한 시스템은 특정 신호를 받으면 활성화하고 다른 신호를 받으면 불활성화한다. 이와 같이 우리가 사는 과학적 세상은 Freud가 살던 세상과는 완전히 다르며, 지금 우리가 활용할 수 있는 개념은 그의 시절에 가능했던 매우 제한된 개념보다 문제를 해결하는 데 훨씬 적합하다.

낯선 장소에서 낯선 사람과 한동안 지낸 아이가 이상하게 보이는 거리 두기 행동으로 다시 돌아가 생각해 보면, 당연히 애착행동이 나타날 것이라고 예상한 상황에서 애착행동이 결여된 것은 상당히 특이하다. 심지어 심하게 다쳤을 때조차 아이는 위안을 찾으려는 기미를 보이지 않았다. 보통의 경우라면 애착행동을 활성화해야 할 신호가 실패한 것이다. 이는 어디선가 어떤 이유로 인해 신호가 애착행동을 일으키는 행동체계에 도달하는 데 실패하였고, 이러한 차단 결과 행동체계 자체가 발동하지 못하게 된 것을 의미한다. 애착과 같이 중요한 행동을 조절하는 시스템이 어떤 상황에서 일시적으로 또는 영구적으로 활성화하지 못하게 되었으며, 이와 함께 애착과 관련한 감정과 욕구가 모두 자극되지 못하게 되었다는 것이다.

이러한 불활성화가 어떻게 발생하게 되었나를 생각해 보기 위해, 과거 20년 동안 세상을 어떻게 지각하고 구성하는지에 관한 지식을 혁신적으로 바꾸어 놓은 인지심리학자(예, Norman, 1976; Dixon, 1971, 1981)들의 연구를 살펴보도록 하겠다. 임상적으로 설득력 있는 다른 이론 중에서도 인지이론에서의 이러한 변혁은 정신분석가들이 정신세계의 핵심이라고 늘 주장해 온 무의식적 심리과정을 설명해 주었고, 개인이 무엇이 일어나는지 알아차리지 못한 채 특정 유형의 정보를 선택적으로 차단하는 정신적 조직의 그림을 제시해 주었다.

　위에 기술한 정서적 거리 두기를 하는 아동과 Winnicott(1960)이 기술한 '거짓 자기', 그리고 Kohut(1977)이 기술한 '자기애적(narcissistic)' 성격을 발달시키는 어른이 배제하는 정보는 내가 생각하기에 종종 특별한 유형에 해당하는 것 같다. 이러한 병리적 상태에서 배제하는 것은 언제나 관여하고 있어서 쉽게 되돌릴 수 있는 지엽적이거나 산란한 정보가 아니라 애착행동을 활성화하며 사랑하고 사랑받는 경험을 가능케 하는 외적–내적 신호이다. 달리 말하자면, 일상의 선택적 배제를 주관하는 심리적 구조물이 특정의 목적, 잠재적으로는 병리적인 목적에 사용된다는—착취된다고도 할 수 있는—것이다. 분명한 이유가 있는 이러한 형태의 배제를 나는 방어적 배제(defensive exclusion)라고 명명하였는데, 물론 억압(repression)이라고 표현할 수도 있다. Freud가 억압을 모든 방어의 핵심 과정으로 여긴 것처럼, 방어적 배제[11]의 역할도 나는

---

11) Spiegel(1981)도 지적했듯이, 나의 '방어적 배제'는 Sullivan의 '선택적 부주의(selective inattention)' 용어와 비슷한 의미를 지닌다.

64

같은 것으로 본다. 이에 대한 보다 충분한 설명은 방어문제를 방어적 과정, 방어적 신념, 방어적 활동으로 분류하여 설명하는 정보처리 접근을 통해 가능한데, 이는 『상실(*Loss*)』(Bowlby, 1980)의 앞 장에서 다루었다.

대안 이론

애착이론이라는 개념적 틀을 발달시켜 온 같은 기간 동안, Margaret Mahler도 동일한 임상 문제와 아동의 행동 특징에 대해 고심하였다. Mahler는 이를 설명할 수정된 개념적 틀을 발달시키는 가운데 『유아의 심리적 탄생(*The Psychological Birth of the Human Infant*)』(Mahler, Pine, & Bergman, 1975)에서 완전한 견해를 피력해 놓았다. Kuhn(1962)도 강조했듯이, 대안적 틀을 비교하는 것은 쉬운 일이 아니며 여기서도 그러한 시도는 하지 않을 것이다. 임상적으로나 발달적으로 경험적 자료에 밀접한 관련이 있다는 점과 진화생물학 및 신경생리학 분야의 최근 개념과 잘 부합한다는 점은 Mahler 이론의 강점으로 나는 이 점을 좋아한다. 이에 대해서는 다른 곳에서(예, Bowlby, 1981) 기술해 놓았다. 반면, 내가 Mahler 이론의 단점이라고 생각한 점은 Peterfreund(1978)와 Klein(1981)이 신랄하게 비판해 놓았다.

요약하면, 정상적인 자폐 및 공생 단계에 대한 가정을 포함하여 정상 발달을 설명하는 Mahler의 이론은 관찰이 아닌 전통적인 정신분석이론에 기초한 선입견에 근거함으로써 20년에 걸친 임상 연구에서 나온 초기 유아기 관련 새로운 정보를 거의 무시하게 되었다. Mahler 이론의 몇몇 임상적 적용이 애착이론과 크게 다르지 않고, '연료 재공급'을 받기 위해 본거지로 돌아간다는 그녀의 개념이 애착인물을 안전기지로 삼아 탐색활동을 한다는 애착이론과 비슷하기는 하나, 두 이론의 핵심 개념은 서로 완전히 다르다.

🍳 연구

모성 박탈에 대한 초기 작업이 가져온 방대했던 연구만큼 보람 있는 일도 없었다. 이제 문헌은 너무 방대해져서 요약하여 설명할 수 있는 범위를 훨씬 넘어섰다. 다행히 '박탈과 불우한 환경이 아이의 심리 발달에 미치는 중요성을 보여 주는 증거의 지속적인 누적'에 대해 언급하는 한편, '초기의 논점이 광범위하게 확증되었음'을 피력한 Rutter(1979)의 포괄적이고 비판적인 리뷰가 이미 출판되었기 때문에 연구들을 여기서 다시 요약 설명하지는 않겠다. 최근 연구의 주요 발견점은 두 가지 이상의 부정적인 경험이 상호작용하여 심리적 문제를 발전시킬 위험성을 오랜 시간에 걸쳐 서서히 증가시킨다는 것이다. 부정적 경험의 이러한 상호작용 효과의 예가 Brown과 Harris(1978)의 우울장애 여성에 관한 연구에서 확인되었다(지난 10년간 이들은 굉장히 흥미 있는 연구들을 더 출간해 왔다; Harris, 1988을 참조하라).

부정적 경험의 강력한 상호작용이 있을 뿐 아니라, 하나의 부정적 경험이 다른 부정적 경험의 발생 가능성을 증가시키기도 한다. 예를 들어, "불행하거나 문제가 있는 가정에서 자란 사람은 사생아를 가지거나 10대모가 되거나 불행한 결혼생활을 하거나 이혼할 확률이 더 많다"(Rutter, 1979). 이처럼 부정적인 아동기 경험은 적어도 다음 두 가지의 영향을 미친다. 첫째, 개인이 이후의 부정적 경험에 취약하게 만든다. 둘째, 개인이 그러한 경험을 또다시 접할 가능성을 높인다. 보다 초기의 부정적 경험은 개인의 역량과 전혀 상관없이 일어나기 쉽지만, 이후의 경험은 초기 경험에서 영향을 받아 생긴 성격 문제에서 기인한 자기 자신의 행동의 결과이기 쉽다.

적어도 모성 박탈에서 비롯된 많은 심리적 문제 중에서 가장 심각한 것은 부모행동에 미치는 영향, 그리고 결과적으로 다음 세대에 미치는 영향이다. 아동기에 부정적인 경험을 한 어머니는 불안정 애착으로 성장하면서 아이로부터 보살핌을 받고자 하는 경향을 갖는다. 이는 아이로 하여금 불안해하고, 죄책감을 가지며 공포증을 갖도록 할 수 있다(Bowlby, 1973 참조). 아동기에 방치와 유기 위협, 신체적 처벌의 위협을 받은 어머니는 그렇지 않은 어머니보다 아이를 신체적으로 학대할 위험이 더 높으며(DeLozier, 1982), 이는 특히 George와 Main의 연구에서 밝혀진 바와 같이, 아이의 성격 발달에 부정적인 영향을 미친다. 아동기 경험이 부모가 아이를 대하는 방식에 미치는 영향을 체계적으로 연구하는 것은 이제 막 시작되었는데, 향후 연구가 필요한 모든 분야 중에 가장 결실이 많을 주제 중 하나로 보인다. 다른 선두적 연구는 Parkes와 Stevenson-Hinde(1982)가 편저한 최근의 심포지엄에 기술해 놓았다.

이론의 발달과정을 설명하는 데 많은 지면을 할애한 이유는 이를 위해 나의 많은 시간을 투자했기 때문만이 아니라, Kurt Lewin

이 오래전에 언급했듯이, '좋은 이론만큼 실용적인 것은 없기' 때문이며 또 빈약한 이론처럼 발전을 저해하는 것도 없기 때문이다. 지침이 되는 좋은 이론이 없으면 연구는 계획을 수립하기 힘들고 비생산적이기 쉬우며 결과 해석도 힘들다. 병리에 대한 꽤 타당한 병인이론이 없다면 예방에 대한 체계적이고 일치된 측정도구는 존재할 수 없을 것이다. 나의 희망은 내가 제안한 이론이 장기적으로 건강한 성격발달을 잘 촉진할 수 있는 조건을 조명해 주었다고 그 가치가 입증되는 데 있다. 이러한 조건이 의심의 여지없이 명확해질 때, 부모는 아이에게 무엇이 가장 좋은지 알게 되고 지역사회는 부모가 가장 좋은 그것을 제공하도록 조력하고자 할 것이다.

어린 자녀 양육

애착이론의 기원

예술 및 과학으로서의 정신분석

자연과학으로서의 정신분석

가정폭력

확인받지 못한 사고와 감정

성격발달에서 애착의 역할

애착, 의사소통, 치료과정

CHAPTER 03

🌻 1978년 여름 캐나다에서 많은 강의 요청을 받았다. 그중 하나가 퀘백에서 열린 캐나다 정신분석학회 연간 모임에서 강의를 해 달라는 것이었다. 나는 몇 년 동안 나의 관심사이기도 하면서 여전히 많은 혼란이 있다고 생각한 주제를 선정하였다.

예술 및 과학으로서의 정신분석을 주제로 선택한 것은 우리 학문에 크게 다른 두 가지 측면 즉, 예술로서의 정신분석과 과학으로서의 정신분석 심리학이 존재한다는 점에 주목하고 싶었기 때문이다. 그렇게 할 때 한편으로는 각각의 뚜렷한 가치를 강조하게 되고 다른 한편으로는 각각을 구분하는 경계를 강조하게 된다. 이러한 구분을 강조하자니, 정신분석이라는 용어가 Freud 스스로도 말했듯이 초기에 모호하게 사용되었다는 점이 한탄스럽지 않을 수 없다. Freud(1925)가 그의 자서전에 적었듯이 '처음에는 특정 치료 기법의 이름이었지만' '이제는 과학—무의식적 정신과정에 대한 과학—의 이름이기도 하다'.

내가 여기서 말하는 구별은 정신분석에만 국한하는 것이 아니다. 전문직이나 기능직—금속공학 분야에서 대장공, 토질역학에서 토목기사, 식물생리학에서 농부, 의과학에서 내과 의사—과 같이 과학 지식을 산출해 내는 모든 분야에 적용된다. 이들 각 분야에서 역할은 모두 다르다. 한편에는 치료자(practitioner)가 있고, 다른 한편에는 과학자가 있다. 소수의 사람만이 두 가지 역할을 병행하려고 시도한다. 역사가 보여 주듯이 구분을 지으려는 과정은 종종 고통스럽고 오해를 불러일으킨다. 분화는 우리 분야에서도 일어나야 하는 일이며 이미 늦었는지도 모르기 때문에, 어려움이나 오해로 인한 결과를 미리 방지하고자 하는 바람으로 이러한 부분에 대해 고찰해 보도록 하겠다.

의학 분야를 예로 들어 세 가지 소제목 아래 치료자와 연구자의 역할을 대조하도록 하겠다.

🧠 연구의 초점

치료자의 목적은 자신이 다루어야 하는 모든 임상적 문제 각각의 최대한 많은 부분을 고려하는 것이다. 관련 있는 과학적 원칙을 적용해야 할 뿐 아니라 치료자 자신의 개인적 경험을 동원해야 하며, 특히 각 환자 성격과의 독특한 조합에도 주의를 기울여야 한다. 환자가 서로 얼마나 다른가를 아는 노련한 치료자는 한 환자에게 잘 맞는 치료법이 다른 환자에게 전혀 맞지 않을 수 있다는 것을 안다. 모든 요인을 고려하면서 각각의 요소에 알맞는 가중치를 두는 것이 임상적 판단의 예술이다.

연구자의 모습은 상당히 다르다. 개인적 변산 이면에 잠재해 있는 일반적인 패턴을 알아내기 위해 특이성을 무시하고 단순화하려고 노력하기 때문에 지나치게 단순화할 위험성을 가지고 있다. 연구자가 현명하다면 아마도 제한된 문제의 제한된 측면에만 관심을 집중할 것이다. 연구자의 선택이 타당한 것으로 입증된다면 연구자는 문제를 설명하려고 할 뿐 아니라 더 넓은 영역에 아이디어를 적용하려고 할 것이다. 만약 연구자의 선택이 타당하지 않은 것으로 밝혀지면 점점 더 적은 영역에서 더 많은 지식을 쌓게 되는 것에 그치게 된다. 이는 모든 연구자가 부딪히게 되는 위험성이다. 연구의 기술은 다룰 수 있는 제한된 범위의 문제와 그것을 해결할 수 있는 가장 좋은 방법을 선택하는 데 있다. 여기서 아래에 기술하게 될 나의 두 번째 견해가 나온다.

🍄 정보를 선택하는 양식

정보를 획득하기 위해 사용할 수 있는 방법에 있어서, 치료자는 연구자보다 어떤 면에서는 상당히 유리한 점이 있지만 또 어떤 면에서는 상당히 불리한 점도 있다. 유리한 점부터 말해 보겠다.

도움을 주는 역할로 인해 치료자는 연구자에게 공개되지 않는 어떤 정보에 접근하는 것이 허용된다. 예를 들어 내 친구 하나는 안전한 것을 좋아하기 때문에, 그에게 있어 신체를 절개하여 그 안을 들여다볼 수 있도록 허용되는 사람은 오직 외과 의사뿐이다. 이와 유사하게 정신분석가가 어떤 사람의 마음에 흐르는 많은 중요한 것에 접근하도록 허용되는 까닭은 오로지 환자를 치료적으로 대함으로써다. 나아가 치료자는 특정한 방식으로 개입하는 것이 허용되며 개입의 결과가 어떤지를 관찰할 특권을 가진다. 이는 엄청난 이점이며 정신분석가는 이를 적극적으로 활용하였다.

그러나 어떠한 과학도 새로운 방법을 도입하여 이전의 방법에서 얻어진 관찰과 가설이 맞는지 대조 비교해 보지 않고서는 번성할 수 없다. 이 점에서는 연구자가 이점을 가지기 쉽다. 의학 분야에서 생리학자와 병리학자는 동물 실험, 세포배양, 생화학 분석과 수천 가지의 다른 독창적인 기법을 통해 엄청난 발전을 이루었다. 사실상 창의적인 연구자의 지표란, 다른 방법을 통해 이미 잘 연구된 것일 수도 있는 현상을 새로운 방안을 고안하여 새로운 방식으로 관찰하는 것이다.

정신분석이란 용어의 모호한 사용이 가장 큰 해를 끼친 부분이 바로 이러한 바라고 생각한다. 왜냐하면 이로 인해 분석가들이 정신분석적 과학의 발전에 적합한 조사방식이 오로지 환자를 정신분석적으로 치료하는 방식이라고 가정하게 되었기 때문이다. 나는 이것이 심각한 오해라고 믿기 때문에 이에 대해 상당히 많은 이야기를 하고자 한다. 그러나 그 전에 연구자와 치료자 각각의 세계에서의 회의와 믿음의 위치에 대해 한마디하고 싶다.

🌸 회의와 믿음

매일매일의 작업에서 연구자에게는 높은 수준의 비평과 자기비판이 필요하다. 아무리 개인적으로 존경할 만하더라도, 세상에서 어떠한 자료나 어떠한 이론의 창시자도 도전과 비판의 예외가 될 수 없다. 성역의 자리는 아무 데도 없다.

임상 직업에서는 다르다. 유능한 치료자가 되려면 어떤 원리나 이론이 타당한 것처럼 행동할 준비가 되어 있어야 한다. 어떤 것을 적용할지 결정할 때 치료자는 자신이 배운 경험을 가지고 원리와 이론에 의해 안내를 받게 된다. 더군다나 우리 모두는 이론의 적용이 성공적인 것처럼 보일 때마다 감명받는 경향이 있어서 치료자는 특히 이론을 뒷받침할 증거보다는 이론 자체에 더 큰 확신을 가질 위험에 놓여 있다.

임상실제의 관점에서 이것이 나쁜 일은 아니다. 반대로 치료자가 치료적 작업에 갖는 신념과 희망이 다수의 환자에게 도움을 준다는 풍부한 증거가 있다. 수많은 훌륭한 연구자가 슬프게도 치료 자로는 적합하지 않은 이유가 바로 이러한 자질이 부족하기 때문 이다.

그러나 특정 자료와 특정 이론의 타당성에 믿음을 가지는 것이 연구자에게 부적절하다고 해서 연구자가 단지 회의론자일 뿐이라 는 것을 의미하지는 않는다. 반대로, 연구자의 전체 삶은 믿음에 기초해 있는데, 바로 신뢰할 만한 지식에 결국 이르는 가장 좋은 길은 과학적 방법의 적용이라는 믿음이다.

물론 나는 이러한 믿음을 공유하지 않는, 그리고 우리가 다루는 문제가 과학의 범위 훨씬 밖에 존재한다고 믿는 많은 정신분석가 가 있다는 것을 알고 있다. 나는 이러한 관점을 존중하지만 공유 하지는 않으며, Freud 또한 그러하였다. 그러나 우리 분야에서 과 학적 방법을 적용하는 데 가장 적극적인 사람일지라도 과학적 방 법으로 결코 해결할 수 없는 문제가 존재한다는 것을 인식하고 있 어야만 한다. 단순히 말해 우리는 알지 못하는 것이다. 내가 보기 에, 우리의 과제는 가능한 한 기술적으로 방법을 적용하는 것인 데, 한편으로는 신뢰할 만한 지식의 영역이 확장될 것이라는 믿음 을 가지고, 다른 한편으로는 현존하는 과학적 조사방식의 범위를 넘어선 더 큰 영역이 언제나 존재할 수 있다는 것을 인정하면서 그렇게 해야 한다.

임상치료 실제에 관여하고 있을 뿐 아니라 정신분석과학의 진 보에 공헌하기를 희망하는 많은 이에게 치료자와 연구자에 대한 나의 이와 같은 대조가 별로 환영받지 못할까 봐 걱정이 된다. 그 러나 이러한 차이를 인식하고 이에 따라 행동하는 것만이 각 역할의 강점을 최대한 활용할 수 있는—또는 누군가 두 가지 일을 모두 성공적으로 해낼 희망을 가질 수 있는—유일한 방법이다. 치료자로서 우리는 복잡성을 다루지만 연구자로서 우리는 단순화하려고 노력한다. 치료자로서 우리는 이론을 지침으로 사용하지만 연구자로서 우리는 동일한 이론에 도전한다. 치료자로서 우리는 조사방법이 제한되어 있다는 것을 수용하지만 연구자로서 우리는 가능한 한 모든 방법을 강구한다.

앞에서 나는 발전하는 과학이라면 자료를 얻기 위해 새로운 방법을 고안할 필요성이 있다고 말했다. 어떤 한 방법이 아무리 생산적이라 할지라도 제한점이 있을 수밖에 없는 반면, 다른 방법이 그것을 보완해 줄 가능성은 항상 있기 때문이다. 따라서 새로운 방법이 이전의 방법보다 결코 더 우월한 것은 아니다. 사실상 어쩌면 큰 제한점을 가지고 있을지도 모른다. 새로운 방법의 유용성은 강점과 제한점이 다르다는 사실에 있을 뿐이다. 나의 연구 작업을 언급함으로써 이 점을 설명하도록 하겠다.

1937년 내가 정신분석 자격을 얻었을 때, 영국 협회의 회원은 성인과 아동의 공상 세계를 탐색하는 데 몰두하고 있어서, 개인의 현실 경험에 체계적인 주의를 기울이는 것은 분석가의 적절한 관심 밖의 일로 치부되었다. 이때는 Freud의 유명한 히스테리의 기원에 대한 1897년의 전환[12]으로 인해 아동이 과거에 겪었거나 현재까지도 겪을지 모르는 '현실'의 경험에 초점을 두는 사람을 한심스러울 정도로 순진하다고 보는 견해가 있던 때였다. 대부분의

---

12) Efron(1977)은 Freud가 갑자기 생각을 바꾸게 된 배경을 설명하였다.

정의에 따르면 외부 세계에 관심을 두는 어느 누구도 내부 세계에 관심을 가질 수 없고, 실제 거의 내부 세계로부터 도망간다는 가정을 하였다.

이러한 내부와 외부의 비교, 유기체와 환경의 비교가 생물학자인 나에게는 전혀 와 닿지 않았다. 더욱이 정신과 의사로서 아이 및 가족과 작업을 하며, 분석지향적인 두 명의 사회복지사의 통찰에 깊이 감명을 받았던 나는 부모가 겪는 정서적 문제가 아이에게 미치는 영향을 매일 직면해야 했다. 아직도 생생하게 기억하는 두 가지 예가 있다. 첫 번째 예는 8세 아들의 자위행위에 대해 크게 걱정을 하는 한 아버지가 나의 질문에 답을 하면서, 아들의 손이 성기로 가는 걸 목격할 때마다 자신이 어떻게 아이를 찬물에 담갔는지 설명하였다. 아버지 자신의 자위행위에 대해 걱정한 적이 있었는지 물었을 때, 그는 일생 동안 그 문제로 어떻게 싸워 왔는지에 대한 길고도 애처로운 이야기를 꺼내 놓았다. 또 다른 예에서는, 3세 아이의 어린 동생에 대한 질투를 가혹하게 다루는 어머니가 사실은 자기 밑에 동생을 언제나 질투해 온 오래된 자기문제를 가지고 있었다.

이러한 관찰을 통해 아이가 부모에 대해 가지는 내적 표상뿐 아니라 아이가 실제로 부모로부터 어떻게 다루어졌는지에 대해 연구할 필요가 있다는 결론을 내리게 되었다. 사실상 우리 연구의 주요 초점은 내적 표상과 실제 경험, 그리고 내부 세계와 외부 세계의 상호작용에 있어야 한다. 초기 가족 안에서의 경험이 아이에게 미치는 영향에 대해 보다 체계적으로 지식이 쌓이기만 한다면 이를 확인할 수 있다는 생각에 오로지 이 부분에 집중적인 관심

을 두었다. 보편적인 부모-아이 상호작용에 대한 연구 분야보다
는, 시설이나 병원에 보내진 아이들을 나의 전공연구 분야로 정
한 데에는 몇 가지 이유가 있었다. 첫째, 이것이 아이의 성격발달
에 심각하게 부정적인 영향을 미칠 수 있는 사건일 수 있다고 믿
었기 때문이다. 둘째, 부모가 어떻게 아이를 다루는지에 관해서
확실한 정보를 얻는 것은 상당히 어려운 데 반해, 시설이나 병원
으로 보내진 사건에 대해서는 발생여부에 대한 논쟁이 있을 수
없기 때문이다. 셋째, 예방적 수단이 가능할 수 있는 분야이기 때
문이다. 마지막으로 전쟁 바로 직전 내 생각을 처음 발전시켰을
때, 나의 관점이 모든 동료는 아니었으나 몇몇 동료와 일치했다
는 놀라움에 자극을 받았기 때문이다.

분석가로 훈련을 받은 두 명의 연구자, James Robertson과
Christoph Heinicke에 의해 이루어진 후속 연구 결과는 이미 잘 알
려져 있다. 나는 이것이 정신분석적 사고에 커다란 영향을 미쳤다
고 믿는다. Anna Freud, Rene Spitz, Ernst Krist, Margaret Mahler를
비롯한 많은 뛰어난 정신분석가의 초창기 연구에도 불구하고 오
랫동안 분석집단에서는 아이에 대한 직접적인 관찰과 그들이 말
한 것을 기록하는 것은 환자를 치료하는 전통적 방법에 의해 이미
얻어진 결론을 확인하는 정도의, 또한 어떠한 새로운 발견도 더하
지 않는 연구의 보조 수단 이상으로 보지 않는 경향이 있어 왔다.
아이에 대한 가족 안팎에서의 직접적인 관찰은 정신분석 과학이
진보하는 데 있어 귀중한 방법일 뿐 아니라 필수 불가결한 방법이
라는 생각은 서서히 받아들여졌다.

이들 연구의 주요 공헌은 어떻게 아이가 정서적 · 사회적으로

자라는지 이와 관련된 수많은 변수 중 변이의 범위가 어느 정도인
지, 그리고 어떠한 종류의 가족 경험이 아동의 특정 발달과 관련
있는지에 대해 해결의 실마리를 보여 준다는 점이다. 우리의 임상
적 이해에 밀접한 관련이 있는 행동학과 발달심리학 분야의 동료
가 발견한 예를 들겠다.

첫 번째 예는 존 홉킨스 대학교(John Hopkins University)에서 일
한 적이 있고 현재는 버지니아 대학교(University of Virginia)에 소속
되어 있는 Mary Salter Ainsworth(1977)의 연구다. 처음에 임상심
리학자로 훈련을 받은 Mary Ainsworth는 1950년대 초에 타비스톡
에서 우리와 같이 일을 했고 이후에 우간다에서 어머니와 유아에
대한 연구를 2년간 하였다. 그녀의 결정적인 연구는 볼티모어, 메
릴랜드의 백인 중산층 가정에서 이루어진 생애 첫 1년 동안의 어
머니-유아 상호작용의 발달과 관련한 연구였다. 그녀는 직접 개
인분석을 받기도 했고, 분석가가 중요한 것으로 여기는 문제의 유
형에 굉장히 밝았다.

우간다에서 어머니-유아 연구를 하면서 Ainsworth는 아이가
움직일 수 있을 나이가 되었을 때, 어떻게 어머니를 탐색의 기지
로 삼는지에 매료되었다. 좋은 상황일 때 아이는 어머니에게서 벗
어나 탐색활동을 하며 때때로 어머니에게 다시 돌아온다. 안정적
인 양육대상이 있고 이에 애착이 되었던 것으로 관찰된 8개월 무
렵의 대부분의 아이가 이러한 행동을 보였다. 그러나 어머니가 없
을 때는 이러한 조직화된 탐색활동을 점점 덜하거나 멈추었다. 이
러한 발견을 비롯하여 인간과 아기 원숭이에 대한 유사한 다른 결
과로 인해, 보통의 헌신적인 어머니는 아이가 탐색을 할 수 있게

하고, 속상하거나 놀랐을 때 다시 돌아올 수 있는 안전기지를 제공한다는 개념이 발전되었다. 물론 유사한 관찰은 Margaret Mahler (Mahler, Pine & Bergman, 1975)에 의해서도 이루어졌다. 그러나 그녀는 Ainsworth와 내가 사용한 개념과는 다른 개념적 틀로 설명하였다. 나는 아이, 청소년 또는 어른이 안전기지로부터 탐색을 떠날 수 있고 때때로 다시 안전기지로 돌아올 수 있다는 개념은 정서적으로 안정적인 개인이 전 일생을 통해 어떻게 발달하고 기능을 하게 되는지를 이해하는 데 중요하다고 점차 더 확신하게 되었다.

볼티모어의 프로젝트에서 Ainsworth는 이러한 종류의 행동을 더욱 밀접하게 연구할 수 있었을 뿐 아니라 23명의 12개월 유아 표본에서 많은 다양한 행동에 대해 설명하였다. 유아가 어머니와 가정에서 함께 있는 상황과 다소 낯선 검사 환경에 놓인 상황에서 아이의 탐색과 애착행동, 두 행동 간의 균형에 대한 관찰이 이루어졌다. 나아가 생후 첫 1년 동안에 아이가 받았던 양육 유형에 대한 자료를 바탕으로(아이의 가정에서 이루어진 3주에 한 번씩 장시간의 관찰 회기에 의해서 얻어짐), Ainsworth는 12개월 아이의 정서적·행동적 발달의 유형을 이전 양육 경험의 유형과 관련지을 수 있게 되었다.

이 연구 결과(Ainsworth, 1977의 리뷰를 참조하라)는 12개월 된 아이가 가정에서 어머니가 있을 때와 없을 때 보이는 행동 그리고 다소 낯선 검사 환경에서 어머니가 있을 때와 없을 때 공통적으로 나타나는 행동을 보여 주었다. 두 상황에서의 관찰된 행동을 참고한다면, (1) 어머니가 있을 때와 어머니가 없을 때 아이가 얼마나 많이 또는 얼마나 적게 탐색활동을 하는가, (2) 아이가 어떻게 어머니를 대하는가(어머니가 있을 때와 어머니가 떠날 때, 그리고 특히 어머니가 다시 돌아왔을 때)의 두 기준에 따라 아이를 세 가지 주요 집단 중 하나로 분류할 수 있다.

Ainsworth는 태어난 지 1년째 되었을 때의 전반적인 행동을 관찰한 후 8명의 아이를 전망이 밝은 것으로 추정하였다. 이들은 특히 어머니가 있을 때 적극적으로 탐색활동을 하였으며, 어머니의 위치를 계속 추적하고 시선을 교환하며, 때때로 어머니에게 돌아와 즐겁게 상호접촉을 하면서 어머니를 기지로 삼았다. 어머니가 잠시 떠났다가 다시 돌아왔을 때는 따뜻하게 어머니를 맞았다. 이들 집단을 X라고 부르겠다.

전반적인 행동이 우려가 되는 아이는 11명이 있었는데 이를 집단 Z라고 부르겠다. 이들은 가정에서나 검사 상황에서 모두 수동적이었다. 이들 중 3명은 탐색활동을 적게 했으며 대신 손가락을 빨거나 몸을 흔들었다. 어머니가 어디에 있는지 끊임없이 불안해했으며 어머니가 없어졌을 때 심하게 울었으면서도 막상 어머니가 다시 돌아왔을 때는 다르게 행동하며 힘들어하였다. 이 집단의 다른 8명은 독립적으로 보이는 행동과 어머니를 무시하는 행동을 함께 보이다가 갑자기 불안해하며 어머니를 찾는 행동을 번갈아 보였다. 그러나 어머니를 찾았을 때 어머니와의 접촉을 즐기는 것처럼 보이지 않았으며 종종 품에서 다시 벗어나려고 애썼다. 실제로 이들은 양가감정의 전형을 보여 주었다.

23명 중 나머지 4명의 아이는 첫돌에 예후가 좋은 것으로 평가되는 집단과 주의가 필요한 집단의 중간에 위치하였다. 이들 집단을 Y라고 부르겠다.

이들의 짧은 생애 동안에 연구자들은 3주마다 아이의 가정에서 어머니와 아이의 행동을 관찰하고 기록하며 3시간씩을 보냈기 때문에, 아이에 대한 어머니의 행동을 평가하는 데 직접 경험한 자료를 얻을 수 있었다. 이들을 평가하는 데 있어, Ainsworth는 4개로 구별되는 9점 척도의 평정치를 사용하였다. 그러나 이들 평정척도가 상당히 상관이 있었기 때문에, 한 가지 척도만 예로 들어도 충분할 것 같다. 이 척도는 어머니가 아이의 신호와 의사표현에 얼마나 민감한지 또는 둔감한지를 재는 척도다. 민감한 어머니는 아이의 신호를 받아들이기 위해 끊임없이 아이에게 '조율이 되어(tuned in)' 있고, 신호를 정확하게 해석하는 경향이 있으며 즉각적이고도 적절하게 그 신호에 반응하는 경향을 보이는 반면, 둔감한 어머니는 아이의 신호를 종종 눈치채지 못하며, 신호를 눈치챘다 하더라도 종종 그것을 잘못 해석하여 느리거나 부적절하게 반응하거나 아예 반응하지 않는 경향을 보인다. 세 집단에 속한 아이의 어머니가 이 척도에서 어떤 점수를 받았는지 살펴보았더니, X 집단에 속한 8명 아이의 어머니는 이 척도에서 모두 상위점수로 평가되었고(5.5~9.0), Z 집단의 8명 아이의 어머니는 모두 낮은 점수로 평가되었으며(1.0~3.5), Y 집단의 4명은 중간점수에 위치하였다(4.5~5.5). 이들 점수의 차이는 통계적으로 유의하였다.

물론 확신을 가지고 결론을 내리기 이전에 훨씬 더 많은 연구가 필요할 것이다. 그럼에도 12개월에 보이는 전반적인 성격발달과 어머니-유아 상호작용 패턴은 이후에 보이는 성격발달 및 부모-아동 상호작용과 충분히 유사할 것으로 보인다. 왜냐하면 전자는 후자의 전신(forerunner)이기 때문이라고 여겨지기 때문이다. 적어도 Ainsworth의 발견은 아이의 어머니가 민감하고 접근이 쉬우며 반응적이고 아이의 행동을 수용하며 아이를 대하는 데 있어서 아이에게 협조적인 경우, 그 아이는 다른 이론에서 제시하는 요구적이고 불행한 것과는 거리가 멀다는 점을 보여 준다. 대신 이러한 종류의 양육은 1세 무렵 어느 정도 독립행동을 하는 동시에 어머니에 대한 높은 정도의 신뢰감과 어머니와 함께하는 것에 대한 즐거움을 발달시키는 아이에게 부합하였다.

반대로 다른 것에 정신이 팔리거나 걱정을 하느라 아이의 신호에 둔감하고 아이를 무시하거나, 아이의 활동을 어머니 마음대로 방해하거나 아이를 거절하는 어머니의 아이들은 슬프거나 불안하거나 다루기 어려웠다. 이것은 심리적 문제가 있는 아동이나 청소년을 보는 임상현장의 종사자에게 놀라운 일이 아니다.

12개월 아이에 대한 어머니의 반응과 아이가 행동하는 방식 간의 상관관계에 대한 Ainsworth의 발견은 통계적으로 굉장히 유의미했고 이후의 연구에서도 확인이 되었지만, 상호작용이 조화롭게 이루어지는지 아닌지를 결정하는 더 큰 역할을 하는 대상이 어머니가 아니라 아이일 수도 있다는 반론은 언제나 가능하다. 어떤 아이는 다루기 힘든 기질로 태어나기 때문에 언쟁이 시작되고 아이에 대한 어머니의 부정적인 반응은 당연히 있을 수 있는 일이다.

그러나 이러한 관점은 경험적 증거에 의해 뒷받침되지 않아 보인다. 예를 들면, 생후 첫 3개월 동안의 관찰에 따르면, 아이가 우는 정도와 어머니가 아이를 다루는 방식 간에 상관이 없었던 반면, 1년쯤 무렵에는 아이에게 즉각적으로 반응하는 어머니의 아이들이 아이를 울게 내버려 두는 어머니의 경우보다 더 적게 울었다.

6장에서도 일부 언급을 하였지만, 다른 발견도 소수의 경우를 제외한 모든 경우에서 상호작용이 어떻게 발전되는지를 결정하는 것은 어머니라는 관점을 지지하였다.

가정방문 관찰에 기초하여, Ainsworth는 무엇이 일어날 수 있는지에 관한 생생한 설명을 제시하였다. 예를 들어, 가정방문 시 아이 울음소리를 들으면서 어머니들이 어떻게 집에 앉아 있었는지에 대해 설명했으며 어머니가 반응할 때까지의 걸린 분단 위의 시간을 기록했다. 몇몇 어머니는 반응을 하면 아이에게 안 좋거나 더 울게 만들 거라는 생각에서 참을 수 있는 한 무시한 채 앉아 있었다. Ainsworth의 발견에 따르면 이러한 생각은 잘못된 것으로 밝혀졌다. 어떤 경우 어머니는 다른 일에 지나치게 몰두되어 있었다. 또 다른 예에서 어머니는 아이의 울음을 인식하는 데 아에 실패했으며 이러한 상황은 관찰자가 가만히 앉아서 보기에 상당히 고통스러운 것이었다. 대개 이러한 여성은 불안이나 우울을 겪고 있었으며 다른 어떤 것에도 주의를 기울이지 못했다.

각각의 아이가 얼마나 다른 경험을 하는지를 보여 주는 이러한 구체적이고 정확한 관찰은 오직 이들 연구자가 사용했던 방법에서만 얻을 수 있다는 점이 이제는 모두에게 확실해졌을 것이다. 관찰자가 무엇이 일어나는지에 대해 직접 보고 듣지 않고 어머니가 그들에게 말하는 것에만 의존했다면, 많은 경우에서 굉장히 틀린 그림을 가졌을 것이다. 아이의 발달과 부모 양육방식 간의 상관을 발견할 수 있다는 기대는 사라졌을 것이다. 그러나 우리가 보았듯이, 관찰과 같은 신뢰할 수 있는 방식을 사용한다면 굉장히 작은 표본일지라도 매우 유의미한 상관을 발견할 수 있다.

확실한 증거가 지지하듯이, 어머니가 아이와의 상호작용 방식을 형성하는 데 어머니가 결정적인 역할을 한다는 것을 강조함으로써 나는 어머니들에게 어떠한 비난을 하려는 것이 아니다. 아기나 큰 아이들을 돌보는 것은 숙련됨이 필요한 일일뿐 아니라 매우 어렵고 까다로운 일이다. 행복한 아동기 시절을 보냈고 남편이나 어머니에게서 도움과 지지를 충분히 받고 있으며 그렇게 하면 아이를 응석받이로 만들 것이라는 잘못된 충고를 하는 사람도 없는 어머니에게조차 이것은 고된 일이다. 이러한 이점이 전혀 없는 여성이 정서적으로 힘든 상태가 되는 것은 놀랄 일이 아니며 비판을 받아서는 결코 안 된다. 그러나 아기나 어린아이가 전적인 거부를 때때로 경험하고 이후에는 분리를 경험하거나 분리의 위협을 당하는 한편 민감하지 못한 양육 상황에 놓인다면, 그 영향은 개탄스러운 것이라는 데 의심의 여지가 없다.

이러한 생각은 훨씬 친숙한 것이 되었고 Baliant, Fairbairn, Winnicott, 그리고 다른 분석가들 덕분에 한 세대 전에 그랬던 것보다는 오늘날 분석협회에서도 더 잘 받아들여지게 되었으나, 이론과 실제에 대한 이들 생각에 대한 함의는 아직도 소화하기에는 먼 것처럼 보인다.

영국에서는 분열형 성격(Fairbairn, 1940) 또는 거짓 자기(Winnicott, 1960)라고 기술하고, 북미 쪽에서는 경계선적 성격 또는 병리적 자기애(예, Kohut, 1971; Kernberg, 1975)를 앓고 있다고 기술하는 환자의 유형이 제시하는 병인론적 치료상의 문제점을 생각해봄으로써 이 문제를 설명하도록 하겠다.

이러한 환자가 보여 주는 그림은 자기주장적 독립성과 정서적인 자기충족이다. 무슨 수를 써서라도 그는 다른 사람에게 신세를 지려 하지 않고, 관계를 맺게 되면 통제감을 갖기 위해 애쓴다. 대체로 그는 상당히 잘 지내지만 때때로 이유를 모른 채 우울해지거나 심리적 신체 증상을 발전시킬 수 있다. 증상이나 우울의 발현이 심해질 때에만 치료를 찾을 가능성이 있으며 그때에도 분석가보다는 약물치료를 선호할 가능성이 높다.

이러한 개인이 분석에 올 때는 적당히 거리를 두며 무엇이 일어나는지에 대해 통제하려고 한다. 그가 말하는 것은 명료하지만, 얼마나 지루한지를 제외하고는 감정에 대해 언급하는 것을 피한다. 휴가나 다른 종류의 잠정적 치료 중단을 시간 절약이라며 환영한다. 아마도 그는 분석을 '재미있는 연습'이라고 생각할 수도 있다. 비록 그리 쓸모가 있다고 확신하지 않지만 말이다. 어쨌든 그는 자기 스스로를 분석함으로써 더 훌륭한 작업을 할 수 있을 것이다!

물론 이러한 종류의 정신병리와 치료적 문제를 논의하는 많은 문헌이 있다. 그러나 어떠한 이슈든지, 여기에 병인론이 없다는 것에 의견이 일치한다. 두 가지 대조되는 관점을 보자면, Winnicott(1960, 1974)은 이러한 상태를 '이만하면 좋은(good enough) 어머니의 양육'을 제공받지 못한 초기 환경의 실패에 문제의 원인이 있다고 보았으나, Kernberg(1975)는 논문에서 어머니 양육이 발달에 미칠 수 있는 역할의 가능성을 가볍게 두어 몇몇 자신의 환자가 경험했을지도 모르는 부적절한 양육에 대해 지나가는 말로 몇마디 언급해 놓았을 뿐이다. 그는 초기 경험이 이들 상태를 만드는 데 결정적인 기여를 했다는 점에 대해 검토하지 않았다.

　이러한 문제에 대해 때가 되면 어느 정도의 의견 일치를 보는 것이 가장 중요한 일 중에 하나라는 점은 분명하다. 그리고 쟁점 사안에 대해 논의할 때, 이용할 수 있는 최대한 많은 출처의 자료를 고려하지 않는다면 어리석은 일이다. 어떠한 상황에서는 역학적인 조사가 유용한 정보를 준다는 점이 입증되었지만, 나는 이 부분에 대해 그러한 조사가 이제까지 무언가 말해 준 것이 있었는지 의문이 든다. 따라서 현재로서는 아쉬운 대로 우리의 두 가지 친숙한 출처인 (1) 환자의 분석적 치료, (2) 어머니와 아이에 대한 직접적 관찰에서 나온 자료를 이용할 수밖에 없다.

　치료 중 얻은 자료와 관련하여, 나는 개방적인 생각을 가진 어떤 사람이 정신분석의 문헌을 조사하고 환자의 아동기 경험에 대한 정보를 기록한 모든 사례 보고를 수집한다고 해서 이것이 과연 유익할지 의심스럽다. 내가 추론하기에, 지금까지 얻어진 정보는 이러한 환자가 한 가지 형태 이상의 부적절한 어머니 양육을 불행한 아동기 시절에 겪었다는 Winnicott의 관점을 강하게 지지한다. 나는 그러한 조사를 직접 한 적은 없기 때문에, 확실하다고 생각하는 그러한 연구 결과를 기술하는 것 이상을 할 수는 없다. 다음의 기술은 Winnicott의 관점에 영향을 받은 3인의 분석가가 출판한 사례 보고서에서 나온 것이다.

　첫 번째는 Donald Winnicott의 미망인인 Clare Winnicott(1980)이 보고한 것이다. 41세 전문직종의 한 여성 환자는 최근에 다양한 정신신체 질환을 발달시켰으며 정서적으로 자만감에 차 있는 성격 특성을 보였다. 한동안 분석을 받은 다음에야 그녀는 아동기 시절에 대해 말하기 시작하였다. 환자의 어머니가 풀타임으로 일을 했기 때문에 독일 소녀에 의해 키워졌고 그 소녀는 환자가 2세 6개월이 되었을 때 갑자기 떠났다. 그 후 불확실한 상황 속에서 6개월이 지난 후 어머니가 친구와 차를 마시는 데 환자를 데려갔고, 환자는 한참 후에 어머니가 사라졌다는 것을 알았으며 낯선 침대에 홀로 남겨졌다. 다음 날 환자는 어머니 친구가 수간호사로 일하는 기숙사 학교에 보내졌고 거기서 9세까지 지냈으며 공휴일도 주로 거기서 보냈다. 그녀는 겉으로 잘 적응하고 (불길한 단어다!) 성공적으로 대처하는 것으로 보였으나, 이후 그녀의 정서적 삶은 메말라 버렸다.

두 번째 보고서는 Jonathan Pedder(1976)에 의한 것으로, Clare Winnicott의 환자와 매우 비슷한 성격과 증상을 가진 20대 중반의 젊은 교사에 대한 것이다. 첫 번째 면접에서 환자는 자신의 아동기에 대한 이상화된 그림을 보고했지만, 18개월 무렵 어머니가 다음 아이를 임신했을 동안 고모에게 보내졌던 것이 금방 드러났다. 6개월을 거기서 보내면서 그녀는 점차 고모에게 진짜 어머니보다 더 어머니 같은 느낌을 가지기 시작했고 다시 집으로 돌아와야 했을 때 고통스러운 감정을 경험했다. 이후 10세가 될 때까지 그녀는 또 다른 이별에 대해 두려워했으나, 그녀의 말에 따르면 불안을 마치 '수도꼭지'처럼 '잠가 버렸고' 불안과 함께 정서적 삶의 대부분도 같이 사라져 버렸다.

세 번째 보고는 Elizabeth Lind(1973)에 의한 것으로, 심한 우울증과 자살생각을 가지고 있음에도 자신의 정신 상태는 '인생철학'에 비해서 덜 병적이라고 믿고 있는 23세의 젊은 대학졸업생에 관한 것이다. 그는 대가족의 장남이었는데 3세 무렵 2명의 동생이 이미 태어났다. 그에 따르면, 부모는 자주 폭력적으로 싸움을 했었다. 어릴 때 아버지는 집에서 멀리 떨어진 곳에서 직업인으로서 장시간 훈련을 받았다. 어머니는 언제나 예측 불가능했다. 그녀는 종종 아이들과 싸운 후에 속상해서는 하루 종일 방문을 잠그고 틀어박혀 나오지 않았다. 몇 번 그녀는 집을 나갔는데, 아들들은 집에 두고 딸들만 데리고 나갔다.

그는 행복하지 않은 아기였고, 잘 먹지 못했고, 잠을 잘 자지 못했으며, 종종 오랫동안 혼자 울게 내버려졌다는 이야기를 들었다. 그의 울음은 부모를 조정하고 응석 부리기 위한 것이라고 여겨졌다. 한번은 충수염을 앓았는데 온밤을 신음하며 누워 지새웠던 것을 기억했다. 부모는 아무런 조치도 취하지 않았으며 다음 날 아침쯤에 그는 심각하게 아팠다. 치료가 더 진행되었을 때, 그는 동생들이 혼자 울도록 남겨졌을 때 얼마나 불안해졌었는지 그리고 그때문에 죽이고 싶을 만큼 부모를 미워했던 것을 기억해 냈다.

그는 언제나 미아 같은 느낌이었고, 왜 자신이 거부당했는지를 이해하지 못했다고 한다. 처음 학교 간 날은 생애에서 가장 끔찍한 날이었다. 어머니에게서 마지막으로 당한 거부같이 느껴졌다. 하루 종일 절망적인 기분이었고 울음을 멈출 수 없었다. 이후 그는 점차 애정과 지지에 대한 모든 욕구를 감추게 되었다. 그는 도움을 요청하거나 그를 위해 뭔가를 해 주는 것을 모두 거절해 왔다.

치료과정에서 그는 정서적으로 무너져서 울게 되고 보살핌을 원하게 될까 봐 두려워졌다. 그는 치료자가 자기를 귀찮아하고, 자기의 행동을 단순히 관심 끌기 위한 것으로 여길 거라 확신했다. 또한 그가 어떤 개인적인 감정을 치료자에게 말하면 치료자가 기분이 상해서 혼자 문을 잠그고 방에 틀어박힐지도 모른다고 예상했다.

이들 3건의 사례에서 환자들이 보인 최근의 정서적 악화는 의미 있지만 취약했던 관계가 실패한 후 나타났다. 이러한 관계에서 상대방과 환자는 각각 주저함이 있었고 관계가 끝나는 데 환자가 기여한 바가 분명히 있었다.

이러한 환자를 치료하는 데 3명의 분석가 모두 전통적으로 '의존적 감정'이라고 불리는 감정을 자유롭게 표현하도록 하고 그 결과로 시간이 지나면서 환자가 분석가에게 강하고 불안한 애착을 발달시키도록 하는(내가 선호하는 용어를 사용하였다; Bowlby, 1969, 1973) Winnicott의 기법을 사용하였다. 이는 각각의 환자가 아동기에 잃어버린 정서적 삶을 되찾게 만들었으며 '참자기' 감을 회복시켰다. 치료 결과는 좋았다.

물론 이들 3건의 사례에서 나온 결과가 아무것도 증명해 주지 못한다는 것을 인정한다. 그럼에도 이들은 시사하는 바가 있으며 Winnicott의 병인론에 대한 이론을 지지해 준다. 비록 그렇다 하더라도 이러한 자료는 환자의 아동기 기억에 대한 타당성에 의혹을 갖게 하며 환자가 명백하게 주장하듯이, 그의 정서적 생활에 영향을 미쳤다고 회상된 사건이 일어난 순서에 대해 의문을 갖게 만든다는 비판의 여지가 항상 있다(이들 3명 환자에게 전환점이 되는 사건이 모두 2세가 지났을 때 일어났다는 점은 주목할 가치가 있다).

이제 병인론에 대한 논쟁은 회고나 분석에서 나온 편파 가능성이 있는 증거에만 의존하는 한 절대로 해결될 수 없다는 점이 확실해진 것으로 보인다. 대조 검토할 수 있는 다른 종류의 증거가 필요하다. 이러한 이유에서 나는 아이와 어머니에 대한 직접 관찰이 잠정적으로 매우 유용하다고 믿는다. 이들 자료에서 아이의 정서적 삶이 위에 기술된 유형의 경험에 의해 무감각해졌다는 증거가 있는가? 이에 대한 대답은 물론 많은 증거가 있다는 것이다.

여기서 자연스럽게 나는 James Robertson(1953)이 기록한 12개월과 36개월 사이의 유아가 집에서 떨어져 거주식 유아원이나 병원과 같은 낯선 곳에서 어머니를 대체할 역할을 할 사람이 하나도 없이 낯선 사람에게 놓였을 때 어떻게 행동하는지에 대해 관찰한 내용을 먼저 이야기하도록 하겠다. 이 관찰은 이후에 Christoph Heinicke와 Ilse Westheimer(1965)에게서도 확인이 되었다. 위와 같은 상황에서 아이는 시간이 지나면서 마치 어머니의 보살핌이나 사람과의 접촉이 자기에게 전혀 중요하지 않은 것처럼 행동하게 된다. 보호자가 자주 변동됨에 따라 아이는 어느 누구에게도 애착을 형성하는 것을 멈추게 되고 집으로 돌아간 후에도 며칠 동안은 부모에게서 거리를 둔다. 만약 그가 따뜻하게 대우받지 못했다면 이것은 더 오랫동안 지속될 수도 있다.

나아가 아이는 큰 이별을 겪지 않았어도 거절하는 어머니에 반응하여 이러한 종류의 방어적 마비 상태를 발달시킬 수 있다. 여기에는 믿을 만한 이유가 있다. Mahler(1971)가 기록한 관찰에서 이러한 순차적 사건의 예를 발견할 수 있다. 더욱 확실한 발견은 12~20개월 연령대 유아에 대한 Mary Ainsworth의 동료인 Main(1977)의 연구에서 찾을 수 있다. 이 아이들은 몇 분 동안 어머니 없이 낯선 사람과 보낸 후 어머니를 다시 만났을 때 어머니를 맞이하지 못했고 고의로 어머니를 회피했다. 나는 Main의 비디오테

이프 기록을 보면서 몇몇 아이가 상당히 오랫동안 그러한 행동을 보이는 것을 보고 놀랐다. 한 명은 어머니에게 잠깐 다가갔다가 머리를 피하고 나서는 어머니에게서 거리를 두었다. 또 다른 아이는 어머니에게 다가가는 대신 마치 벌을 받는 것처럼 방 한구석에 가서 머리를 바닥으로 향한 채 무릎을 꿇었다. 어머니가 아이와 놀고난 이후의 회기에 대한 비디오 기록에서 이 아이들의 어머니는 회피적이지 않은 아이의 어머니와 다르게 행동했다. 그들은 '화나 있고, 감정표현이 없었으며 아이와의 신체적 접촉을 싫어하는 것'처럼 보였다. 몇몇 어머니는 화가 난 목소리로 아이를 꾸짖었으며 몇몇은 아이를 조롱했고 다른 몇몇은 아이에게 비꼬듯이 말을 하였다. 아이는 분명하게 어머니를 피함으로써 다시금 적대적으로 다루어지는 상황을 피하는 것처럼 보였다.

이처럼 아이와 어머니에 대한 직접 관찰이 제공하는 교차점검의 경우 Winnicott 식의 이론을 지지하는 경향이 있다. 간단하게 내 말로 하자면, 아이는 또 다른 거절과 그 거절이 낳을 고통과 불안, 분노에 대한 두려움으로 누군가에게 애착을 형성하는 것을 꺼리게 되며 이는 나중에 성인이 되어서도 마찬가지다. 그 결과로 돌봄, 위안, 사랑을 얻기 위해 가깝고 신뢰할 수 있는 관계를 맺고 싶은 자연스러운 욕구를 표현하는 것조차 엄청나게 차단하게 된다. 나는 이것을 본능적 행동의 주 체계(major system)가 보이는 주관적 징후라고 여긴다.

이러한 설명은 문헌에서 제안된 설명보다 훨씬 덜 복잡하면서도 이러한 환자가 우리와 같은 분석가와의 관계에서 그리고 더 큰 세상에서 어떻게 행동하는지를 잘 설명해 준다. 당연히 예상할 수 있듯이, 이들은 타인과 신뢰할 수 있는 관계를 맺는 것에 대한 두려움을 가지고 분석가에게 오며 우리는 엄청난 저항으로 이것을 경험한다. 한참 지나서 그들의 감정이 다시 살아나면 그들이 기억하는 부모가 그들을 대했던 방식으로 우리가 그들을 대하게 될 것이라고 나는 확실하게 믿는다. 그 결과 그들은 거절당할 것에 대한 두려움으로 살아가게 되며 우리가 자기를 버릴 것이라고 의심하게 되면 굉장히 화가 나게 된다. 나아가 그들이 우리를 대하는 방식—학대와 거부—이 그들이 아이였을 때 당했던 것으로 기억하는 방식인 것으로 밝혀진다.

당신은 내가 환자들이 분석 동안에 어떻게 행동하는지에 관한 설명을 하면서 서로 연관되는 많은 가설을 발전시켜 왔음을 알 수 있었을 것이다. 연구 프로그램에서 각각의 가설은 정밀한 조사와 추후 자료에 비추어 검증할 것을 요구한다. 많은 방법 중에 가치 있다고 증명될 것이라고 믿는 방법은 부모와 아이가 서로 상호 작용하는 치료 장면에서의 연구다. 나는 임상연구가 잠재력을 십분 발휘하려면 지금보다 훨씬 더 체계적이고 직접적 방식을 추구해야 한다고 믿고 있지만, 각 개별 환자의 분석에서 벌어지는 일 가운데 더 관찰해야 할 중요한 것이 여전히 존재한다고 본다.

일례로, 주말이나 휴가 그리고 예기치 않은 회기의 일시적 중단 전후에 환자들이 어떻게 반응하고 분석가가 어떻게 이들을 다루었는지를 자세하게 기술한다면 가치가 있을 것이다. 이때 환자가 보이는 일련의 반응을 이해하게 되고 또한 우리가 중요한 치료적 변화가 일어나는 상황에 대해 구체적인 설명을 할 수 있다면 특히나 가치가 있을 것이다. 만약 협동 프로그램에서 그러한 많은 환자에 대한 기록이 쌓인다면 환자가 기억하는 부모와의 관계에 대한 고통스러운 경험과 이러한 경험이 자기 자신을 비롯한 다른 사람을 대하는 데 여전히 미치는 영향에 대해 명백하고 구체적인 토론을 하는 것이 내가 예상하듯이 치료적 변화를 촉진하는지 아니면 다른 분석가가 믿듯이 치료를 방해하는지를 알 수 있게 해 줄 것이다.

당연하지만, 연구 프로그램을 시작하는 데 있어서 분석가는 자신의 직업적 책임을 명심해야 한다. 왜냐하면 거짓 자기를 나타내는 환자와 작업할 때 이러한 책임은 특히 무겁기 때문이다. Winnicott은 그러한 환자가 치료하는 동안에 통과하는 '극도로 의존적인 기간'에 대해 기술하면서 '이런 식으로 의존적이 되어 가는 환자의 과중한 욕구를 맞춰 줄 준비가 되어 있지 않은 분석가는 거짓 자아 유형의 환자 사례를 선택하지 않도록 조심해야 한다'고 경고했다.

이는 치료기법의 주제로 돌아가게 만든다. (분석가) 자기 자신이 됨으로써, 이러한 종류의 환자로 하여금 Winnicott은 참자기로, 나는 애착욕구와 감정으로 일컫는 무언가를 발견하고 회복하도록 이끄는 것은 쉽지 않다. 우리 자신이 정말로 신뢰할 수 있는 사람이 되어야 하는 한편, 우리는 가지고 있지만 이들 환자는 잃어버린 애정과 친밀감에 대한 모든 갈망을 진심으로 존중할 수 있어야 한다. 다른 한편으로는, 우리가 줄 수 있는 것 이상을 제안해서는 안 되며 환자가 견딜 수 있는 것보다 더 빨리 앞서 나가서는 안 된다. 이러한 균형을 맞추기 위해 우리가 할 수 있는 모든 직관, 상상력, 공감이 필요하다. 그러나 이는 또한 환자의 문제가 무엇인지, 그리고 우리가 무엇을 하고 있는지에 대한 확실한 이해가 뒷받침되어야 한다. 과학적 방법을 적용하여 가능한 문제의 병인론 그리고 병리학을 밝혀내야 하고, 아동기 정서적 삶의 발달에 전체 가족 범위의 경험이 어떻게 영향을 미치는지―늘어나는 증거들이 이를 보여 준다―에 대해 분석가가 출생부터 청소년기를 걸쳐 이후까지 완전한 정보를 알아내는 것이 중요한 이유가 여기에 있다. 우리가 이와 함께 더 많은 지식을 갖출 때 비로소 Freud가 그의 마지막 책 중에 하나에서 말했던, 환자의 증상에 숨겨져 있는 '진실의 씨앗'과 분석에서의 재구성에 대한 치료적 가치에 관심을 두라는 그의 요구를 충족할 수 있는 위치에 있을 수 있게 된다(1937). 그는 다음과 같이 적었다. "우리가 찾고 있는 것은 신뢰할 만하고 본질적인 면에서 온전하게 되는 환자의 잊어버린 세월에 대한 그림이다."

어린 자녀 양육

애착이론의 기원

예술 및 과학으로서의 정신분석

자연과학으로서의 정신분석

가정폭력

확인받지 못한 사고와 감정

성격발달에서 애착의 역할

애착, 의사소통, 치료과정

CHAPTER **04**

🧑 1980년 가을, 런던 대학의 Freud 기념 정신분석학 객원 교수(Freud Memorial Visting Professor of Psychoanalysis)로 임명되었다. 첫 강의에서 2년 전 캐나다에서 발표했던 주제를 다시 다루었다. 정신분석이라고 명명된 방대한 지식이 자연과학의 일부가 되어야 한다고 언제나 믿어 왔던 나는 반대편의 압력 때문에 정신적으로 괴로웠었다. 정신분석은 자연과학이 되어야 한다는 목표를 버리고 해석학적 학문으로 여겨야 된다는 것을 받아들이는 일은 과학에 대한 구태의연한 사고일 뿐 아니라 자포자기의 태도로 보인다. 왜냐하면 해석학적 학문에서는 불일치를 해결하기 위해 적용할 수 있는 기준이 없기 때문이다.

새로운 이론적 개념을 제안하는 모든 정신분석가가 직면하는 문제는 새로운 이론이 '정신분석'이 아니라는 비난이다. 이러한 비난은 당연히 우리가 정신분석을 어떻게 정의하느냐에 달려 있다. 불행히도 대부분 Freud의 이론과 관련 지어 정의하는 것이 일반화되어 있다. 이는 학문 분야에서 항상 연구되는 현상과 풀어야 할 문제를 관련 지어 정의하는 것과는 대조적이다. 그러한 분야에서는 이론이 변화함에 따라 자주 진보가 일어나며 때로는 혁명적인 변화가 일어난다. 정신분석가가 정신분석을 특별한 이론으로 정의하는 한 학자들에게 냉대를 받는다 해도 어쩔 수 없는 것이다. 더욱이 그것을 정의하는 방식 때문에 심한 타성에 빠져 있다는 비난을 받고 있다.

다음의 강의는 원래 했던 것과 많은 면에서 다른데 특히 이전 강의에서 이미 다루었던 문제를 생략한 점에서 그러하다.

Freud가 정신분석의 이론적 틀을 처음 구상했던 1985년부터 그가 죽기 바로 전해인 1938년까지, Freud는 그의 새로운 학문이 자연과학의 필요조건을 따라야 한다고 결정했다. 이에 따라 'Project'의 시작문구에서 Freud는 다음과 같이 썼다. "심리학이 자연과학이 되도록 구비하는 데 목적이 있다…." (Freud, 1950, p. 295) 'Outline'에서는 한때 정신과정의 개념을 무의식적인 것으로 당연시했던 적이 있었으나, "심리학도 다른 학문처럼 자연과학으로서 자리매김할 수 있다." (Freud, 1940, p. 158)라고 적은 문구를 발견할 수 있다.

그 사이의 세월 동안 Freud의 과학에 대한 관점은 초기에 "정신과정을 물질입자의 양적으로 결정된 상태로 표현하려는" (1950, 1895에 기록) 야망에서 이후에 정신분석을 "무의식적 정신과정의 과학" (1925)이라고 정의하는 것으로 변화하였다. 그러나 처음부터 마지막까지 Freud가 정신분석이 어떠한 학문이 되길 원했었는지는 확실히 알 수 있다.

이러한 Freud의 확고한 동기가 있었음에도 정신분석의 과학적 위치는 모호하게 남아 있다. 한편에서 인문과학자는 정신분석이론이 담고 있는 진리가 아무리 크다 할지라도, 그것의 허위를 입증할 수 없을 만큼 이론이 너무나 다양한 형태를 띠고 있다는 점에서 정신분석이론을 유사과학(pseudoscience)이라고 불렀다. 다른 한편에서 많은 정신분석가들은 Freud 형이상학의 부적절함에 환멸을 느끼고 임상작업에 확실히 필요한 개인적 견해에 몰두하면서 Freud의 목표를 포기하고 정신분석은 과학이 아니며, 인문학의 하나로 개념 지어야 한다고 선언했다(예, Home, 1966; Ricoeur,

1970). Schaffer(1976)와 George Klein(1976)은 이 입장을 지지하면서 Freud의 이론에 대한 대안을 제시하였다. 그러나 이러한 재공식화는 다르긴 하지만 주인공이 빠진 연극과 같은 것이다. 인과관계의 모든 개념과 생물학적 소인을 가진 충동성 개념이 모두 사라졌고, Schaffer의 버전에서도 억압과 무의식적 정신과정의 개념이 사라졌다.

Melanie Klein은 매우 다른 제안을 하였다. 이 제안은 위와 같은 결점은 없었지만, 그렇다고 그들이 취하는 형식이나 생산해 낸 연구결과물이 과학적 요건을 충족한다고 말하기는 어렵다.

그러나 모든 정신분석가가 정신분석학을 자연과학으로 발전시키는 데 절망했다는 뜻은 결코 아니다. Freud 형이상학에서의 문제점, 특히 정신 에너지와 추동 개념의 문제점을 알아차린 몇몇은 그것을 현재의 과학적 사고에 맞는 새로운 개념적 틀로 대치하려는 시도를 하고 있다. 새로운 대안의 중심에는 체계 이론과 인간 정보 처리연구에서 나온 개념이 있다. 이러한 시도에 능동적인 사람에는 Rubinstein(1967), Peterfreund(1971, 1982), Rosenblatt와 Thickstun(1977), Gedo(1979), 그리고 나 자신(1969, 1980)이 있다. 그러는 동안에 직접 관찰법을 사용하여 아동의 사회 · 정서적 발달을 연구함으로써 학문적 데이터베이스를 확장하고자 한 분석가들이 있다. 이들 연구의 일부는 비이론적이었다(예, Offer, 1969). 또 다른 연구들은 새로운 경험적(empirical) 포도주를 낡은 이론의 부대에 담으려고 시도하였다(예, Spitz, 1957; Mahler[Mahler, Pine, & Bergman, 1975]). 반면 어떤 이들(예, Sander, 1964, 1980; Stern, 1977; Bowlby, 1958, 1969, 1973)은 새로운 이론적 모델을 찾았다. 나의 탐색은 통제이론과 정보처리 이론뿐 아니라 생물학적으로 뿌리를 둔 동물행동학과 비교심리학에까지 이르렀다. 충분히 새로운 시도를 하였으며, 이들 중 무엇이 과학의 진보에 가장 큰 결실을 가져다줄지는 시간이 알려줄 것이다. 이 장에서 나는 이러한 시도 중 하나를 기술하고 왜 그것이 유망한지에 대해 말할 것이다.

앞선 장에서, 나는 아이가 어머니에게서 분리되어 낯선 사람과 낯선 장소에 놓였을 때의 반응을 연구주제로 선택한 이유와 어떻게 이러한 반응에 대한 관찰이 애착이론을 만들게 했는지에 대해 기술했었다. 이것의 중요한 특징은 아이의 경우 적절한 환경이 주어진다면 일련의 행동 패턴을 발전시키는 유전적인 편향을 띠고 세상에 태어나며 그 결과 자신을 돌봐 주는 사람에게 어느 정도 아주 가까운 거리를 유지하게 된다는 것이다. 그리고 이러한 근접성을 유지하려는 경향성은 걸음마를 배우고 자라나는 아이를 많은 위험(진화론적 적응의 인간환경에서 가장 큰 위험은 포식자의 위험이다)에서 보호해 주는 기능을 한다.

큰 임상적 가치를 지닌 것으로 증명된, 동물행동학적 관점에서의 어머니-유아 관계(Ainsworth, 1967)에 대한 초기 연구에서 비롯된 개념은 어머니나 대리 양육자가 아이에게 탐색을 할 수 있게끔 해 주는 안전기지를 제공한다는 것이다. 정상적인 애정이 있는 가정에서 자란 아이는 생애 첫 1년의 마지막 달쯤이 되면 누가 그를 돌봐 주기를 원하는지 매우 분명해지며 이러한 선호는 특히 피곤하거나, 놀랐거나, 아플 때 분명하게 나타난다. 보통은 어머니지만 누가 되었든 간에 이러한 인물이 아이와 같이 있어 주거나, 또는 쉽게 접근 가능한 곳에 있는 것은 아이가 자신의 세상을 자신

있게 탐색할 수 있도록 해 주는 조건을 만들어 준다. 예를 들어 아이가 2세 무렵이면 건강한 아이의 어머니가 정원 의자에 앉아서 쉬고 있을 때 아이는 어머니에게서 떨어져 짧은 탐색을 떠날 수 있으며 다음번 탐색을 떠나기 전에 매번 어머니에게 다시 돌아온다. 어떤 경우에 아이는 돌아와서, 단지 미소만으로 어머니와 접촉할 수 있다. 다른 경우에는 무릎을 기대고 쉬며 또 다른 때는 어머니의 무릎 위로 올라오려고 할 수도 있다. 그러나 놀라거나 피곤하거나 또는 어머니가 떠난다고 생각하지 않는 한 아이는 절대로 오래 머물지 않는다. 런던 공원에서 이러한 종류의 연구를 했던 Anderson(1972)은 2세에서 3세 사이의 아이가 70미터 이상 멀리 가는 것은 굉장히 드문 일이라는 것을 관찰했다. 어머니가 보이지 않으면 탐색은 뒷전으로 밀린다. 아이의 첫 번째 우선순위는 어머니를 다시 찾는 것이며, 더 큰 아이는 어머니를 찾아 돌아다니고 더 어린아이는 울음으로 어머니를 찾는다.

이러한 행동은 정신 에너지[13]의 누적과 방출로 분명히 설명할 수 없다. 대안적 모형[14](이미 이전 강의에서 설명했다)은 아이의 근접성 추구행동을 인공두뇌학적으로 조직된 일련의 행동체계에 의해 조절되는 것으로 본다. 고통, 피로, 그리고 두려운 어떤 것에 의해 활성화가 강화되며 어머니와 같은 인물과 근접하거나 접촉함으로써 활성화가 감소되는 것이다. 그렇다면 아이가 어머니에서 벗어나 더 큰 세상으로 나아가는 행동 —보통 탐색행동이라 부

---

13) 역주: Freud는 인간 행동의 동기를 정신 에너지의 방출로 설명하였다.
14) 역주: 애착이론을 의미한다.

르는—은 애착행동과 양립 불가능하며 더 낮은 우선순위를 가진다. 따라서 애착행동은 탐색이 일어날 때는 상대적으로 불활성화된다.

나이가 들어감에 따라 한 사람의 인생에 있어서 탐색의 여정은 시간이나 공간 면에서 점차 더 길어지지만 조직화는 동일한 방식으로 계속 이어진다. 학교에 들어갈 무렵 탐색은 몇 시간 동안 그리고 그 이후에는 며칠 동안 지속된다. 청소년기에는 몇 주나 몇 달 동안 지속될 수 있으며 새로운 애착인물을 추구하게 된다. 성인기에는 애착인물을 활용할 수 있는 가용성이 개인적 안전감의 근원으로 남아 있게 된다. 우리 모두는 요람에서 무덤까지 애착인물이 제공하는 안전기지로부터의 여정— 길든 짧든—으로 인생이 조직될 때 가장 행복함을 느낄 수 있다.

대안적 모형의 관점으로 볼 때 개인의 발달 동안에 애착행동 조직화에 변화가 일어나는 것은 부분적으로는 활성화 역치가 높아지기 때문이며(아마도 내분비계 수준의 변화), 또 부분적으로는 환경과 그 속에 있는 중요한 사람들 그리고 살아 있는 능동적 개인으로서의 자기 자신에 대한 표상 모델을 포함하게 되면서 조절체계가 점점 더 정교해지기 때문이다.

인간을 비롯하여 많은 동물 종에게서 이러한 체계가 개체발생하는 동안에 일어나는 발달은 자연선택의 작용으로 이루어진다. 즉, 이러한 체계를 발달시킬 수 있는 잠재력을 잘 부여받은 개인이 덜 부여받은 개인보다 생존하고 양육될 성공률이 더 높다. 다른 말로 하자면, 이는 다윈의 진화론이다. 어떠한 조건 하에서 애착행동을 보이는 경향성은 인간 본성의 본질적인 부분으로 여겨지기 때문에, 이를 '의존성'이라고 언급하는 것은 호도하는 것일 뿐 아니라, 경멸적인 어조의 단어 사용으로 인해 심각하게 부적절한 일이기도 하다.

애착행동과 생물학적으로 결정된 다른 형태의 행동이 일단 조절이론의 형태로 개념화되면 행동의 의도성 문제는 인과론적 개념을 포기하지 않고도 해결이 된다. 더욱이 안타깝게도 전통적 정신분석이론에서 무시되어 온, 인과관계와 기능 간의 구별이 점차 분명해지고 있다. 정서적 각성과 표현이 중요한 역할을 하는 활성화 및 이어지는 (활성화의) 종료, 그리고 정서적 상태의 변화는 특정 방식으로 구성된 체계가 특정 종류의 정보를 받을 때 일어난다. 활성화가 가져오는 다양한 결과 중에 계통발생 과정에서 체계가 진화해 가도록 이끈 기능이 바로 생물학적 기능인 것으로 여겨진다. 애착행동을 예로 들면, 개인에게 해가 되는 위험을 줄이는 것이 이러한 기능에 해당한다.

분석이 이정도 되고 보니, 개인이 어떤 행동을 왜 하는지는 고사하고, 자신이 무엇을 하고 있는지 인식하는가의 문제는 별 관련이 없는 것으로 보인다. 사실상 이는 개인이 숨을 쉬고 있는가를 인식하고 있는지, 인식한다면 왜 그가 그렇게 하고 있는지 알아차리고 있는가 하는 문제만큼이나 관련이 없다. 결정적 기능을 하는 생물학적 체계는 행동적 수준이든 생리학적 수준이든 자동적으로 작동될 수 있어야 한다. 그럼에도 아이의 경우 자신이 무엇을 하는지 인식하는 것, 더 나아가 자신의 행동을 종결하는 조건을 인식하는 것은 돌 무렵쯤 확실히 나타나기 시작하며 크나큰 중요성을 가진 요소가 된다. 왜냐하면 아이가 자신의 행동을 종료하는 조건에 대해 안다는 것이 분명해질 때, 목표에 대해 그리고 목표를 달성하기 위한 의도와 욕구에 대해 이야기할 수 있기 때문이다. 이 목표라는 것은 달성했을 때 우리로 하여금 만족과 행복을 느끼게 하며, 반대로 달성하지 못했을 때는 좌절, 불안, 분노를 느끼게 한다.

이 시점에서 나는 어떤 형태의 행동을 종료하는 데 필요한 조건—보통 목표라고 불리는—과 그러한 행동이 수행하는 생물학적 기능 간의 분명한 구별을 강조하고 싶다. 아동기 애착행동의 경우, 어머니와 아이가 애착행동을 종료하는 데 필요한 조건—예를 들어 어느 정도의 근접성—을 인식하고 있을 것이라고 보통 생각하는 데 반해, 그것의 기능을 인식하고 있을 것이라고 기대하진 않는다. 섭식 행동과 성 행동도 마찬가지다. 우리 대부분은 음식을 먹는 것이 배고픔을 달래 줄 것이라는 것을 알고 있고 먹는 것을 즐겁게 생각한다. 그러나 오로지 학자만이 영양학적 기능에 관심을 둔다. 유사하게 성적 욕구는 생식기능을 인식하지 않고도 해결될 수 있다. 두 가지 경우 모두에서 학자 외에는 특정 행동으로 행동하려는 욕구와 그러한 욕구를 종료하는 조건(또는 목표)에 도달했을 때 기대되는 쾌락에만 관심이 있을 뿐, 그 행동이 수행하는 생물학적 기능에 신경을 쓰지는 않는다. 사실, 생물학적 기능으로 쉽게 설명이 가능한 어떤 방식으로 행동하고자 하는 감정적인 충동을 느낄 때 우리는 그렇게 해야만 하는 '이유'를 종종 그럴듯하게 지어낸다. 그러나 그러한 이유는 행동을 일으킨 원인과 거의 또는 아예 관련이 없다. 예를 들어, 어둠 속에 존재하는 이상한 소리에 생물학적으로 반응하는 경향성을 지닌 아이나 성인은 위험을 줄이기 위해 애착인물을 찾으면서 유령이 두렵기 때문에 그러한 행동을 한다고 생각한다. 이는 최면에 따라 무의식적으로 반응하는 사람이 자신의 행동에 대해 지어내는 '이유'와 비슷한 것이다.

어떤 형태의 행동이 수행하는 기능과 그러한 행동을 종료시키는 상태에 대한 우리의 지식과 그것에 도달하기 위한 노력 사이를 구분하는 것은 생물학과 심리학의 영역을 구별하는 조건 중의 하나다. 또 다른 조건은 한편에서는 생물학적으로 타고난 것으로 여겨지는 행동체계와 활성화되고 종료가 되는 어떤 조건을 구분하는 것이며, 다른 한편에서는 특정 목표에 도달하기 위한 추동의 인식과 그것에 도달하기 위한 수단을 찾는 노력 사이를 구분하는 것이다.

이전에 나는 개인의 발달을 이해하기 위해 각자 타고난 유전적 잠재력에 따라 발달이 일어나는 환경을 고려하는 것이 필요하다고 말을 했었다. 이러한 가정에 가장 적합한 이론적 틀은 생물학자인 C. H. Waddington(1957)이 제안한 발달 경로다.

이러한 틀 안에서 인간 성격은 이런저런 각기 다른 경로를 따라 끊임없이 발달하는 구조로서 이해된다. 모든 경로는 처음에는 서로 밀접하게 붙어 있는 것으로 여겨지기 때문에 임신기 동안 개인이 그중 어느 하나를 따라감으로 광범위한 경로에 접근해 가게 된다. 선택된 경로는 유기체가 그 시점에 발달해 있는 상태와 유기체가 처한 환경 사이에 상호작용이 일어나는 단계에 따라 방향이 달라진다. 따라서 임신기 동안의 발달은 새롭게 형성된 유전체(게놈)와 자궁 내 환경 사이의 상호작용에 달려 있으며, 출생 시에는 신생아의 생물학적 체질—막 싹트기 시작한 정신구조를 포함한—
과 그가 태어난 가족 또는 가족 외 환경과의 상호작용에 달려 있
다. 이후의 각 연령대에서의 발달은 당시의 성격구조와 가족, 그
리고 더 폭넓은 사회적 환경 사이의 상호작용에 달려 있게 된다.

임신기 동안 개인에게 열려 있는 모든 가능한 발달경로는 유전
체(게놈)의 형성에 의해 결정된다. 발달이 진행되고 구조가 점차
분화되면서 열려진 발달 경로의 수는 줄어들게 된다.

내가 생각하기에 개인의 성격발달에서 중요한 변인은 애착행동
이 조직화되는 경로이며, 이보다 더 중요한 것은 그 경로가 유아
기뿐 아니라 청소년기에 부모가 그를 대하는 방식에 의해 상당히
좌우된다는 점이다. 이러한 경험은 개인이 주변의 세상을 이해하
는 방식과 애착인물의 행동에 대한 예측 방식에 영향을 미침으로
써 성격발달에 영향을 미치게 된다. 이는 아동기 시절 자신을 양
육한 부모에 대한 표상 모델에서 파생한 것이다. 이러한 모델은
무의식적 수준에서 상대적으로 변화하지 않은 채 지속되는 경향
이 있으며 전통적으로 생각해 온 것보다 훨씬 더 실제로 부모가
대했던 방식을 정확하게 반영한다는 것이 증거를 통해 시사되었
다. 이러한 틀 안에서 볼 때, 이상행동과 신경증적 증상은 개인의
성격발달과 개인이 현재 처한 상황 사이에서 과거부터 지금까지
계속되고 있는 상호작용에 의해 일어나는 것이라 할 수 있다.

내가 선호하는 개념적 틀을 지금까지 개략적으로 설명하면서 나
는 전통적 이론과 다른 점에 대해 충분히 제시했다고 확신한다. 예
를 들어, 최신의 동기이론은 Freud의 정신에너지 및 추동이론과
근본적으로 다르며, 발달경로 이론도 리비도 단계, 고착, 퇴행에

대한 Freud 이론과 매우 다르다. 나아가 애착행동의 개념은 섭식 행동 및 성 행동과 구별되지만 동일하게 중요하며 전 생애를 걸쳐 존재하는 특성으로 여겨진다. 이들이 갖는 차이점의 기원은 무엇인지 살펴보도록 하겠다.

Freud는 이론을 형성하는 시기에 생물학에 깊은 관심을 가졌으며, 성행하는 생물학적 생각과 일치하는 심리학 이론을 만들기를 바랐다. 그 결과로 Freud는 Darwin을 비롯한 그 시절의 다른 진화론자의 개념을 탐색했다. 세기가 바뀔 때였던 당시, Darwin이 주장한 진화의 동인(agent)으로서의 변이와 자연선택에 대한 이론은 오늘날과는 달리 전혀 지배적인 이론이 아니었다. 반면에, 획득된 특성의 유전과 동물의 '욕구에 대한 내적 느낌(inner feeling of need)'이 구조에 미치는 영향에 대한 Lamarck의 이론이 대중적인 지지를 받았었다. 또한 개체발생은 계통발생을 되풀이한다는 Haeckel의 생물발생 법칙 또한 대중적이었다. 그러나 이 이론은 인생주기의 모든 단계에서 선택압력이 작용하며 새로운 종이 이전 종(유형성숙, neoteny)의 미성숙한 형태에서 종종 나온다는 사실을 간과하였다. 우리가 알기로 Freud는 Lamarck와 Haeckel에게 깊은 영향을 받았으며 이에 대해 학생들에게 반복적으로 권하였다.[15] 그 결과로 Freud가 수립한 형이상학의 상당 부분과 발달심

---

15) Freud가 Lamarck의 개념을 고수한 것에 대해서는 Ernest Jones의 Freud에 대한 자서전 3권 10장을 보라(Jones, 1957). Haeckel의 생물학적 법칙의 영향에 대해서는 James Strachey가 Freud의 Moses and Monotheism을 번역한 책에서 그가 단 긴 편집자 주(SE 23, p. 102)와 특히 Frank Sulloway의 Freud의 형이상학의 기원에 대한 질문을 보라(Sulloway, 1979).

리학은 생물학자가 오래전에 포기한 원칙에 기초하게 되었다.

　이런 이유로 만약 정신분석이 Freud가 의도했던 것처럼 타당한 생물학적 원칙에 기초하고자 한다면, 기본 가정 중 최소한 몇몇은 극단적인 변화가 있어야 한다. 신 다윈주의 발달심리학 및 인간정보처리에서의 최근 연구와 신 다윈주의 원리에 기초하여 발전시킨 나의 이론적 틀은 그러한 시도 중 하나다.

　정신분석은 발달학문이라고 공언하지만, 정신분석의 발달 개념보다 더 취약한 것은 없다고 나는 생각한다. 예를 들어, 가장 영향력 있는 발달 개념이 리비도(심리성적) 단계인데, 이는 Haeckel의 이론에서 유래하였다. 이로 인해, 『1916~1917의 입문 강의(Introductory Lectures of 1916~1917)』 저술에서 Freud는 자아와 리비도의 발달이 모두 "모든 인류가 원시시대 때부터 거쳐 온 발달의 축소된 재현"(Freud, 1917, p. 354)이라고 하는 반면, 리비도의 발달이 계통발생과 동물 생식기의 변이된 형태와 관련되어 보이기도 한다고 강조한다. 거의 같은 시기에 출간된 사례연구에서 Freud는 "부모의 성행위를 보는 것에 대한 생각, 아동기에 성적 유혹을 받는 것에 대한 생각, 거세위협에 대한 생각이 유전된 기질, 계통발생적 유전"에서 기인한다고 보았으며, 그는 또한 오이디푸스 콤플렉스를 "계통발생적으로 유전된 도식" 중에 하나라고 주장했다(Freud, 1918, p. 97, p. 119). 이러한 모든 개념은 그의 마지막 저서—예를 들어, Freud(1939, p. 99)—에서 반복된다.

　오늘날 Freud의 원래 공식을 지지하는 분석가는 거의 없을지 모른다. 그러나 현재 가르치는 것에 영향을 미칠 뿐 아니라 정서적·사회적 발달의 이해를 가장 많이 뒷받침하고 있는 지배적인 가정에도 전반적으로 영향을 미치고 있는 점은 의심의 여지가 없다. 이처럼 치료회기 동안에 관찰하고 추론한 것에 기초한 재구성이 아직도 가장 중요한 자리를 차지하고 있으며, 비록 이전보다 덜할지라도 발달심리학 분야에서 현재 진행되고 있는 대단히 중요한 연구에 진지하게 관심을 갖는 데는 계속 주저함이 있다. 이전의 많은 출판물에서 발달심리연구의 관련성에 관심을 가진 이래로, 나는 정신분석의 모든 발달적 개념은 재검토되어야 하며, 적절한 때에 이들 개념의 대부분을 직접 관찰을 통해 유아와 아동의 정서적 유대 발달을 연구하는 사람 사이에서 현재 통용되는 개념으로 대치해야 한다고 본다. Mary Ainsworth(1977), John Elizabeth Newson(1977), 그리고 Colwyn Trevarthen(1979)과 같은 이 분야의 선도자들이 제시하는 관찰과 개념에 익숙해진다면, 많은 치료자가 보이는 주저함은 떨쳐질 것이라고 믿는다.

아직도 많은 분석이론가가 이러한 연구의 가치를 잘 모르고, 심지어는 있는지조차 모르는 것으로 보이긴 하지만, 환자 치료에 이러한 연구를 이용하는 분석가가 늘어가고 있다는 점은 매우 기쁘다. 여기서 임상장면으로 주의를 돌려, 한 여성 환자를 치료한 캘리포니아 정신분석가의 보고를 살펴보겠다. 그에 따르면 이 환자의 많은 증상이 부모의 이혼 이후 5, 6년 정도의 긴 시간 동안 보호시설에 있으면서 생겨난 것이라는 그의 생각에 나는 동의한다. 여기에 기술[16]된 사례는 이러한 종류의 경험이 불러일으키는 고

---

16) 여기서 기술된 보고는 5세 이전의 대상상실이 성인에게 미치는 효과에 대한 미국 정신분석협회 주관 심포지엄에서 Thomas Mintz가 발표한 것이다(Mintz, 1976).

통—강한 양가감정을 포함하는—을 보여 줄 뿐 아니라 내가 제
안한 개념적 틀 안에서 방어 및 정서 문제에 어떻게 답을 할 수 있
을지에 대한 질문을 제시해 준다.

G 부인이 분석에 오게 된 이유는 불안하고 우울하며, 그녀
의 표현대로라면 증오와 악이 가득 찬 기분을 느껴서다. 또한
그녀는 남편에게 냉랭하고 정서적으로 소원하였으며 자신이
누군가를 사랑할 능력이 있는가 하는 의문을 가지고 있었다.

G 부인의 부모가 이혼을 한 것은 그녀가 3세 때였다. 아버지
는 집을 나갔고, 긴 시간 일을 하기 시작한 어머니는 딸과 거의
시간을 보내지 못했다. 한 해가 지난 후 G 부인이 4세가 되었을
때 어머니는 그녀를 고아원에 보냈으며 거기서 18개월 동안 지
냈다. 이후에 그녀는 어머니와 다시 재회했지만, 가족관계는
계속해서 손상되었으며 불행하였다. 그 결과, G 부인은 10대
때 집을 떠나 21세가 되기 전 이미 두 번 이혼하였다. 그녀의
현재 남편은 세 번째다.

분석의 초기 단계에서 G 부인은 아동기 시절의 고통스러운
경험을 회상하는 것을 굉장히 꺼렸으며 그럴 때마다 눈물을
흘리며 흐느꼈다. 그럼에도 분석가는 그것을 좀 더 회상하고
더 상세하게 기술하도록 격려하였다. 분석가는 그렇게 하는
것이 그녀에게 도움이 될 것이라고 믿었다. 이와 동시에 분석
가는 G 부인이 분석가와 맺는 관계에도 동일하게 관심을 가
졌다. G 부인이 가까운 대인관계에서 반복하여 겪는 어려움
은 분석가와의 관계에서도 동일하게 나타난다.

아동기 때의 많은 고통스러운 일 중에서도 특히 G 부인은 고아원에 보내질 때 애완동물과 떨어지는 것이 얼마나 슬펐는지 회상하였다. 때때로 그녀는 압도되는 느낌으로 거기에서 보냈던 시간에 대한 꿈을 꾸었다. 다른 여러 아이들 사이에서 매우 작아지는 느낌과 장난감이 어떻게 하나도 없게 되었는지, 그리고 때때로 매를 맞기 위해 어떻게 일부러 말을 안 듣는 행동을 했는지(이는 적어도 어느 정도의 관심을 받는다는 것을 의미했다)를 회상했다.

4년간의 분석 후 G 부인의 재정적 어려움으로 인해 6개월이 지나면 치료를 그만두기로 결정하게 되었다. 불가피하게 분석가와의 관계에서 정서적 갈등은 점차 심해졌다. 그녀는 이제 더욱 드러내 놓고 분석가에 대한 꿈을 꾸거나 공상에 빠졌다. 처음으로 그녀는 이별이 고통스러운 것이라는 것을 깨달았다. 분리는 항상 그녀를 화나게 만들었고, 그녀의 말로 기술하자면, "분노는 나를 슬프게 만들어요. 왜냐하면 그것은 끝을 의미하니깐… 난 당신이 나를 떠나가거나 쫓아내거나 멀리 보내 버릴까 봐 두려워요." 분석가는 그녀가 고아원에 보내졌을 때 어떻게 느꼈었는지를 상기시켜 주었다. 그녀는 애써 스스로도 충분하다고 생각하면서 말하였다. "내가 나 자신을 붙잡고 있어요… 나는 남의 도움없이 혼자 내 자신을 돌봐요."

몇 개월 후에 종결이 다가오자, 그녀는 분석가에게 느끼는 감정을 예전에 어머니에 대해 느꼈던 감정과 연결하였다. "나는 어머니를 놓아주기 싫었어요. 난 어머니를 가게 하고 싶지 않았어요. 어머니는 나를 떼 버리지 않을 거예요." 분석가와 이 단계에 이르자 사랑과 돌봄에 대한 적극적 갈망이 그것을 주지 않았던 사람을 향한 분노와 함께 다시 찾아왔다.

이 여성에게 일어난 급격한 변화는 다른 에피소드에서도 확인되었다. 예를 들면, 분석 초기에 그녀의 고양이가 죽었으나 그녀는 아무런 감정도 느끼지 못하였다. 그때 말하기를 "내가 그것 때문에 상처받게 된다면, 난 모든 것에 슬픔을 느끼게 될 거예요. 하나가 자극되면 모두 자극 되니까요." 그러나 이제 분석이 종결될 무렵에 이르러 또 다른 고양이가 죽었고, 그녀는 눈물을 흘렸다.

비록 치료를 통해 환자의 정서적 삶은 회복되었고 어머니를 포함한 대인관계도 향상되었지만, 예상한 대로 5년 후 추후 회기에서 그녀는 분리와 상실 같은 불안·슬픔을 일으키는 상황에 여전히 취약한 것으로 나타났다.

임상적으로 볼 때 정신분열형(schizoid)(Fairbairn, 1940)이나 거짓 자아(Winnicott, 1960, 1974) 혹은 자기애적(Kohut, 1971)으로 기술될 수 있는 상태에 있던 이 여성에게 일어난 변화를 검토해 보도록 하겠다. 분석 전에 그녀는 정서적으로 냉담하다고 느꼈고, 누군가를 사랑할 수 있을까 하는 의심을 가지고 있었다. 상실로 인해 그녀는 무감각하게 되었다. 이제 그녀는 자신이 얼마나 깊이 사랑과 보살핌을 갈망했는지, 그리고 그것을 받지 못했던 것에 얼마나 분노했었는지 알게 되었다. 상실은 눈물을 가져왔다. 이로 인해 예전에는 눈물을 흘리지 못했던 상황에서 깊은 감정을 담은 반응이 나타나게 되었다.

이러한 변화에 대한 전통적인 설명은 수압 비유를 사용하는 경향이 있다. 쌓였던 감정을 이제 방출하기 시작한 것이다. 둑은 자아를 압도할 위험이 있는 지나친 정도의 흥분에 대항한 방어기제다. 다른 설명에서는 유아 초기에 발생하는 것으로 가정되는 과정을 적용한다. 일례로 자기애적 단계에서의 고착이나 죽음 본능의 투사로 인한 자아의 분열을 들 수 있다.

이 여성의 상태를 초기 정서적 유대의 발달에 대한 현재 우리의 지식과 인간의 정보처리 과정에 대한 이해에 비추어 설명하면 다음과 같다. 어린 시절 야기된 강렬한 고통—사랑과 돌봄에 대한 절박한 바람의 좌절로 경험되는 반복적인 애착행동의 좌절—의 결과로 애착행동을 지배하는 행동체계가 점차 비활성화되고 그녀의 소망과는 반대로 비활성화된 채 굳어지게 되었다. 그 결과, 애착행동의 일부인 욕구, 생각, 감정은 그녀의 인식에서 벗어나게 되었다. 비활성화는 체계를 활성화하는 정보의 처리를 선택적으로 배제하는 것으로 이해할 수 있다.

최근의 실험 연구에 따르면, 선택적 배제는 인지적 기관의 능력 범위 안에 있으며(Dixon, 1971; Erdelyi, 1974), 내가 이름 붙인 방어적 배제는 무의식적 수준에서의 지속적인 인지적 활동이 필요하다. 행동체계가 손상되지 않고 원칙적으로 활성화할 수 있어서 때때로 짧은 활성화나 초기의 활성화를 보여 준다는 사실은 Freud로 하여금 역동적 무의식과 억압에 대한 생각을 발전시키게 했던 모든 현상을 설명해 줄 수 있다. 사실상 내가 가정한 방어적 배제는 다른 이름으로 억압과 같은 것이며, 여기에서 적용하는 개념적 틀에 맞춰 이름을 붙인 것뿐이다.

  이 환자의 치료과정은 분석가가 제공한 안전기지 덕분에 환자가 이제까지 처리하지 못하고 배제했던 어떤 종류의 정보를 처리할 충분한 용기를 발전시키게 되었다는 것으로 이해할 수 있다. 이것은 현재 상황에서 나오는 정보, 예를 들어 환자를 돕고 싶어하는 분석가의 진실한 관심에 대한 증거 그리고 이와 상충하는 생각, 감정, 행동, 기억에 저장된 정보, 예를 들어 아동기 때의 굉장히 고통스러운 사건에 대한 기억, 그것에 의해 떠오르는 생각, 감정, 행동 모두에서 나오는 정보를 포함하고 있다. 대체로 2개의 원천에서 나온 정보는 현재에서 나온 정보, 특히 전이가 과거에서 나온 정보와 교차하며 하나의 연결이 다른 연결을 이끄는 사슬로 복원된다. 일단 관련 정보가 받아들여지면, 애착행동과 그것에 관련한 충동, 욕구, 생각, 감정이 다시 활성화된다. 전통적 용어로 무의식은 의식화되며 억압된 욕구와 감정이 표출된다.

  이 환자의 경우처럼, 분석가는 자신이 생각하기에 중요하다고 여기는 기억에 환자의 주의를 이끌고 그것을 외면하는 대신 반추해 보도록 격려해야 하는 과제를 갖는다. 이를 수행하는 데 있어서, 분석가는 성격발달과 정신병리의 어떤 이론이든 그가 지지하는 이론에서 지침을 얻는다. 여기서 분석의 각기 다른 학파가 갈라지게 된다. 어떤 학파에게는 생후 몇 개월 동안의 수유와 이유 그리고 그에 대한 공상이 중요하게 생각되는 사건이다. 또 다른 학파에게 중요한 것은 2세경의 배변훈련이나 원초경[17]일 수 있으며,

---

17) 역주: 부모의 성행위를 처음 목격하는 것을 말한다.

또 다른 학파에게는 3~4세경 오이디푸스 상황과 소망이 중요하다. G 부인의 사례에서 분석가는 초기 수년간 어머니와 오랜 분리가 일어났을 때 이에 대해 아이가 어떻게 반응하는지에 대한 지식에 의지했다.

5~6세경 18개월 동안 시설에 있게 된 모든 아이가 G 부인이 밟은 종류의 경로를 심리적으로 발전시키는 것은 아니라는 점은 잘 알려져 있다. 그녀의 경우에 다른 요인도 개입되었음이 거의 확실하다. 그것이 무엇일까를 생각하는 데 있어서, 나는 G 부인이 분석의 마지막 단계에서 했던 언급—예를 들어, 분석가가 자신을 '쫓아낼 것'이라거나 '멀리 보내 버릴 것'에 대한 두려움 그리고 어머니가 자신을 '떼내 버리지' 않도록 하는 것에 그녀가 얼마나 집착했는지에 대한 기억—에 영향을 받았다. 이는 어머니가 딸을 훈육하는 방법으로써 시설에 보내 버리겠다는 위협을 반복적으로 사용했을 수 있다는 것을 암시해 준다. 이러한 위협은 다른 증거를 통해 우리가 알고 있듯이 드물지 않게 일어나며, 아이를 무섭게 만드는 효과를 일으킬 뿐 아니라 강한 증오심을 불러일으킨다. 분석가가 손상된 발달을 이끄는 아동기 조건에 대해 더 잘 알게 될수록, 환자를 더 잘 이해할 수 있고 도와줄 수 있게 된다.

불가피하게 아동기에 대한 환자의 자발적인 회상이나 유도된 회상은 성격발달 이론에 관련한 증거로서는 단지 시사하는 정도의 가치만을 가진다. 환자가 자신의 아동기에 대해서 우리에게 말하는 것이나, 특히 분석가가 나중에 그 환자가 말했다고 보고하는 것은 환자가 실제로 말하거나 행동한 것이라기보다 분석가의 선입견에 상당히 영향받았을 가능성이 있다. 이것이 바로 내가 체계적 연구의 발전을 위해서는 다양한 형태의 가족 양육 안에서 아동의 발달을 직접 관찰하는 것이 필수 불가결하다고 간주하는 이유다. 그러나 나는 또한 치료 시 이루어진 관찰도 여전히 상당한 연구적 잠재력을 가지고 있다고 믿는다. 그러나 이러한 잠재력은 이제까지 일반적으로 행해진 것보다 훨씬 체계적으로 연구가 이루어지고, 치료 시 얻은 자료를 다른 정보원에서 얻은 자료와 끊임없이 비교해야만 실현될 것이다.

치료 상황에서 연구의 강점은 환자의 과거에 대해 우리에게 말해 주는 데 있는 것이 아니라 현재 기능하는 성격의 장애(disturbance)에 대해 특히 안정 애착을 맺는 개인의 능력에 있어서의 장애 그리고 이러한 장애를 개선할 수 있는 조건에 대해 말해 주는 데 있다. G 부인의 사례는 상당히 전형적이라고 믿을 만한 성격장애(personality disturbance)와 분석의 과정을 많이 보여 주므로 연구계획서의 도입으로 사용할 수 있다.

문헌에 이미 보고된 사례를 이용한다면 어느 정도의 일반화가 가능하다. 따라서 비슷한 임상적 특징을 보이는 환자와의 이후 치료작업에서 예측요인으로 다루어 볼 수 있다. 적용되는 특정 치료패턴[18]에 따라 조건적일 수 있는 이러한 모든 예측은 직접 관찰될 것의 측면에서 기술될 수 있다. 그것은 환자가 분석가를 향해 어떻게 행동할 것이라는 예상에 대한 진술을 포함한다. 즉, 환자가 이야기할 것으로 예상되는 주제, 특히 말하기를 피할 것이라 예상

---

18) Mintz가 적용한 분석기법은 영국의 Donald Winnicott이 사용한 것과 많은 공통점이 있는 것으로 보인다. Guntrip(1975)의 언급을 참조하라.

되는 주제, 표현될 것이라고 보이는 감정, 또는 표현되지 않을 것이라고 보이는 감정, 그리고 이러한 것이 일어나는 상황 등이 그러하다. 그중에서도 환자의 일상생활과 분석 상황 모두에서 일어나는, 특정 종류의 현재 사건과 관련해서 일어날 것이라고 예상되는 행동, 주제, 정서에서의 변화가 특히 흥미로울 것이다. 후자의 사건 종류에는, 특히 공휴일이나 질병, 또는 다른 이유로 분석에 중단이 생겼을 때, 어떻게 분석가가 행동하는지, 분석가가 무엇을 말하는지, 어떻게 이야기를 하는지를 포함할 수 있다. 편파된 보고를 피하기 위해 회기 녹음을 반드시 해야 한다.

위에 제안한 절차를 따라 어느 정도의 시간이 흐르면 두 가지 원천에서 나온 상당한 양의 자료를 모을 수 있게 된다. 한 종류의 자료는 아동의 발달과 정서유대의 형태—유아기와 아동기에 경험하는 다양한 양육에서 비롯되는—에 대한 직접 관찰을 통해 수집된다. 또 다른 자료는 특정 유형의 치료과정에서 나타나는 정서유대의 변화를 직접 관찰함으로써 얻어진다. 이 두 관찰과 각 관찰에서 다루는 질문이 동일한 개념을 사용한다면, 결과를 서로 비교할 수 있으며 발달 가설을 검증할 수 있을 것이다.

이것만이 성격발달과 정신병리에 대한 지식의 한 분야로서 정신분석이, Freud가 언제나 의도했던 바대로 자연과학으로 가기 위한 유일한 길이다.

여기서 개략적으로 기술한 개념적 틀은 정신분석이 그 영역 내에서 취사 선택해 온 방대한 자료를 수용하는 기능을 한다고 믿는다. 그리고 이 틀은 생산적 연구 프로그램을 이미 이끌고 있다(예, Parkes & Stevenson-Hinde, 1982). 이 틀은 진화생물학과 신경생리학과 양립 가능하다는 이점을 가지며 전통적인 것보다 훨씬 더 경제적이며 내적 일관성을 가지고 있다. 그럼에도 무엇이 강점이고 약점인지는 성적 발달이나 이탈과 같이 아직 연구되지 않은 문제를 해결할 능력이 있는지에 대한 광범위한 검증과 이제까지 관심을 받아 온 문제를 해결하는 데 유용했던 것보다 훨씬 더 집중적인 검토가 있어야 입증될 것이다.

  마지막으로, 정신분석은 자연과학이 아니며 자연과학이 결코 될 수 없다고 주장하는 사람들이 제기한 문제를 생각해 보도록 하겠다. 그들의 논쟁은 과학적 방법이 논리적 실증주의와 환원주의(reductionism)에서 분리될 수 없다는 믿음에서 출발한 것으로 보인다. 이러한 믿음은 금세기 초기에 자신만만하게 때로는 교조적으로 유지되었는데, 과학에 대한 이러한 모형은 이제 폐기되었고 그 자리는 진화론적 인식론에 의해 대치되었다(Latakos, 1974; Popper, 1972). 이 새 모형은 모든 지식은 확인되지 않은 추정된 것이며, 새로운 이론이 낡은 이론보다 더 넓은 범위의 현상을 설명하고 이해하게 만들며 새로운 현상을 더욱 정확하게 예측하는 것[19]이 분명해질 때, 새로운 이론이 낡은 이론을 대치함으로써 과학은 진보하게 되는 것이라고 본다. 이러한 동일한 방법은 물리, 생물 또는 사회 현상을 다루는 모든 이론과학이나 과학일반화에 적용 가능한 것이라고 믿는다. 더 나아가 복잡함의 한 수준에서 현상을 이해하

---

19) Popper가 이전에 크게 강조를 했던 반증 가능성의 기준은 더 이상 중요하게 여겨지지 않는다. 그렇지만 이론적인 예측과 유례없이 증가하고 있는 관찰자료와의 지속적인 비교는 아직도 가장 중요하게 남아 있다.

는 것은 한 단계 덜 복잡한 수준에서 적절한 개념과 관련하여 설명해야 한다는 환원주의(reductionism)의 개념은 이제 틀린 것으로 간주하고 있다. 어떻게 이러한 새로운 생각을 우리의 분야에 적용하는가에 대해서는 Holt(1981), Blight(1981), Radford(1983)가 아주 잘 논의해 놓았다.

과학적 방법이 상대적으로 신뢰할 만한 지식을 얻고 상이한 의견을 해결하며 유용한 예측을 하는 데 있어서 아주 귀중한 방법이기는 하지만, 제한점 또한 상당하다. 한 가지 제한점은 과학은 일반적인 것을 다루지, 단일한 개별 사건에 대해서는 거의 말해 주는 것이 없다는 점이다. 이것은 Weisskopf(1981)도 지적했듯이, 물리학과의 결정적인 차이점이다. 물리학에서는 물리학자와 기술자가 특정 분자나 원자의 미래에 전혀 관심이 없기 때문에 이러한 것이 전혀 상관이 없다. 그러나 생물학으로 넘어가면, 생물학자는 종종 서로가 모두 다른 개별 유기체에 관심이 있기 때문에 이러한 것이 문제가 된다. 예를 들어, 역사는 그것이 사회든지 사람이든지 또는 사상을 다루든지 간에, 어떠한 과학도 예측은커녕 적절하게 설명해 주기도 어려운 엄청나게 복잡한 순서를 가지며 굉장히 구체적으로 상호 작용하는 사건을 항상 다룬다. 이처럼 자연과학과 역사학은 지식을 얻기 위해 각기 다른 방법을 사용하는 것이 아니라, 그들이 이해하려고 노력하는 문제와 그들이 적용하는 기준이 상당히 다른 것이다. 하나는 확률과 관련한 일반 법칙을 세우는 것이고, 다른 하나는 한 가지 특정 사건을 가능한 한 구체적으로 이해하는 것이다. 이러한 구별은 전체 논의에서 핵심이 된다.

'정신분석'이라는 이름 아래, 두 가지 서로 보완적인 학파가 살아남고 발전하기 위해 노력하고 있다는 것은 명백하다. 이제까지 우리는 성격발달과 정신병리를 설명하기 위해 일반적인 원칙을 이해하려 했다. 예를 들어, 우리는 어떠한 유형의 아이양육이 어떠한 성격 형성을 만드는지 알기 위해서 자연과학의 준거를 적용한다. 우리는 또한 효과적인 치료의 필수적인 특징을 알아내기 위해서 동일한 준거를 적용한다. 이들 분야에서 우리는 통계적 확률을 다룬다. 또한 특정 개인의 개인적 문제와 어떠한 사건이 그들의 발달을 초래하는지에 우리의 주요 관심이 있는 한, 그 개인을 돕기 위해서는 (비록 전혀 충분하지 않겠지만), 역사학의 기준을 적용해야 한다. 각각의 접근법은 우리의 지식에 공헌하지만, 이전 장에서도 이미 언급했듯이 우리 각각이 어디에 속하는지에 대한 명확한 이해가 있을 때에만 발전을 이룰 수 있을 것이다.

어린 자녀 양육

애착이론의 기원

예술 및 과학으로서의 정신분석

자연과학으로서의 정신분석

가정폭력

확인받지 못한 사고와 감정

성격발달에서 애착의 역할

애착, 의사소통, 치료과정

CHAPTER 05

1983년 봄에 나는 뉴욕 시에서 열린 정신분석발전협회(Association for the Advancement of Psychoanalysis) 주최로 Karen Horney의 31번째 연례 강연에 참석하였다. 나는 가정폭력을 강연 주제로 선택하였는데, 주된 이유는 나 자신을 포함한 모든 정신건강 분야 종사자들이 최근까지 거의 인식하지 못했던 비극적이면서도 난해한 문제에 대해 애착이론의 관점을 활용한 연구가 한줄기 해결의 실마리를 제공해 주기 때문이었다.

🌰 도입

정신분석학자와 심리치료사들이 가족 구성원 간의 폭력적인 행동, 특히 부모의 폭력이 광범위하게 미치는 영향력에 대해 아주 조금씩 깨닫고 있는 것 같다. 가정폭력은 그동안 정신분석 문헌과 교육 프로그램의 주제로 거의 다루어지지 않았다. 하지만 현재는 가정폭력이 과거 생각했던 것보다 훨씬 빈번하게 발생하고 있으며, 수많은 정신의학 증후군의 주요 원인이라는 것을 지지해 주는 많은 증거가 있다. 게다가 폭력은 또 다른 폭력을 낳기 때문에 가정폭력은 세대 간 대물림하는 경향이 있다.

정신의학자가 가정폭력을 정신건강 문제의 주요 유발 원인으로 간주하는 것을 꺼려 온 이유는 그 자체가 하나의 연구주제이나 여기에서 다루지는 않을 것이다. 하지만 이는 상당 부분 정신분석학계가 실제 사건의 영향을 무시하고 환상에 대한 탐구에 집착해 온 것에 기인한다. 1897년에 Freud는 환자가 이야기하는 어린 시절 유혹 경험이 단순히 그들의 상상의 결과일 뿐이라고 하면서 이전의 의견[20]을 철회하였는데, 나는 이를 매우 안타까운 사건이라고 생각한다. 그렇게 Freud의 의견이 변화한 이래로 정신분석가는 실제 사건을 정신병리의 원인으로 간주하지 않게 되었다. 환자의 부모가 환자를 실제 어떻게 대하였는지에 대해 고민하는 것은

---

20) 역주: 유혹이론을 의미한다.

이제 더 이상 정신분석가의 일이 아니며, 정신분석가는 환자가 부모에게서 폭력을 당했었는지에 대한 사실 여부를 단순히 가능성 있는 일 정도로 남겨 두게 되었다. 정신분석가가 그러한 가능성에 주의를 기울이는 것은 환자의 편향된 이야기에 넘어가는 것이며, 무고한 부모를 희생양으로 만드는 것이라고 하였다. 또한 실제 가정폭력이 있었다 하더라도 여기에 주목하는 것은 환자에게 도움이 되지 않을뿐더러, 심지어 치료에 부정적인 영향을 미친다는 주장이 팽배하였다. 내가 분리와 상실과 같은 실제 사건에 대한 연구에 관심을 가지게 되었을 당시 자녀에 대한 부모의 부정적인 행동을 다루는 것은 정신분석 학계에서 금기시하고 있었다.

물론 오늘날 명성을 얻고 있는 Karen Horney는 그러한 편견에 찬성하지 않았다. 반대로 Horney는 환자가 가진 문제의 많은 부분이 어린 시절 경험한 부정적인 사건에 기인한다고 주장하였다. 그녀는 『신경증과 인간의 성장(Neurosis and Human Growth)』(1951)의 서두에서 그러한 부정적인 사건의 영향은 '결국 그와 같은 환경에서 자란 사람은 자신의 신경증에 너무 싸인 나머지 아이를 사랑할 여력이 없거나 심지어 아이를 특별한 개인으로 간주하기 힘들어하는 것으로 요약된다'고 하면서, 부모가 아이에게 미칠 수 있는 해로운 영향의 여러 방식에 대해 열거하였다. 하지만 이러한 그녀의 관점은 동료들에게 잘 받아들여지지 않았다.

비록 변화가 매우 느리게 이루어져 왔으나 오늘날 상황은 완전히 다르다. 예를 들어, 많은 아이가 부모에게 언어적으로 혹은 신체적으로 폭력을 당하고 있다는 것을, 그리고 많은 여성이 남편이나 남자친구에게 구타를 당한다는 사실을 누구도 의심하지 않는다. 더욱이 부모 자신이 어린 시절 비슷한 경험을 하였다는 사실을 점차 더 알게 되면서 부모가 이렇듯 폭력적으로 행동할 수 있다는 공포의 정도가 다소 완화되었다. 비록 그들의 행동이 두렵다는 것은 피할 수 없는 사실이나, 어떻게 그러한 행동을 하게 되었는지에 대한 심층적인 이해는 비난보다는 연민의 감정을 자아낸다. 따라서 부모를 희생양으로 만들기보다 그들에게 도움을 줄 수 있기를 희망한다. 또, 부모가 그렇게 끔찍한 행동을 할 수 있다는 것을 부정하기보다는 어릴 때나 나이 들어서나 신체적·심리적 측면에서 피해자를 원조할 수 있는 방법을 찾고자 한다. 또한 무엇보다도 새로운 가정 안에서 발생하는 폭력적인 패턴을 방지할 방법을 찾고자 한다. 진상을 외면하는 정책이 이제는 종식되기를 희망한다.

🍄 개념적 틀

가족 구성원이 서로 간에 화를 내는 경우와 같이 그 정도가 심하지 않은 일반적인 사례에 대한 지식을 되짚어 보는 것이 심각한 가정폭력 사례를 이해하는 데 도움이 된다. 대개의 어린아이는 어머니가 갓 태어난 아기에게 관심을 주는 것에 질투를 느낀다. 연인은 애인이 한눈을 팔고 있다고 여겨지면 다투게 되는데, 이는 결혼한 부부도 마찬가지다. 또한 여성은 아이가 차도로 뛰어드는 일과 같이 무언가 위험한 행동을 하거나, 남편이 필요한 상황이 아닌데도 위험한 행동을 하면 화를 내게 된다. 우리는 특별히 사랑하는 사람과의 관계가 위태로울 때 불안과 함께 분노를 당연하게 느낀다. 마찬가지로 불안과 분노는 상실의 위기에 대한 보편적인 반응이다.

분노 표현은 종종 기능적으로 작용한다. 아이나 배우자가 위험한 행동을 할 때 분노에 찬 반대는 그러한 행동을 막을 수 있다. 애인이 바람을 피울 때 자신이 얼마나 그 애인에게 헌신적인지 화를 내며 상기시키는 것은 매우 효과적일 수 있다. 아이는 갓 태어난 동생 때문에 자신이 상대적으로 관심을 받지 못한다고 느낄 경우, 이에 대해 부모에게 화를 냄으로써 균형을 바로잡을 수 있다. 따라서 적절한 장소에서, 적절한 시간에, 적절한 수준으로 분노를 표현하는 것은 도움이 될 뿐 아니라 필수 불가결한 행동이다. 이는 위험한 행동을 방지하고, 경쟁자를 몰아내며, 파트너를 움직일 수 있다. 이 모든 경우에서 분노행동의 목적은 같다. 즉, 자신에게 중요한 사람과의 관계를 보호하는 것이다.

그렇기 때문에 리비도적 관계라고 불리는 어떤 특별한 관계가 우리의 삶에서 왜 그토록 중요한지에 대해 분명히 해야 할 필요가 있다. 이 문제를 풀기 위해 Freud는 당시의 물리학과 생물학에 의지하였다. 그는 리비도적 관계는 음식과 성에 대한 욕구의 산물이라 주장하였다. 그 후 그는 보다 어려운 문제인 분노의 표현과 관련한 내용을 설명하기 위하여 생물학의 틀을 벗어나 죽음본능에 대한 개념을 제안하였다. 정신 에너지의 축적과 방출로 설명되는 이 가설은 메타심리학을 임상적 관찰과 경험에서 멀어지게 하였고, 이는 정신분석을 지향하던 수많은 치료자가 정신분석을 포기하게 만드는 계기가 되었다. 그 결과 이에 대한 한 가지 반응으로 정신분석을 생물학에서 분리하는 동시에 과학적인 방법을 폐기하고 대신 해석학을 옹호하는 학파가 설립되었다. 또 다른 정반대의 반응에는 Freud 시대 때와는 전혀 다른 현대 생물학에서 유용한 원칙을 탐구하고, 그러한 원칙이 임상 관찰과 더 많이 일치하는지를 살펴봄으로써 새로운 메타심리학이나 새로운 개념적 틀을 만들려는 시도가 있었다. 이는 나를 비롯해 수많은 다른 학자가 따르는 방향이기도 하다.

위협에 대해 분노를 일으킬 수 있는 특별한 관계로 세 유형을 들 수 있다. 성적 파트너(남자친구, 여자친구, 혹은 배우자)와의 관계, 부모와의 관계, 그리고 자녀와의 관계가 바로 그것이다. 이러한 관계는 각각 강한 정서로 가득 차 있다. 개인의 전반적인 정서적 삶은 상당 부분 이러한 장기적이고도 헌신적인 관계의 상태에 의해 좌우된다. 그 관계가 원만하면 만족이 뒤따르고, 그 관계가 위태하면 불안과 분노가 뒤따른다. 사람들은 자신이 그 관계에 해를 미치는 어떤 행동을 하였다고 생각하면 죄책감을 느낀다. 또한 사람들은 자신이 그 관계를 깨뜨렸을 경우 큰 슬픔을 느끼며, 반대로 그 관계를 회복하였을 때는 크게 기뻐한다.

현대 생물학의 두 분야인 동물행동학과 진화론은 이러한 관계가 왜 그토록 개인의 정서적인 삶에 크게 영향을 미치는지를 이해하는 데 상당히 도움이 된다. 위에서 제기한 세 가지 관계 모두는 다른 생물의 종에도 대응될 뿐 아니라, 번식 및 어린 개체의 생존이라는 생명유지에 필수적인 생물학적 기능과도 밀접한 관련이 있다. 따라서 이러한 깊은 관계를 장기적으로 맺고자 하는 인간의 강력한 성향은 유전적으로 강하게 결정된 편향으로, 이러한 편향은 진화 과정에서 선택되어 온 것이다. 이러한 개념에서 보면 어머나나 아버지에게 애착하고자 하는 아이의 강한 성향은 아이에게 닥칠 수 있는 위험을 줄이는 기능을 가진 것으로 이해할 수 있다. 자신을 보호해 줄 것 같은 사람과 가까이 있거나, 그 사람과 쉽게 대화할 수 있는 상황에 있는 것보다 더 나은 보험증서는 없다. 이와 유사하게, 아이를 돌보고자 하는 부모의 관심은 아이의 생존에 기여한다. 이러한 장기적인 관계의 성공적인 유지는 대개 만족을 가져오는 데 반해, 이에 있어 실패는 좌절, 불안, 혹은 절망을 가져온다. 이러한 보상과 처벌은 진화 과정에서 선택된 것으로, 우리의 행동을 특정한 방향으로 이끄는 역할을 한다.

가족 구성원 간의 분노행동이 어떻게 종종 기능적으로 작동하는지에 대해 이해할 수 있게 해 주는 것이 바로 진화론적 관점을 통해서라고 나는 생각한다. 앞서 이야기했듯이, 적절한 장소에서 적절한 수준으로 표현된 분노는 삶에 필수적인 중요한 관계를 유지하는 데 기여한다. 하지만 매우 분명하게도 분노는 과도할 수 있다. 한마디로 내가 말하고자 하는 바는 상당수의 역기능적인 가정폭력이 잠재적으로는 기능적인 애착 및 돌봄 행동이 왜곡되고 과장되어 나타난 형태라는 점이다.

현재 상당수의 문헌이 아이가 어머니와 맺고자 하는 정서적 유대의 본성을 다루고 있다. 이 문헌들은 아이와 부모의 관계를 의존적인 것으로 보던 과거의 관점에서 벗어나 이를 애착과 돌봄 추구라는 면에서 다룬다. 그러나 일반적인 의미에서 애착과 돌봄 추구 행동은 대처능력이 더 떨어지는 사람이 대처능력이 더 뛰어난 사람을 향해 근접성을 유지하거나 함께 이야기하는 것으로 귀결된다. 이러한 행동은 특히 아플 때, 심신이 지쳐 있을 때, 무언가에 놀랐을 때, 양육자가 접근 가능하지 않다고 느껴질 때 주로 나타난다. 비록 애착행동이 부분적으로 내재적인 속성을 가지고 있는 것으로 여겨지고 있으나, 애착행동이 발달하는 과정에서 부모가 아이에게 어떻게 반응하는지가 특정한 애착행동의 패턴이 조직화되는 데 상당한 영향을 미친다는 풍부한 증거가 제시되어 왔다. 요약하면 민감하고도 애정 어린 돌봄은 필요할 때 다른 사람이 도움을 줄 거라는 확신과 자립심을 아이에게 심어 주며, 또한 용기 있게 세상을 탐색하고, 타인과 협동하고, 타인이 곤경에 처했을 때 공감하고 도움을 줄 수 있도록 아이를 성장시킨다. 반대로, 아이의 애착행동에 부모가 제때 반응하지 않거나 마지못해 반응하면, 아이는 부모와 불안정 애착을 형성하게 된다. 불안정 애착을 보이는 아이는 자신에게 필요할 때 부모가 곁에 없거나 도움을 주지 않을 것을 걱정해 부모의 곁에 항상 달라붙어 있으려 하며, 마지못해 부모 말에 순종하나 늘 초조해하며, 타인이 겪는 곤란에 관심을 보이지 않는다. 부모가 아이를 적극적으로 거부하면, 아이는 회피와 접근 사이에 갈등하며 분노행동을 자주 보이게 된다(이에 대해서는 나중에 더 자세히 다룰 것이다).

애착행동과 관련하여 한 가지 더 강조하고자 하는 것은 애착행동이 우리의 전 생애, 즉 요람에서 무덤까지에 걸쳐 나타나는 타고난 성향이라는 점이다. 어린 시절에 비해 청소년이나 성인기에는 그 강도나 요구하는 바가 덜하지만, 걱정스러운 일이 있거나 곤경에 처할 때 사랑과 돌봄에 대한 욕구를 강하게 느끼는 것은 자연스러운 일이다. 따라서 몇몇 이론에서 청소년이나 성인의 애착행동을 '유아적' 혹은 '퇴행적'이라는 형용사로 묘사하는 것은 상당히 유감스러운 일이 아닐 수 없다(나는 이러한 용어를 절대 사용하지 않는다).

　애착행동, 특히 애착행동에 영향을 미치는 조건에 관한 체계적인 연구가 약 20년간 이루어져 왔으나, 돌봄이나 양육, 그리고 그것의 발달과정에 대한 체계적인 연구는 아직 시작 단계에 있다. 나는 여기에 가장 적합한 접근법이 동물행동학적 방법이라 생각한다. 이 접근법은 동물뿐 아니라 인간의 애착행동과 양육행동이 어느 정도 내재적인 속성을 가지며, 특정 노선을 따라 발달하는 것임을 가정한다. 즉, 이 관점에 따르면 보통의 부모는 아기를 부드럽게 안거나, 아기가 울 때 달래거나, 아기의 체온을 따뜻하게 유지하거나, 아기를 보호하거나, 아기에게 젖을 먹이는 등의 어떤 내재적인(pre-programed) 방식으로 행동하려는 강한 성향을 가지고 있다. 물론 이것은 처음부터 매우 구체적인 방식으로 적절한 행동 양식이 완성되어 있다는 의미는 아니다. 이는 분명 인간뿐 아니라 다른 포유동물에서도 마찬가지다. 모든 세부 사항은 학습되는 것으로, 어떤 것은 아이와의 상호작용을 통해, 어떤 것은 다른 부모의 행동에 대한 관찰을 통해, 또 어떤 것은 자신의 어릴 적 부모와의 경험을 통해 학습된다.

🍄 연구 결과

　가정폭력에 대해 현재까지 알려진 바를 고찰하기 위해 먼저 아이를 신체적으로 학대한 여성에 대해 다룬 후 그러한 학대가 아이에게 미치는 영향에 대해 알아보도록 하겠다. 그렇게 하고자 하는 이유는 이 두 분야에 대한 연구 결과가 비교적 풍부한 데 있다. 아내나 아이를 구타하는 남성에 대해 알아보는 것도 매우 중요하나, 이와 관련한 연구는 아직까지 충분히 이루어지지 않았다.

아이를 구타하는 여성에 대한 많은 연구 결과가 상당 부분 일치하는 것으로 나타났다(Spinetta와 Rigler의 1972년 리뷰를 보라). 사회경제적 지위가 낮은 가정에서 발생빈도가 더 빈번한 경향은 있지만, 체면이라는 허울에 가려 숨겨진 것일 뿐 아동학대는 중산층 이상의 가정에서도 발생한다.

학대를 가하는 사람은 차갑고, 융통성 없고, 강박적이고, 비판적인 데서부터 수동적이고, 불행하고, 무질서하기까지 다양한 겉모습을 나타낸다. 그러나 정서적인 면에서 이들은 상당한 공통점을 보인다. 아이를 학대하는 어머니는 폭발적인 분노를 동반한 강한 불안을 자주 보이는 것으로 보고되고 있는데, 그들이 충동적이고 미숙하다고 이야기되는 주된 이유가 이 때문이다. 이들은 비정상적이리만치 강한 의존 욕구를 가지고 있다고 기술되지만, 실제 타인에 대해 매우 심한 불신을 가지고 있어서 타인과 친밀한 관계를 맺는 것을 꺼리거나 어려워한다. 즉, 사회적으로 고립되어 있다. 다른 누군가에 의지할 수 없기에 상당수는 자녀에게서 위로와 보살핌을 찾으며, 그 결과 아이를 실제보다 훨씬 더 성숙한 존재로 대한다(Morris & Gould, 1963). Steele과 Pollock(1968)이 "기본적인 보살핌을 박탈당했다."라고 표현했듯이, 많은 연구자는 그러한 여성의 대부분이 비참한 어린 시절을 보낸 것에 주목한다. 현재는 가해자인 그들 자신이 어린 시절 직접 구타를 경험한 피해자였

134

던 것이다.[21]

애착이론을 지향하는 사람이라면 누구나 이러한 여성이 극도의 불안정 애착으로 고통받고 있으며, 어린 시절 분리나 유기에 대한 위협을 반복적으로 경험했으리라 생각한다. Pauline DeLozier(1982)는 소규모 연구를 통해 이러한 가설을 검증해 보고자 하였다. 그 연구는 아이를 신체적으로 학대해 온 18명의 직장여성과 나이, 사회경제적 지위, 자녀 수 등에 있어서는 차이가 없으나 아이를 학대한 경험이 없는 18명의 여성을 대상으로 하였다. 연구는 반구조화 면담, 설문지, 그리고 Hansburg 분리불안검사(Hansburg, 1972)를 통해 이루어졌다. Hansburg 분리불안검사는 아이가 부모 곁을 떠나거나 반대로 부모가 아이 곁을 떠나는 장면이 그려진 그림을 부모에게 제시하고 그 상황에 있다면 어떻게 느끼고 행동할지에 대해 반응하도록 요구하는 검사다.

검사 결과에 따르면, 아이를 학대하는 어머니는 가장 일반적이면서 흔히 일어나는 분리 상황에서조차 높은 수준의 분노나 불안을 보이는 등 분리 상황에 극도로 민감하게 반응하는 것으로 나타났다. 또한 그들은 보살핌을 갈망하지만, 상대방이 자신을 거절할 것으로 예상하였다. 이러한 특징은 통제집단에서는 거의 나타나

---

21) 신체적 학대를 경험한 38명의 아동을 대상으로 한 Baldwin(1977)의 연구에서, 40%에 달하는 부모가 어린 시절 신체적 학대에 시달렸으며, 과반수가 장기적이고 심각한 정신적 학대를 경험한 것으로 나타났다. Baldwin은 이들 부모 중 상당수가 면담에서 자신의 어린 시절에 대해 이상적인 모습으로 개괄적인 묘사를 하는 성향이 있음에 주목하였다. 하지만 반대로 구체적인 질문에서 그들의 어린 시절은 암울했던 것으로 서술되었다. 그들의 이러한 성향 때문에 경험이 부족한 치료자나 면담자는 중대하게 잘못된 결론에 이른다.

지 않았다. 예를 들어, 실험집단에서는 18명 중 12명의 어머니가 높은 수준의 불안정 애착을 보이는 것으로 평가된 데 반하여, 통제집단에서는 오직 2명의 어머니만이 불안정 애착을 보이는 것으로 평가되었다.

이 여성들의 어린 시절 경험과 관련하여 몇몇 가설은 지지되었으나 지지되지 않는 가설도 있었다. 가령 이전 보고를 바탕으로 DeLozier는 아이를 학대하는 어머니가 어린 시절 부모에게서 분리를 더 많이 경험하였을 것으로 예상하였으나, 연구 결과는 이를 지지하지 않았다. 그러나 아이를 학대하는 어머니가 어린 시절 부모에게서 유기에 대한 협박을 반복적으로 받았을 것이라는 DeLozier의 예상은 지지되었다. 유기에 대한 반복적인 협박은 실제 유기 이상으로 부정적인 영향의 강도가 심각한 것으로 드러났다(Bowlby, 1973). 이와 유사하게 부모의 실제 폭력이 명백하게 흔한 것은 아니나, 면담 결과 아이를 학대하는 어머니 중 상당수가 어릴 적 부모에게서 구타, 상해, 심지어는 살해에 대한 반복된 위협[22]에 고통받았던 것으로 드러났다.

아동을 학대하는 어머니가 갖는 또 다른 어린 시절의 두드러진 특징에는 그들 중 오직 소수만이 곤경에 처했을 때 어머니에게 의지했었다는 점을 들 수 있다. 나머지 어머니는 친척이나 이웃에게 의지하였다고 이야기하였는데, 18명 중 4명은 의지할 수 있는 사람이 아무도 없었다고 하였다. 그에 반해, 통제집단에서는 3명을

---

22) 역주: '너 그렇게 하면 맞을 줄 알아', '다리 몽둥이를 부러뜨릴 거야', '죽여 버릴 거야'와 같은 위협을 의미한다.

제외한 15명의 어머니가 어린 시절 곤경에 처했을 때 어머니에게 의지했었다고 이야기하였으며, 나머지 3명도 어머니는 아니지만 의지할 사람이 있었다고 하였다. 따라서 행복한 가정에서 자란 아이가 위급 상황에서 어머니에게 의지할 수 있었던 것과 달리 아이를 학대하는 어머니 중 다수는 절대 그러한 행동을 할 수 없었다. 사실 그들 중 상당수는 오히려 딸이 어머니를 돌봐야 하는 역할 전도 관계에 놓여 있었다.[23]

어린 시절 이러한 상황에 있던 여성이 성장해서 왜 자신의 아이를 학대하는지 이해하는 것은 어렵지 않다. 아이를 버리겠다는 위협은 아무리 분리 상황이 일상적인 경우라 할지라도 아이를 매우 불안하게 만들며, 그러한 위협을 가한 부모에게 강한 분노를 느끼게끔 한다. 게다가 아이들은 곤경에 처했을 때 어머니로부터 적절한 반응을 받지 못하고 반복적이고 충동적인 거절을 경험하였기 때문에 타인을 신뢰하지 못하고 의심의 눈초리로 바라보게 된다. 그 결과, 그들은 끊임없이 타인의 사랑과 돌봄을 갈망하면서도 사랑과 돌봄을 받을 수 있으리라는 자신감이 전혀 없으며, 누군가 관심을 주어도 이를 신뢰하지 않는다. 이러한 배경을 가진 여성이 성장해서 아이를 가졌을 때 아이를 돌보기보다 아이가 자신을 돌봐 주기 바라는 것은 전혀 놀라운 일이 아니다. 아이가 말을 안 듣고 울기 시작할 때, 혹은 관심과 보살핌을 원할 때, 그러한 어머니가 짜증을 내거나 화를 내는 것 또한 전혀 놀라운 일이 아니다.

23) 최근 Mitchell은 DeLozier의 연구를 멕시코계 미국인을 대상으로 반복하였는데, 그 결과는 DeLozier의 것과 상당히 일치하였다.

나는 아이를 폭행하는 어머니의 폭력적인 행동을 이러한 배경을 바탕으로 이해할 수 있다고 믿는다. 비록 내가 지금까지 아이에게 실제로 신체적인 폭력을 가하는 여성을 치료해 본 적은 없었으나, 거의 유사한 수준으로 아이를 학대하는 여성—Q 부인이라 부르도록 하겠다—을 치료한 적은 있다.

내가 Q 부인을 처음 만나게 된 이유는 그녀가 다니던 소아과 의사가 당시 18개월이던 그녀 아들의 상태를 우려했기 때문이다. 당시 그녀의 아들은 먹기를 거부하여 몸무게가 줄어들고 있었다. 내가 그 모자를 함께 만났을 때 Q 부인은 심하게 불안하고 우울하였는데, 아들을 낳은 후부터 계속 그래 왔던 것으로 보였다. 면담을 통해 나는 그녀가 아들이 죽을까 두려워 억지로 먹게 하였다는 것을 알게 되었다. 그녀는 또한 때때로 아이를 창밖으로 던져 버리고픈 충동을 느끼곤 하였다고 이야기하였다. 한참 후에야 그녀는 자신이 히스테리 상태가 되어 접시를 부수고, 아이의 유모차를 걷어찼다는 사실을 털어놓았다. 나와 이야기를 하는 동안 Q 부인은 극도로 불안해하였고, 내가 화를 낼 거라 확신하였다. 나의 제안에 따라 그녀는 일주일에 한 번씩 심리치료를 받기로 하였다.

Q 부인이 마지못해 들려준 어린 시절 이야기는 파편적이었으나 언제나 일관성이 있었는데, 사실 이는 매우 전형적인 것이다. 그녀는 부모가 서로를 폭행하고 죽이겠다고 협박하며 격렬하게 다투었던 것을 기억하였다. 또한 어머니가 떠나 버리겠다는 협박을 통해 어떻게 가족에게 압력을 행사했었는지에 대해서도 기억하였다. 그녀는 학교에서 집에 돌아왔을 때 어머니가 머리를 오븐에 집어넣고 있는 모습을 두 차례 보기도 했고, 어머니가 한나절

동안 사라짐으로써 실제 자기를 버릴 것처럼 행동한 적도 있었다고 하였다. 자연스럽게 Q 부인은 자신이 무언가 잘못을 범해 어머니가 떠나버릴까 봐 두려워하며 자라게 되었다. 더욱이 그녀의 어머니는 그러한 끔찍한 일에 대해 집 밖에서 절대 이야기하지 못하도록 하였기 때문에 상황은 더욱 악화될 수밖에 없었다.

결혼 전에 유능한 기술자였던 Q 부인은 매우 좋은 이웃으로 알려져 있었고, 좋은 아내이자 어머니가 되기 위해 할 수 있는 모든 것을 했다. 실제 많은 부분에서 이는 성공을 거두었다. 하지만 그녀는 폭력적이고 파괴적인 발작에서 헤어 나올 수 없었으며, 이에 대해 두려움과 당혹함, 그리고 심한 수치심을 느끼고 있었다.

어느 정도 시간이 흐르면서 나는 Q 부인의 분노 발작이 가족을 떠나 버리겠다는 어머니의 반복된 위협에 대한 강한 분노의 표현이라고 확신하게 되었다. 즉, 나는 어머니를 향했던 분노가 덜 위험한 목표로 향하게 된 것이라 생각한다. 그녀는 분노를 직접적으로 표출하기보다는 자신에게 보복할 수 없는 어머니 외의 다른 사람이나 물건을 향해 전향24)하였다. 어렸을 때 Q 부인은 자기 방으로 들어가 인형에게 분풀이를 하곤 하였다고 한다. 현재 Q 부인이 보이는 발작은 여전히 그녀를 매일 방문하고 있는, 지배적이면서 침입적인 어머니에 의하여 유발되는 것이 아닌가 싶다.

이러한 설명이 임상학계에서 제대로 그 진가를 인정받고 있지

---

24) 이에는 약간 모호한 측면이 있기 때문에 나는 '전치(displacement)' 대신에 동물행동학자가 사용하는 '전향(redirection)'이라는 용어를 사용하였다. 많은 동물이 자신보다 강한 대상에서 보다 약한 대상으로 적대적인 행동을 전향한다는 것은 널리 알려진 사실이다.

는 못하지만 우리가 알고 있는 사실에 잘 부합하며, 비교적 단순하다는 이점을 가진다. 이 분야의 다른 연구자(예, Feinstein, Paul, & Pettison, 1964) 또한 이에 대해 제안했다는 것이 결코 놀라운 일은 아니다. 마찬가지로 남편이 아내를 학대하고, 학대를 당한 아내가 다시 그 분노를 아이에게 돌리는 일 역시 가능하다.

　이어서 학대가 아이의 성격발달에 미치는 영향에 대해 다루도록 하겠다. 먼저 신체적 학대만이 부모의 적대성을 보여 주는 사건이 아님을 명심하여야 한다. 많은 경우 신체적 학대는 반복적으로 일어나는 신체적 · 언어적 거절 사건에 대한 빙산의 일각에 불과하다. 따라서 많은 경우 심리적인 문제는 장기적인 적대적 거절 및 무시에 대한 결과물로 간주할 수 있다. 하지만 아이가 경험하는 바는 개인에 따라 크게 다르다. 예를 들어, 어떤 아이는 비교적 보살핌을 잘 받지만 간헐적으로 부모의 폭력을 경험할 수 있다. 이러한 이유 때문에 사회적 · 정서적 발달에서 개인차가 있다는 것은 놀라운 일이 아니다. 여기서 상당히 전형적으로 보이는 연구결과에 대해 기술하도록 하겠다.

　학대아동을 가정이나 다른 장소에서 관찰해 온 사람은 이들을 불안하고 '의존적'이며 화를 잘 내고 공격적인 것으로, 혹은 우울하고 수동적이며 경직되어 있는(inhibited) 것으로 매우 다양하게 묘사한다(Martin & Rodeheffer, 1980). Gaensbauer와 Sands(1979)는 그러한 행동이 양육자를 얼마나 혼란하게 할 수 있는지에 대해 강조하였다. 이러한 아동은 놀이에 잘 참여하지 못하며, 즐거움을 잘 표현하지도 않는다. 그들은 종종 감정표현을 억제하기 때문에 자신이 어떠한 감정을 느끼고 있는지 간과하기 쉬우며, 그렇지 않으면 모호하거나 상반된 방식으로 감정을 표현한다. 울음은 지속되며 잘 달래지지 않는 경향이 있으며, 분노는 쉽게 일어나고 강렬하며 잘 누그러들지 않는다. 일단 이러한 양식이 확립되면 계속 지속되는 경향이 있다.

아이의 조숙함, 좋지 못한 건강, 또는 까다로운 기질이 어머니의 문제에 영향을 미쳐 결국은 어머니가 아이를 좋지 않게 대하는 한 원인이 될 수 있다는 것은 문헌에서 많이 다루어진 주제다. 어떤 사례에서 아이의 이러한 요인이 문제행동에 기여하는 바가 있지만, 이는 어머니가 아이에게 부정적으로 반응하여 악순환을 형성한 경우에만 그러하였다.[25] 물론 그러한 일련의 사건이 모두 어머니 자신이 출생 이후 정서적으로 혼란함 속에서 정서적인 지지를 전혀 받을 수 없었던 힘든 어린 시절을 보낸 경우에만 발생하는 것은 아니다.

학대당한 아이는 부모를 향해 얼어붙은 듯한 경계 반응을 보이며, 무슨 일이 일어날까 봐 극도의 주의를 기울인다. 그러나 어떤 아이는 부모의 욕구에 흔치 않은 민감성을 보인다(Malone, 1966). 어머니가 바라는 바에 끊임없이 주의를 기울임으로 혼란하고 잠재적으로 폭력적인 어머니를 달랠 수 있다는 것을 일찍부터 배우는 아이가 있다고 생각하는 데는 충분한 이유가 있다.[26]

---

25) 민감한 양육이 주어질 경우 몇 가지 예외를 제외하고는 까다로운 기질의 아이도 순조롭게 성장하며, 반대로 잠재적으로 순한 기질의 아이도 순탄치 않게 성장한다는 것을 지지하는 훌륭한 증거가 있다(Sameroff & Chandler, 1975).

26) 나는 이 부분에 있어 학대를 당하는 아이의 화를 달래는 행동을 관찰한 Pat

신체적 학대를 당하는 아이는 유아원에서 보육교사나 다른 아이와 원활하게 관계를 맺지 못하며, 또한 매우 공격적인 성향이 있다고 알려져 있다. 이러한 관찰은 특정 행동 양식과 그러한 행동이 일어나는 구체적인 상황 모두에 초점을 맞춘 최근 연구들을 통해 밝혀졌다. 그러한 연구 결과는 Berkeley에서 수행된 Main과 George의 연구에 뿌리를 두고 있다(George & Main, 1979; Main & George, 1985).

그들의 연구 목적은 유아원에 다니는 1~3세 아이들로 구성된 두 집단을 비교하는 것이었다. 한 집단은 부모에게서 신체적 폭력을 경험한 10명으로, 다른 한 집단은 다른 관련 변인에서는 차이가 없으나 학대를 경험하지 않은 10명으로 이루어졌다. 이때 학대를 경험하지 않은 아이도 스트레스 상황에 있는 가정의 아이를 돌보기 위해 설립된 유아원에 함께 다니고 있었다. 자료 수집을 위해 3주에 걸쳐 서로 다른 4일을 택해 하루에 30분씩 각 아이에 대한 관찰을 하였다. 관찰자는 고개를 돌리거나 뒤로 물러서는 등의 매우 사소한 움직임이라도 모두 기록하도록 지시를 받았다.

자료 분석을 위해 아이의 사회적 행동을 접근, 회피, 접근-회피, 공격의 4개 범주로 구분하였다. 또한 아이의 행동을 그 행동이 누구에게 향했는지에 따라 범주화하였다. 또 다른 구분은 아이가 스스로 행동을 시작하였는지, 아니면 그 행동이 다른 어른이나 아이의 다정한 접근에 대한 반응으로 일어났는지에 따라 이루어졌

Crittenden의 공이 크다고 생각한다. 유사한 행동이 심한 우울증을 앓고 있는 어머니를 둔 아이에게서도 발견된 바 있다(Pound, 1982).

142

다. 각 집단에 속한 아이의 특정 행동 유형의 평균 발생빈도와 특정 유형의 행동을 보인 각 집단의 아이 수를 결과로 기록하였다.

사회적 접촉을 먼저 시도한 횟수와 관련해서는 두 집단 간에 유의미한 차이가 없었다. 하지만 이와 대조적으로, 다른 아이나 어른의 우호적인 접근에 대한 반응에서는 커다란 차이가 발견되었다. 학대를 당한 아이는 주로 회피나 접근-회피 반응을 보였는데, 이 두 행동을 잇달아 하기도 혹은 조합해서 하기도 하였다. 이에 대한 예로 '그 아이는 그를 향해 살그머니 나아가다 갑자기 방향을 획 틀었다'와 '그 아이는 보육교사를 향해 고개를 외면한 채 기어갔다' 등이 있다. 보육교사가 접근하였을 경우, 학대를 경험한 아이는 통제집단의 아이에 비하여 회피행동을 3배 정도 더 많이 하였는데, 그중 7명은 접근과 회피가 기이하게 합쳐진 행동을 하였다. 그러한 행동은 통제집단에서는 오직 1명의 아이에게서만 관찰되었다. 다른 아이가 접근하였을 경우 그 차이는 더 뚜렷하였다. 예를 들어, 통제집단에서는 어떤 아이도 접근-회피 반응을 보이지 않은 데 반하여, 학대를 경험한 집단에서는 10명의 아이 모두가 접근-회피 행동을 보였다.

예상한 바와 같이 공격적인 행동은 두 집단 모두에서 빈번히 관찰되었는데, 학대를 경험한 집단에서 그 빈도가 훨씬 높은 것으로 드러났다. 학대를 경험한 아이가 다른 아이를 공격하는 횟수가 2배 정도 많았을 뿐 아니라, 통제집단에서는 아무도 어른에 대한 공격행동을 취하지 않는 데 반하여, 학대를 경험한 아이 중 절반은 어른을 공격하거나 공격하겠다고 위협하였다. 게다가 학대를 경험한 아이에게서는 '괴롭힘(harassment)'이라고 일컬어지는 특히 불쾌한 유형의 공격행동이 두드러졌다(Manning, Heron, & Marshall, 1978). 이는 피해자가 고통을 나타내게끔 하려는 의도를 가진 것으로 보이는 악의 있는 행동이었다. 그러한 행동은 특별한 이유 없이 갑자기 발생하였기에 도발에 대한 반작용으로 일어나는 적개심과는 대조적이라 할 수 있었다. 아주 갑자기 예고 없이 일어나는 그러한 공격행동은 매우 무서운 것이었으며, 보복행동을 불러일으켰다. 임상연구에 따르면, 그러한 공격행동은 특히 애착되어 있는 어른을 향하는 경우가 많은 것으로 보고되었다.

지금까지 기술된 행동을 보면, 학대를 경험한 아이가 고통 상황에 있는 또래 아이에 대해 동정심을 전혀 느끼지 못한다는 것이 그렇게 놀라운 일은 아니다. Zahn-Waxler와 Radke-Yarrow의 연구에 따르면, 애정이 넘치고 다정한 부모 밑에서 자란 유아 및 취학 전 아동은 다른 아이가 고통스러워할 때 관심과 걱정을 표현하며, 종종 괴로워하는 아이를 위로하기 위한 행동을 취한다(Zahn-Waxler, Radke-Yarrow, & King, 1979). 이러한 행동은 Main과 George가 수행한 연구의 통제집단 중 5명에게서 적어도 1회 이상 관찰되었다. 하지만 학대를 경험한 아이는 이러한 행동을 전혀 하지 않았다. 대신에 학대를 경험한 아이는 통제집단의 아이와 달리 두려움, 고통, 분노가 혼합된 방식으로 반응하였으며, 그중 3명은 울고 있는 아이에게 적대적인 행동을 하였다. 예를 들어, 2년 8개월 된 한 작은 남자 아이는 '그만둬, 그만둬!'라고 반복적으로 외치며 울고 있는 작은 여자 아이를 철썩 때렸다. 이어 그 아이는 여자 아이의 등을 토닥거렸으며, 다음에는 이빨을 드러내며 '쉿!' 하고 소리를 질렀다. 토닥거리는 행동은 누군가 말릴 틈도 없이 때리는 행동으로 바뀌었다.

　내가 아이에 대한 이와 같은 관찰에 주목하는 이유는 매우 분명하다. 그것이 특유의 사회적 행동 패턴―어떤 것은 유익한 반면에 어떤 것은 해롭다―이 얼마나 일찍 형성되는지를 극명하게 보여 주기 때문이다. 이러한 관찰은 두 가지 유형의 가족 경험 중 어느 쪽이냐에 따라 아동발달이 영향을 받는다는 점을 너무나 확실하게 보여 준다. 아이의 행동을 자세히 알면 알수록 아이 자신이 대우받은 대로 똑같이 다른 사람에게 반복한다는 것을 재차 확신하게 된다. 우리 자신이 대우받은 대로 똑같이 다른 사람에게 대하는 성향은 뿌리 깊은 인간의 본성이며, 이에 대한 증거는 과거 어느 때보다 많이 있다. 모든 부모는 이에 대해 반드시 유의하여야 한다.

　아이가 어떻게 성장하는지를 알기 위해서는 적절하게 설계된 종단 연구가 필요하다. 보살핌을 개선하면 정상적으로 성장하기에 충분할 정도로 회복되는 아이도 있으나, 그렇지 못한 아이도 있다 (Lynch & Roberts, 1982). 어떤 아이는 심각한 뇌손상을 입어 지적 장애가 있는 것으로 진단받기도 한다(예, Martin & Rodeheffer, 1980). 다른 많은 아이는 부정적인 돌봄 상태에 계속적으로 노출되어 있다. 게다가 아이가 불쾌한 유형의 공격행동을 시작하게 되면 부모, 양부모, 혹은 전문가 등의 성인은 아이에게 지속적이고 애정 어린 보살핌을 제공하기 힘들게 되며, 그 아이를 심리치료하는 데에도 많은 어려움이 따른다. 어느 정도 나이가 있는 큰 아이에 의해 정당한 이유 없이 갑작스럽게 가해지는 공격은 해를 끼치기도 쉽고 바로잡기도 상당히 어렵다.

이렇듯 정서적으로 혼란한 아이 중 일부는 증상의 원인도 모른 채 정신과를 찾는다. 어떤 아이는 정신분열 증상을 보이기도 하는데, 이러한 아이를 치료하면서 문제의 원인을 추적한 사람으로 Stroh(1974), Bloch(1978)와 Hopkins(1984) 등이 있다. 이들은 아이가 보이는 극심한 수준의 양가적 행동에 주목하였는데, 가령 치료사를 안았다가 곧 발로 차 버리는 것과 같은 행동을 예로 들 수 있다. 이러한 아이 중 일부는 성장하여 청소년기나 초기 성인기에 이르면 공격적인 성향의 사이코패스나 폭력을 동반한 비행장애의 진단을 받는데, 주로 남자 아이가 이에 해당한다. 다른 아이, 특히 여자 아이의 경우에는 커서 다중인격으로 고통받곤 한다(Bliss, 1980). 정신의학자들이 아동학대와 거절이 미치는 지대한 영향에 대해 인식하게 되면서 또 관련 정보가 부모로부터 얼마나 억제되고 위조되었으며 치료자로부터 얼마나 간과되었는지에 대해 인식하게 되면서 더 많은 사례를 확실하게 규명할 수 있었다.

거절과 학대를 경험한 아이 중 상당히 많은 수가 폭력의 악순환에 빠지게 된다. 이들은 자신들이 당했던 행동을 어려서부터 습득하여 성장한 뒤에도 사회적 상황에서 폭력적으로 반응한다. 가령 Frodi와 Lamb(1980) 등이 보고한 바와 같이, 아이를 학대하는 상당수의 부모에게서 발견되는 특징적인 반응 유형은 학대를 경험한 아이의 반응 유형과 일치한다.

다소 늦은 감이 있지만 화제를 바꾸어 지금부터 여자 친구나 아내를 학대하는 남성의 행동에 대해 다루도록 하겠다. 내가 타비스톡에 있을 때 함께 일했던 사회복지사 Janet Mattinson과 Ian Sinclair(1979)는 자신의 아내를 구타한 S씨에 대해 기술한 바 있다.

그의 폭력은 특별한 이유를 찾기 힘들었으며, 언제 가해질지 예측하기 어려웠다고 한다. 면담을 요청한 당시는 아내가 막 첫째 아이를 출산하고 그의 곁을 떠난 직후였다. 처음에는 주저하였으나, S씨는 곧 사회복지사에게 얼마나 자신이 스스로의 폭력행위를 두려워하였는지에 대해 이야기하기 시작했다. 그는 아내를 사랑했으며, 자신의 폭력행위는 광기와 같은 것으로 매우 부적절하였다고 이야기했다. 이어서 그는 노동계층의 대가족에서 자란 자신의 어린 시절에 관해 이야기하였는데, 가족이 자신에게 가혹하고 매정하게 대했으며 부모는 끊임없이 다투었다고 하였다. 아이로서 어떠한 감정을 느꼈었는지가 추후 면담에서 탐색되었는데, S 씨는 절대 받지 못할 부모의 사랑을 얻기 위해 애썼던 일에 대해 분노와 절망이 섞인 감정을 느꼈을 것 같다는 사회복지사의 말에 놀란 듯한 반응을 보였다. 이에 대해 그는 일리가 있다고 하며, 그러한 설명이 자신의 폭력행동에 특별한 이유가 없을 것이라는 공포를 덜어 준다고 하였다. 아내를 떠나게 만든 돌발적인 폭력은 아이가 태어난 직후 일어났다고 한다. 우리는 다른 연구(예, Marsden & Owens, 1975)를 통해 아이를 향한 아내의 관심에 대해 갖게 되는 강한 질투가 흔히 남편의 폭력을 촉발하는 요인이라는 것을 알고 있었기에, S씨의 폭력이 틀림없이 아이의 출산으로 유발하였을 거라 생각하였다.

　S 씨의 경우와 같이 갑작스럽고 표면적으로 설명 불가능한 폭력 발작은 아내를 구타하는 남편에게서 자주 발견되는 특징이다. 예를 들어, Marsden과 Owens(1975)가 조사한 19명 중 5명이 그와 같은 특징을 보였다. 그러한 남성의 대부분이 어린 시절 학대와 폭

력에 노출된 적이 있다는 가설은 여러 연구를 통해 지지된 바 있다. 아내를 대상으로 자료를 분석한 한 연구(Gayford, 1975)에 따르면, 폭력적인 남편 100명 중 51명이 어린 시절 구타를 당한 경험이 있었다. 더욱이 100명 중 33명은 또 다른 폭력과 관련한 위법 행위로 유죄를 선고받은 경험이 있었다. 앞서 이야기한 바와 같이, 대다수의 폭력범은 어린 시절 잔혹한 가정환경에서 성장한 경향이 있다는 것이 연구 결과 드러났다(Farrington, 1978).

　결론적으로 우리는 폭력에 노출되어 있는 수많은 아내가 충분한 보살핌과 애정을 제공하지 않는 불행한 가정에서 자랐으며, 또한 어린 시절부터 신체적 학대를 받은 바 있다는 것을 알게 되었다(Gayford, 1975). 이러한 경험을 한 여성은 10대 때 가출하여, 자신과 비슷한 배경을 가진 남자를 만나 바로 아이를 임신하기도 한다. 이러한 여성은 불안애착 성향을 가지며, 어머니가 될 준비가 전혀 되지 않았기 때문에, 아이를 돌보는 데 있어 많은 어려움에 봉착하게 된다. 게다가 아이에 대한 관심은 배우자의 강한 질투를 유발한다. 이러한 과정을 통해 세대 간 폭력의 악순환이 뿌리 깊게 일어나게 된다.

　이어서 특정 가족 안에서 흔히 발견되는 상호작용 양상을 기술한 Mattinson과 Sinclair(1979)의 연구를 살펴보도록 하겠다. S 씨에 대한 면담은, 의료 및 사회복지 서비스에 끊임없이 문제를 야기하지만 도움을 제공하기에는 매우 역기능적인 가정에서 어떠한 일이 발생하는지를 알아보고자 하는 연구의 일환으로 이루어졌다. 그러한 가정에서 폭력이나 폭력에 대한 위협은 거의 매일 일어나며, 부부는 헤어진 후 며칠 혹은 몇 주 되지 않아 재결합하는 일을 계속적으로 반복한다. 때로는 아내의 거친 말이 있은 후 남편이 집을 나갔다가 머지않아 집으로 돌아온다. 또는 아내가 남편에게서 구타를 당한 후에 아이들과 함께 집을 나가지만 며칠 지나지 않아 다시 집으로 돌아오곤 한다. 연구자들은 그들의 결혼생활이 그토록 오래 지속되는 것이 매우 놀라운 일이라 여겼으며, 무엇이 그 부부들을 재결합하게 하는지에 대해 궁금해하였다.

　연구자들은 비록 남편의 폭력이나 아내의 거친 언사가 그러한 가정의 주요한 특징이기는 하지만, 각 배우자가 상대방에게 비록 불안정할 망정 매우 깊게 애착을 형성하고 있으며, 또한 상대방이 떠나는 것을 막거나 떠나는 상황을 통제할 수 있는 전략을 습득하고 있다는 것을 알게 되었다. 그들은 다양한 전략을 사용하는데 대부분이 강압적인 방법이며, 다른 사람이 보기에 대개 극단적이고 역효과를 낳을 것처럼 보인다. 예를 들어, 떠나 버리겠다거나 죽어 버리겠다는 위협 또는 자살하려는 몸짓을 취하는 경우를 흔히 볼 수 있다. 대개 이러한 전략은 상대방의 죄책감이나 분노를 유발하기는 하지만 상대방의 관심을 끌기 때문에 단기적인 측면에서는 효과가 있다. 자살시도의 대부분이 떠나 버리겠다는 위협이나 실제 떠나는 행동 등과 같은 배우자의 특정한 행동에 대한 반응인 것으로 밝혀졌다.

　주로 남성이 사용하는 전략으로 아내를 집 안에 가두거나, 아내의 옷가지를 자물쇠로 채워 가져가지 못하도록 하거나, 돈을 주지 않아 물건을 사러 나가지 못하거나 다른 사람을 만나지 못하게 하는 등의 방법을 통하여 아내를 '구속'하는 것을 들 수 있다. 이러한 방법을 사용하는 사람 중 양가적 애착을 심하게 보이는 남성의 경우 아내를 집 안에 가둘 뿐 아니라 집 밖에서 들어오지 못하게 막기도 한다. 그러한 남편은 아내를 집 밖으로 내동댕이친 후 절대 집에 들어오지 말라고 소리치지만, 아내가 거리에 나서면 그녀를 쫓아가 다시 집으로 데려온다.

세 번째 강압적인 방법으로 구타를 들 수 있다. 아내를 구타하는 한 남성의 경우, 가정에서 무언가를 요구하는 것이 항상 주먹으로 이루어졌다. 어떠한 아내도 이렇게 대해지는 것을 좋아하지는 않지만 어떤 이는 부정적인 감정과 함께 묘한 만족감을 느끼기도 한다. 예를 들어, 한 여성은 왜 그러한 남편과 헤어지기를 원하지 않는지에 대해 설명하면서, 자기가 나가 버리면 남편이 가만두지 않겠다고 협박했음을 환희에 찬 목소리로 이야기하였다. 그녀는 남편에게 자신이 필요하다고 주장하였다. 그러한 부부 중 대부분이 상대 배우자에게 자신이 필요하다는 것을 강조하면서 자신에게 상대 배우자가 필요한 것에 대해서는 부정하였다. 그들이 의미하는 '필요'를 나의 말로 표현하면 애착인물에 대한 갈망이라 할 것이다. 그들이 가장 두려워하는 것은 바로 외로움이다.

🍵 예방책

폭력적인 가정이 보이는 문제와 이를 다루는 데 도움이 되는 이론적인 관점에 대한 설명은 이쯤에서 끝내도록 하겠다. 그렇다면 우리에게는 어떤 조치가 필요할까?

학대가 발생한 가정을 돕기 위해 전문적이고 헌신적인 노력이 기울여져 왔으며, 관리 문제를 해결하기 위한 방안에 대해서도 다양한 모색이 이루어져 왔다(Helfer & Kempe, 1976; Lynch & Roberts, 1982). 이와 관련한 연구 모두 이러한 일이 얼마나 어려우며 많은 시간이 걸리는지 잘 보여 주고 있기 때문에, 여기서는 예방에 대한 전망을 묻도록 하겠다. 여기에 우리의 희망이 있다. 지금부터 영국에서 시작되어 정부의 장려 속에 꾸준히 확산되어 온 한 서비스에 대해 기술하고자 한다. 아마도 유사한 서비스가 미국의 여러 지역에서도 이루어지고 있을 수 있지만, 나는 그것에 대해서는 잘 알지 못한다.

홈스타트(Home-Start)로 알려진 서비스(레체스터 지역에서 시작함)는 적어도 일부 가정에서는 상당히 도움이 되는 것으로 보인다 (Harrison, 1981).[27] 그것은 독립적으로 조직된 가정방문 제도로 아직 자녀가 어리면서 어려움을 겪고 있는 가정에 대해 지지와 우호를 비롯하여 실질적 도움을 제공하고 있다. 이 제도는 법으로 규정되어 있는 관련 부서와 긴밀하게 연락하며 일하는 자원봉사자가 운영하고 있는데, 그들은 전문가의 지지와 지도를 받는다. 모든 방문은 계약이나 시간 제약 없이 가정의 초대나 가정이 원하는 방식으로 이루어진다.

어머니들로 구성되는 자원봉사자가 서로를 이해하는 관계를 형성하기 위한 목적을 가지고 한 가정이나 최대 두 가정을 방문한다. 이들은 아이를 돌보는 데 있어 어려움을 겪는 것이 이상한 일이 아

---

27) 뉴핀(Newpin)으로 알려진 런던 중심가의 매우 궁핍한 지역에서 행해진 또 다른 초창기 서비스 역시 매우 전망이 밝다(Pound & Mills, 1985).

니며 그들 역시 인생을 즐길 수 있다고 안심시키고 힘과 용기를
북돋아 주기 위해 온갖 노력을 한다. 대개 30~45세의 자원봉사자
는 처음 시작할 때 일주일에 한 번씩 총 10주에 걸쳐 준비 과정을
들으며, 그 과정을 이수한 이후에도 정기적이고 지속적인 훈련을
받는다.

가정방문을 자원봉사자가 하는 것에는 많은 이점이 있다. 첫째,
자원봉사자는 시간이 넉넉한 편이다. 초창기 제도에 따르면, 각
자원봉사자가 방문 가정에서 보내는 시간은 일주일에 평균 6시간
정도인 것으로 나타났다. 둘째, 자원봉사자는 어머니를 동등한 위
치에서 만나며, 적절하다면 어떤 방식으로든 가사를 자유롭게 도
울 수 있다. 셋째, 자원봉사자는 어머니와 자녀에 대한 의견을 나
눌 수 있다. 넷째, 가장 중요한 점으로 자원봉사자는 저녁이나 주
말에도 이들과 접촉하는 것이 가능하다.

방문을 받는 가정은 곤경에 이미 처해 있거나 혹은 곧 위험에
처할 것으로 보이는 가정이다. 이 서비스는 특별히 학대 가정만을
대상으로 하지는 않기 때문에, 참여 가정에 굳이 이름을 붙일 필
요는 없다. 그렇기는 하지만 학대 위험 아동으로 등록된 아이를
둔 많은 수의 가정이 이 서비스를 이용한다. 초창기 체제가 운영
되던 8년 동안 방문 가정의 4분의 1 정도가 이 범주에 속하였다.

방문은 보통 해당 가정의 어머니가 임신 중에 있을 때 시작된
다. 이들 대부분은 어리고 충동적이며 몹시 고립되어 있으며, 지
금껏 애정과 보살핌, 안전감을 전혀 경험해 보지 못한 여성이다.
그러한 경우, 자원봉사자의 주요 역할은 이들을 어머니처럼 돌보
아 주는 것이다. 자원봉사자는 또한 아이와 이야기하고 놀아 주기

152

도 하는데, 이는 그러한 경험을 해 보지 못한 이들 여성에게 좋은 본보기가 될 수 있다. 일단 신뢰를 형성하고 나면, 이들이 그 전에 배워 보지 못한 기본적인 가사를 자원봉사자가 가르쳐 줄 수도 있다. 그 관계에서 가장 핵심적인 요소는 자원봉사자 자신이 그 가정 내부의 모든 문제를 속속들이 알고 있는 어머니라는 점이다.

이러한 서비스를 받기에 적합하지 않은 가정도 여럿 있다.[28] 그러나 이 서비스에 적합한 가정의 경우 서비스 평가에 나타난 성공의 정도를 보면 이 프로젝트는 매우 고무적이다. van der Eyken (1982)의 독자적 연구는 홈스타트 프로젝트에 대해 전반적으로 설명하면서 선구적인 이 서비스에 대한 첫 4년간의 평가를 보여 준다. 연구자는 프로그램에 참여한 288가구를 대상으로 5가구당 1가구를 무작위 추출한 뒤, 관련자에게 자원봉사가 끝난 후의 결과에 대해 3점 척도(변화가 없음, 약간의 변화가 있음, 상당한 변화가 있음)로 평가하게 하였다. 그 결과 자원봉사자가 변화에 대해 가장 비관적으로 평가하는 것으로 나타났다. 자원봉사자는 참여 가구 중 절반만이 상당한 변화를 보인 것으로 평가하였으며, 10가구 중 1가구는 전혀 변화를 보이지 않은 것으로 보고하였다. 사회복지사는 이보다는 더 긍정적인 관점을 가졌는데, 절반 이상의 가구에서 상당한 변화를 보였으며 그 이외의 가구는 약간의 변화를 보인 것으로 평가하였다. 프로그램 결과에 대해 가장 긍정적인 사람은 건강

---

28) 이에 대해 Harrison(1981)은 다음과 같은 경우를 들었다. (1) 부모가 장기적 정신 문제를 갖고 있는 경우, (2) 부모가 심각한 퇴행성 질병을 앓고 있는 경우, (3) 부모가 상습범인 경우, (4) 아이를 보호시설에 맡기려는 경우, (5) 아이가 어머니의 동거자에 의해 학대받을 위험에 놓여 있는 경우다.

관련 종사자(가령 공공보건 간호사)와 해당 가구의 당사자들이었다. 자신들의 변화에 대해 평가한 58가구 중 47가구(85%)가 상당한 변화가 있었다고 하였는데, 나머지 가구 중 6가구는 약간의 변화가 있었다고, 또 2가구는 아무런 변화가 없었다고 스스로 평가하였다.

매우 많은 수고가 필요하고 어려운 것으로 잘 알려진 이 분야에서 이러한 결과물은 분명 희망을 주는 내용이다.

어린 자녀 양육

애착이론의 기원

예술 및 과학으로서의 정신분석

자연과학으로서의 정신분석

가정폭력

확인받지 못한 사고와 감정

성격발달에서 애착의 역할

애착, 의사소통, 치료과정

CHAPTER 06

🌸 1979년 초 나는 *Canadian Journal of Psychiatry*의 특별호에 기고해 달라는 초청을 받았다. 이 특별호는 1952년부터 1964년까지 몬트리올 소재 맥길 대학에서 정신과 과장을 지낸 Eric Wittkower 명예교수의 80회 생일을 기리는 것이었다. 나는 이 일을 하게 되어 매우 기뻤다. 이 장과 동일한 제목으로 기고한 논문은 내가 이후 수년간 다양한 상황에서 했던 많은 강연의 근간이 되었다. 여러 강연 중 나는 로마에서 두 명의 인지주의 치료자 Giovanni Liotti와 Vittorio Guidano를 만났는데, 우리가 많은 공통점을 가졌다는 것을 발견하고 얼마나 놀라고 기뻤는지 모른다. 이 만남의 결과로 Michael Mahoney와 Arthur Freeman이 편집하는 *Cognition and Psychotherapy*에 기고하도록 초청되었다. 이는 간략했던 원 논문이 후에 확장되어 나오는 기회가 되었다.

앞 장에서 아동기에 겪는 부모와의 부정적인 경험에 대해 설명하였는데, 과거에 비하여 이러한 아동기의 경험이 인지적 장애(cognitive disturbance)를 일으키는 데 큰 역할을 한다는 증거가 이제는 상당히 많다. 예를 들어, 다중인격과 같은 지각 및 귀인의 왜곡 또는 심각하거나 경미한 기억상실이 부모와의 부정적인 관계 경험에서 기인한다. 그러나 이러한 인과관계에 대한 체계적인 연구는 여전히 희소한 상태이므로 이에 대한 연구가 시급히 이루어져야 할 것으로 보인다. 그렇다면 이 분야의 연구가 왜 이렇게 심하게 홀대받았던 것일까?

이전 장에서 언급했듯이, 여기에 미친 부정적인 영향 가운데 하나는 아동기 동안의 현실 경험을 무시하고 주로 환상에 관심을 두는 방식으로 사고하는 정신역동학파의 강한 전통과 연결된다. 또 다른 면에서의 부정적 영향은 현장에서 체계적으로 연구를 수행하는 데 있어서의 어려움으로, 이에 대해서는 의문의 여지가 없다. 예컨대 성인 환자만 보는 전문가들은 환자들의 최근 몇 년의 사건만을 탐색하는 오류를 범한다. 대개의 정신과 의사나 심리치료사처럼 아동기를 안정적인 가정에서 보냈거나 가족 및 아동발달에 관한 최신의 연구를 무시하는 사람들은 자신들 부모의 이야기에 들어맞지 않는 규준은 전혀 갖고 있지 않다. 무엇보다 모든 치료자는 자신들의 훈련과 경험으로 도저히 이해할 수 없는 환자와 가족의 짙은 침묵에 종종 직면하게 된다. 이러한 이유로 일반 정신과 의사와 심리치료사가 경미하든 심각하든 많은 정신질환 사례가 아동기 불운한 사건에서 기인할 수 있다는 사실을 무시해 온 것은 그리 놀라운 일이 아니다. 심지어 어떤 아이가 신체적・

성적으로 부모에게서 반복적으로 혹은 장기적으로 학대받았다는 사실은 정신의학의 병인론에서 고려되지 않았었다.

하지만 상황이 변하고 있다. 첫째, 체계적인 연구가 수행됨에 따라 부모-자녀 상호작용에 대한 지식—광범위한 잠재적 병인 관계 및 사건을 포함하는—이 양적·질적인 면에서 보편적으로 증가하고 있다. 둘째, 이런 관계나 사건에 노출되었던 아이에게 나타나는 심리적 결과에 대해 훨씬 더 많이 이해하게 되고 이를 문서화하였으며, 이에 대한 증거를 제시하게 되었다. 결과적으로 치료자가 상당히 확고한 근거하에 병인론적 결론을 이끌어 내는 경우가 많아졌다. 이는 (1) 환자가 보이는 문제 및 증상이 특정 유형의 경험에 의한 결과로 이미 알려져 있는 것과 유사할 때, (2) 내담자 문제 배경에 대한 탐색 과정에서 혹은 치료 회기에서 훨씬 나중에 치료자가 이런 동일한 유형의 경험에 대해 듣게 될 때 특히 더 그러하다. 이러한 결론에 도달할 때 정신과 의사가 사용하는 추론과정은 환자에게 승모판협착증(mitral stenosis) 진단을 내린 의사가 그 원인을 환자가 수년 전에 앓았던 류머티즘성 열의 공격 때문이라고 바로 추론하는 과정과 매우 비슷하다.

인지적 장애를 유발하는 아동기 선행요인에 대해 고려할 때 기억상실증은 좋은 출발 지점이 된다.

분석 기술에 대한 Freud(1914)의 고전 논문 중 하나에서 다음과 같은 진리를 일반화하였는데, 이는 아마도 모든 심리치료자가 진리로 받아들이고 있을 것이다.

인상, 장면 혹은 경험에 대한 기억을 잊어버리는 것은 거의 그 자체를 축소하여 차단하는 현상이다. 환자가 이러한 '잊어버렸던' 것에 대해 말할 때 거의 다음과 같은 말을 덧붙인다. "사실 나는 항상 그것을 알고 있었어요. 다만 내가 그것에 대해 결코 생각하지 않았던 거예요."(1914, p. 148)

그러한 관찰은 최소 세 종류의 설명이 필요하다. 첫째, 차단하게 되는 인상이나 장면, 경험을 설명할 수 있는 특별한 특징이 있는가? 둘째, 기억을 차단하고 분명히 잊는 과정에 대해 어떻게 잘 설명할 것인가? 셋째, 그러한 차단 과정을 활성화하는 성격의 내·외적 인과조건은 무엇인가?

생각, 감정, 행동에 지속적으로 강한 영향을 미치면서도 차단되는 경향이 있는 장면이나 경험은 다음의 세 가지 범주, (1) 부모가 바라기에 아이가 그것에 대해 알지 않았으면 하는 것, (2) 아이가 견딜 수 없을 정도의 방식으로 부모가 아이를 대했던 것, (3) 아이가 견딜 수 없을 정도로 죄책감이나 수치감을 느낀 일을 행했거나 생각했던 것 등으로 뚜렷하게 나뉜다.

세 번째 범주는 이미 많은 주목을 받아 왔으므로 여기에서는 처음 두 가지에 대해서만 논하고자 한다. 첫 번째 범주부터 이야기를 시작해 보도록 하겠다.

부모 입장에서 아이가 보지 않았으면 하는 장면을 아이는 자주 목격하며, 부모 입장에서 아이가 갖지 않았으면 하는 인상을 아이는 형성한다. 또 부모 입장에서 아이가 경험하지 않았을 거라 믿고 싶은 것을 아이는 경험한다. 증거에 따르면, 많은 아이가 부모가 무엇을 바라는지 인식하고 있고, 그렇기 때문에 가진 정보를 처리하지 않음으로써 부모의 소망에 순응한다. 또한 정보를 처리하지 않음으로써 아이는 자신이 그러한 장면을 목격했거나, 그러한 인상을 형성했거나, 그러한 경험을 했었다는 것에 대한 인식을 의식적으로 중단한다. 나는 이 점이 흔히 간과되고 있는 인지적 장애의 진원지라고 믿는다. 그러나 부모 입장에서 아이가 절대 보지 않았으면 하고 바라는 일에 대해 이미 아이가 의식적으로 정보를 처리한 것을 차단하도록 때로는 부모가 압력을 가한다는 증거가 여러 곳에서 발견되고 있다. 이와 관련한 가장 생생한 예는 한쪽 부모가 자살했을 때 다른 쪽 생존 부모가 아이의 기억에서 이에 대한 흔적조차 없애려고 애쓰는 노력일 것이다.

Cain과 Fast(1972)는 한쪽 부모를 자살로 잃었고, 모두 심각한 정도의 정신적 문제를 보이는 4~14세의 아이 14명을 대상으로 한 일련의 연구 결과를 보고하였다. 자료를 검토하면서 연구자들은 두 가지 유형의 병인(病因)적 상황, 즉 강도 높은 죄책감을 유발하기 쉬운 상황과 부모-아이 사이의 의사소통이 심각하게 왜곡되는 상황이 아이의 증상에 매우 커다란 역할을 한다는 점에 충격을 받았다.

연구 대상 아이의 약 4분의 1은 직접 부모의 죽음을 목격하였다. 이로 인해 아이는 보거나 들었던 일에 자기 잘못이 있다고 믿게 되거나 또는 다른 쪽 생존 부모로부터 죽음이 자살이 아닌 질병이나 사고였다고 믿도록 하는 압력을 받아야 했다. "아버지가 총으로 자살한 것을 목격한 소년은 나중에 어머니에게서 그날 밤의 일에 대해 아버지가 심장마비로 죽었다고 들었다. 아버지의 시

CHAPTER 06 확인받지 못한 사고와 감정 161

신이 옷장에 매달려 있는 것을 발견한 소녀는 아버지가 자동차 사고로 죽었다고 들었다. 손목이 그인 엄마를 발견했던 두 형제는 어머니가 수영하다가 익사했다고 들었다."(Cain & Fast, 1972, p. 102) 아이가 자신이 본 것을 말할 때, 생존 부모는 그것에 대해 비웃거나 텔레비전에서 본 내용이나 자면서 꾼 악몽과 혼동한다고 하며 부정하려고 했다. 더욱이 그러한 혼동은 때때로 아이가 그 죽음과 관련하여 주변 사람이나 생존 부모에게서 서로 다른 이야기를 듣게 되면서 더욱 심해진다.

아이가 보이는 많은 심리적 문제의 배경에는 이러한 종류의 상황에 노출된 경험이 있다. 아이가 보이는 문제 속에서 타인에 대한 만성적인 불신, 호기심의 금지, 자신의 감각에 대한 불신, 모든 것을 비현실적으로 보는 경향 등이 발견되었다.

Rosen(1955)은 어떤 27세 성인 남성 환자에 대해 보고하였다. 이 환자는 그가 너무 변덕스러워 종잡을 수 없다는 것을 알게 된 약혼녀에게서 버림을 받은 후 급성 증상을 보였다. 그는 자신이 관련된 세계와 자기의 존재가 분열하고 모든 것이 비현실적이 되는 것을 느끼기 시작했다. 그는 우울해졌고 자살사고를 하였다. 또한 질식하는 느낌을 포함한 여러 가지 기이한 신체감각을 경험하였다. 그는 자신의 생각이 솜처럼 느껴진다고 하였다. 2년의 치료기간 동안 때때로 환자가 보인 일련의 연상에 충격을 받은 분석가는 그의 인생 이야기를 마음에 새기며 환자가 어렸을 때 어머니가 자살시도를 했고 그가 이를 목격했을지도 모른다는 가설을 재구성하였다. 이러한 의견을 말하자마자 환자는 경련하는 듯한 흐느낌을 보이며 고통스러워하였다. 그 회기는 전환점이 되었다. 이

162

후 환자는 분석가가 그런 말을 했을 때 기억을 복구했다기보다 어떤 면에서는 자신이 항상 알고 있었던 무언가에 대해 말해도 된다는 허락을 받은 것 같았다고 하였다.

그는 어렸을 때 어머니가 여러 번 자살시도를 했던 것을 기억해냈고, 이러한 기억은 그의 아버지가 인정함에 따라 사실로 밝혀졌다. 환자가 목격한 한 가지 일은 그가 3세 때 일어났었다. 그의 유모는 침실에서 나는 소리를 들었고 때마침 달려와 그의 어머니가 목매려고 하는 것을 막았다. 어린 남자 아이가 얼마나 많은 것을 목격하였는지는 분명치 않았다. 그러나 나중에 이 아이가 그 사건에 대해 언급할 때마다 아버지와 유모는 단순히 상상이었거나 혹은 단순히 안 좋은 꿈을 꾼 것이라 말하며 아이의 기억을 부인하였다. 아버지는 그런 사건을 기억하는 것이 아들에게 해로울 것이라 주장하였다. 그러나 한편으로는 그 사건을 친구와 이웃에게 비밀로 유지하고 싶은 바람이 부분적으로 있었음을 인정하였다. 아이의 어머니가 유모를 볼 때마다 그 사건이 떠올라 고통스러워하였기 때문에 그 사건이 발생한 지 1년쯤 후에 유모를 내보냈다.

그 환자는 가설을 재구성하기 이전의 어느 회기에서 사랑했던 유모의 해고를 회상하면서 해고의 원인이 어떤 식으로든 자신의 잘못 때문인 것처럼 늘 느꼈다고 하였다. 이에 대한 많은 연상 중 반복적으로 나타났던 것은 어렸을 때 무엇인지 알 수는 없었으나 자신의 인생을 바꾼 무언가를 그가 목격했다는 것이었다. 그는 또한 유모가 자기를 대신한 한 명의 목격자였다는 생각을 가지고 있었다. 따라서 그 기억이 의식적인 정보처리과정에서는 차단되었지만 그가 무엇을 생각하고 어떻게 느끼는지에 대해서는 지속적으로 영향을 미쳤던 것이다.

다른 문헌(Bowlby, 1973)에서 나는 무시하기 어려운 수준의 자살시도가 부모에게서 일어나고 있고, 아마도 자살위협은 이보다도 훨씬 자주 발생하고 있음에도, 정신의학 및 심리치료 문헌이 이에 대해 얼마나 관심을 기울여 오지 않았는지에 대해 언급했었다. Rosen의 사례와 유사한 일은 이제껏 드러난 경우보다 훨씬 많이 발생했을 것이다.

아이가 보지 않았으면 하고 부모가 바라거나 아이가 결코 보지 않았다고 생각하도록 부모가 압력을 가하는 상황에는 성적 행동에 대한 것이 있다. 다음은 전혀 말을 하지 않을 정도로 심하게 정서장애가 있는 어린 여자 아이를 도왔던 언어치료사에게 들은 예이다. 치료사는 어떤 극적인 사건을 통해 여자 아이가 말을 할 수 있음을 알게 되었다. 여자 아이는 테디 인형을 구석에 있는 의자에 앉히고 나서 테디 인형에게 손가락을 흔들며 매우 심각한 목소리로 소리쳤다. "너는 못됐어. 못된 테디… 너는 보지 못했어… 내가 너에게 말하는데 너는 보지 못했어!" 여자 아이는 점점 더 강렬하게 반복해서 말했다. 테디가 결코 보지 못했다고 지시받고 있는 장면이 무엇인지 추론하는 것은 어렵지 않았다. 어린 소녀의 어머니는 10대 매춘부였다.

부모에 의해 일어나는 이러한 압력의 목적은 분명하다. 아이가 부모에 대해 전적으로 좋은 이미지만을 발달시키고 유지하도록 하는 것이다. 지금까지 제시한 예에서는 압박이 노골적으로 가해졌지만, 압박이 좀 더 미묘한 경우에도 손상의 정도는 비슷하며 그 발생률은 아마도 더욱 빈번할 것이다.

생각보다 높은 근친상간의 발생률 및 근친상간이 아동에게 미치는 병리적인 영향이 지난 20년간 새로운 관심을 받아 왔다. 가장 흔한 형태는 아버지와 딸 사이 혹은 의붓아버지와 의붓딸 간에 일어나는 것이다. 이러한 경험에서 기인한 것으로 보이는 아동과 청소년의 여러 문제 및 증상 가운데 가장 흔하게는 모든 친밀한 관계로부터의 철수, 수면장애, 자살충동 등이 있다(Meiselman, 1978; Adams-Tucker, 1982). Brendan MacCarthy라는 한 동료가 출간되지는 않았지만 인지적 장애를 일으키기 쉬운 조건에 대해 설명하였는데, 그는 아동이 사춘기 이전일 때 장애가 특히 일어나기 쉽다고 생각하였다. 다음은 그의 결론에서 가져온 것이다.

성관계가 아버지와 청소년 딸 사이에 일어날 때, 아버지는 대개 일상의 삶에서 비밀스러운 힐끔거림, 은밀한 만짐, 빗대어 하는 말과 같은 방식으로 행동함으로써 자신의 행동을 부인하지 않는다. 그러나 더 어린아이의 경우 아버지는 자신의 성적 학대를 인정하지 않는 것 같다. 대신 아버지는 낮에는 밤에 일어난 일이 결코 일어나지 않은 것처럼 행동한다. 이렇게 성적인 불륜을 전적으로 인정하지 않는 것은 흔히 딸이 청소년이 된 이후까지 유지된다.

MacCarthy는 우울증과 신경안정제 의존, 알코올 문제로 치료를 받았던 기혼여성 A 씨의 사례에 대해 기술하였다. 4개월 동안 치료를 받은 이후에야 그녀는 양아버지에게서 받은 10년 간의 성적 학대에 대해 언급하였다. 이는 양어머니가 죽은 직후 그녀가 5~6세 때 시작되어 16세에 도망칠 때까지 지속되었다. 그녀의 많은 문제 가운데에는 불감증과 성교에 대한 역겨움, 속이 '검은 얼룩'인 느낌 등이 있었다. 이러한 문제는 딸이 4세가 되었을 때 악화되었다. 딸이 아빠에게 다정하게 굴며 아빠 옆에 앉아 있을 때마다 A 씨는 마음이 요동치고 보호적이 되며 질투가 일어나는 것을 느꼈다. 이런 경우 그녀는 결코 그들만 남겨 둘 수 없었다. 치료 시 그녀는 눈치를 보며 몹시 무서워했고, 분석가의 모든 움직임에 대해 몹시 경계했다.

근친상간과 관련하여 A 씨는 양아버지가 낮에는 자신의 방을 밤에 찾아올 것에 대해 전혀 언급하지 않았지만 항상 밤에 방문하였다고 하였다. 반대로 그는 남자 아이에게 너무 많은 것을 허용하는 것의 위험과 결혼 전 순결의 중요성에 대해 그녀에게 끊임없이 가르쳤다. 16세에 그녀가 집에서 도망쳤을 때, 그는 아무에게도 말하지 말도록 강요했을 뿐 아니라 '네가 말한다 해도 아무도 너를 믿지 않을 거다'라고 빈정거렸다. 이는 양아버지가 교장이자 지역의 시장이었기 때문에 얼마든지 가능성 있는 말이었다.

이 사례와 유사한 사례를 언급하면서 MacCarthy는 낮 동안의 존경받고 사랑받는 아버지와 전날 밤 일어난 이상한 사건의 전혀 다른 아버지 사이에서 발생하는 아이의 인지적 분열을 강조하였다. 어머니를 포함해 아무에게도 한마디도 내비치지 못하도록 경고를 받은 아이는 그 사건을 확인받고자 아버지를 쳐다보는데, 아무 반응이 없을 때 당연히 혼란해진다. 그것은 정말로 일어났던 것일까, 아니면 내가 꿈꾼 것일까? 나는 두 아버지를 가졌나? 세월이 흐른 후 모든 남자를 믿지 못하고 남자 치료자의 전문적인 자세를 야수의 의도를 숨긴 단순한 허울로 보는 것은 이상한 일이 아니다. 또한 어느 누구에게도 말하지 말라고 하는 경고가 여전히 작용하고 있으며, 아무도 나를 믿지 않을 거라는 예상 때문에 침묵을 하게 되는 것도 당연하다. 놀랍게도 얼마나 자주 그릇된 정보를 가진 치료자가 환자로 하여금 진실을 말하지 못하도록 해서 (환자가 그렇게 해야 함에도) 아무도 자신의 이야기를 믿지 않을 거라는 예상을 확인해 주는가?

부모가 아이에게 차단하도록 압력을 가한 지금까지의 정보는 외부 세상에서의 사건과 관련한 것이었다. 또 다른 상황에서 차단되는 정보는 아이의 사적인 감정 세상에서의 사건과 관련된 것으로, 분리와 상실의 상황에서 가장 흔히 발생한다.

한쪽 부모가 죽었을 때 생존 부모나 친척이 아이에게 부적절하거나 잘못된 정보를 제공할 뿐 아니라 아이가 괴로워하는 것조차 적절하지 않다고 말할지 모른다. A. Miller(1979)는 6세 아이의 어머니가 죽었을 때 이모가 아이에게 "넌 용감해야 한다. 울지 마라. 이제 네 방으로 가서 즐겁게 놀아라." 하고 말한 것에 대해 기술하였다. 어떤 때에는 그런 말이 단지 암묵적으로 전해진다. 흔히 미망인이나 홀아비는 자신의 고통을 표현하는 것을 두려워하여 결과적으로 아이가 자신의 상실에 대해 갖는 모든 감정을 차단하도록 조장한다. Palgi(1973)는 아버지의 고통스러운 죽음에 대해 눈물을 흘리지 않는다고 자신을 꾸짖은 어머니에게 남자 아이가 어떻게 항변했는지 기술하였다. "엄마가 우는 걸 본 적이 없는데 어떻게 내가 울 수 있겠어요?"

사실 많은 상황에서 아이는 울지 말라는 이야기를 듣게 된다. 예를 들어, 5세 아이의 보모는 아이가 울면 아이를 두고 떠나는 게 힘들기 때문에 아이에게 울지 말라고 한다. 탁아시설에 아이를 맡기는 부모는 아이에게 울면 안 된다고 강요하며 그렇지 않으면 데

리러 오지 않을 거라고 말한다. 부모가 아이 곁을 자주 떠나 지속적으로 보모에게 맡겨지는 아이는 부모가 없을 때 얼마나 외롭고 화가 나는지 인식하지 못하도록 독려받는다. 부모와 분리될 때, 아이는 부모를 그리워하거나 돌아오기를 바라면 안 될 것 같은 느낌을 확연히 받곤 한다. 슬픔이나 울음은 그런 상황에서 부적절한 것으로 비난받을 뿐 아니라 큰 아이와 어른은 고통받는 아이를 울보라고 놀리기도 한다. 그런 상황에서 감정을 차단한다는 것은 그리 놀라운 일이 아니다.

　이런 모든 상황은 상당히 분명함에도 정보와 감정이 의식에서 배제되는 현상의 원인으로 받아들여지지 않아 왔다. 보다 미묘하고도 잘 드러나지 않는 일상적인 다른 상황이 존재하는데, 이러한 상황 역시 마찬가지의 결과를 가져온다. 한 예로 사랑을 박탈당한 아동기를 보낸 어떤 어머니가 결핍된 사랑을 자신의 아이에게 구하는 것을 들 수 있다. 어머니가 아이에게 부모처럼 행동할 것을 요구하고 그 사이 자신은 아이가 되므로 보통의 부모–자녀 관계를 뒤바꾼다. 어떤 일이 일어나고 있는지 자각하지 못하고 있는 사람에게 아이는 응석받이인 것처럼 보일 수 있지만, 자세히 보면 어머니가 아이에게 무거운 짐을 지워 주고 있는 것을 알 수 있다. 여기서 특별히 중요한 것은 아이가 자신에게 가해지는 요구에 주목하기보다는 자신이 받는 그러한 돌봄에 고마워하도록 기대를 받게 된다는 것이다. 그에 대한 결과로 아이는 어머니의 바람에 순응하여 어머니를 전적으로 사랑이 많고 관대한 사람으로 그리며 어머니에 대한 편파적인 그림을 만들어 간다. 그렇게 함으로써 어머니가 종종 이기적이고 요구적이며 고맙지 않다는 정보에 대해서는 의식적인 처리과정을 차단해 버린다. 또 다른 결과로 역시 어머니의 바람에 순응하여 아이는 어머니에 대해 사랑과 감사의 느낌만 의식하도록 허용하고 어머니를 돌보도록 어머니가 기대하는 것에 대해 그리고 친구를 사귀고 자신의 삶을 사는 것을 어머니가 방해하는 것에 대해 어머니에게 가질 수 있는 모든 분노감을 차단한다.

이와 관련하여 트라우마적인 아동기를 보낸 부모가 과거의 불행을 상기하여 우울해지는 것에 대해 염려하는 상황을 예로 들 수 있다. 결과적으로 그녀의 아이들은 항상 행복한 것처럼 보이고 어떠한 슬픔, 외로움, 분노의 표현도 피하도록 요구된다. 한 환자가 한동안의 치료 이후 나에게 "나는 아이 때 몹시 외로웠지만 외롭다는 것을 알도록 허용되지 않았었음을 이제 알게 되었다."라고 말한 바 있다.

대부분의 아이는 부모를 호의적으로 보고자 하고 많은 단점을 대충 넘어가고 싶어 하며 부모에 대해 너그럽다. 그렇다고 해서 부모가 요구하는 방식에만 맞추어 부모를 대하거나 그 방식에만 맞추어 자기 자신에 대해 느끼지는 않는다. 그렇게 되려면 압력이 가해져야 한다. 압력은 서로 다른 형태를 띨 수 있지만, 어떤 형태든 효과가 있기 위해서는 사랑받고 싶고 보호받고 싶은 아이의 끈질긴 갈망이 요구된다. 이러한 문제에 많은 관심을 가진 Alice Miller(1979)는 불안정한 전문직 여성의 맏이로 태어난 한 성인 환자의 말을 다음과 같이 보고하였다.

나는 엄마의 왕관에 있는 보석이었어요. 엄마는 자주 "마야

는 믿음직스럽고 잘해 낼 거야."라고 말했어요. 그리고 나는
잘해 냈지요. 나는 엄마가 자신의 전문 경력을 계속해 나갈 수
있도록 엄마를 위해 어린 동생들을 길렀어요. 엄마는 점점 더
유명해졌지만 나는 결코 엄마가 행복한 것을 보지 못했어요.
저녁에 얼마나 자주 엄마가 보고 싶었는지 몰라요. 동생들이
울면 달래 주었지만 나 자신은 결코 울지 않았어요. 누가 우는
아이를 원하겠어요? 내가 유능하고 이해심 많으며 잘 통제되
어 있다는 조건에서만, 또 엄마의 행동에 의문을 갖지 않고 엄
마에게 내가 얼마나 많이 엄마를 그리워하는지 보이지 않는
다는 조건에서만 나는 엄마의 사랑을 얻을 수 있었어요. 엄마
의 행동에 의문을 갖거나 엄마에 대한 그리움을 보이면 엄마
가 간절하게 원하는 자유를 제한하는 것이 되고 그것은 엄마
가 나에게서 돌아서게 만드는 거예요.

어떤 가족의 경우 압력은 더욱 직접적인 방식으로 일어난다. 버
리겠다는 위협이야말로 아이를 통제하는 수단 중 가장 강력한 형
태의 무기다. 이는 특히 어린아이에게 해당한다. 그런 위협에 직면
할 때 아이는 부모 입장에서 아이가 잊어버렸으면 하고 바라는 것
들을 모두 잊어버리는 수밖에 다른 방도가 없다. 나는 이런 종류의
위협이 많은 급성 또는 만성 불안의 원인일 수 있다는 점에 대해
다른 글에서 근거를 제시하였다(Bowlby, 1973). 또한 이러한 경험
은 사별에 대한 만성우울 반응의 원인이 될 수 있는데, 이때 우울
에 담긴 주된 신념은 고인이 벌하기 위해 고의로 자신을 버렸다는
것이다(Bowlby, 1980).

아이에게 나타나는 다양한 형태의 인지적 장애가 사춘기 이전에 발생하는 영향에서 비롯된다는 발전적 가설은 이 나이 또래 아이들의 정신이 특히 외부 영향에 민감하다는 지표와 양립할 수 있다. 이미 강조하였듯이 부모가 자신을 거절하거나 심지어 버릴지도 모른다는 위협에 어린아이가 취약한 정도가 그 증거다. 아이가 청소년기에 도달한 후에는 그러한 위협에 대한 취약성이 명백하게 사라지게 된다.

Gill(1970)의 실험은 사춘기 이전 아이의 마음이 얼마나 부모의 영향을 받기 쉬운지 잘 보여 준다. 이 실험은 런던 초등학교에서 선발된 10세 아이들과 그 부모를 대상으로 이루어졌다. 실험에 참여하도록 권유된 40명의 비이민자 가족 중 25명이 참여에 동의하였다. 연구자는 각 가정에 방문하여 참여자를 대상으로 스크린에 10개의 사진을 각각 2분간 보여 주었다.

사용된 사진 중에 5장은 그림책이나 영화에서 가져왔고 나머지는 주제통각검사(TAT)에서 가져왔다. 아기를 안고 있는 작은 여자아이를 어머니가 보고 있는 모습과 같이 어떤 사진은 비부정적 정서를 담고 있었고, 또 어떤 사진은 공격적이거나 두려운 장면을 담고 있었다. 3장은 성적 주제를 보여 주는 것으로 임산부가 침대에 누워 있는 사진, 커플이 풀 위에서 포옹하는 사진, 반라의 여인 사진을 배경으로 한 여인이 벗어나려는 듯한 남자의 어깨를 꽉 움켜잡고 있는 사진 등이다.

10장의 사진이 연속적으로 세 차례 제시되었다. 처음 보여 줄 때는 아버지와 어머니, 그리고 아이에게 사진에서 본 것을 따로 적도록 하였다. 두 번째 보여 줄 때는 가족 구성원이 각 사진을 2분씩 보며 서로 의논하도록 하였다. 세 번째 보여 주면서는 각 가족 구성원에게 사진에서 무슨 일이 일어나고 있는지 본 것에 대해 다시 따로 적도록 하였다.

성적 주제를 묘사한 3장의 사진에 대한 아이의 반응을 검토하자 절반의 아이(12명)가 성적 주제에 대해 직접적으로 있는 그대로 기술하였고, 절반의 아이는 그렇게 하지 못했다. 예를 들어, 임신한 것이 분명한 여성의 사진에 대해 한 아이의 솔직한 반응은 '그녀는 쉬고 있어요. 그녀가 아기를 낳을 거란 것을 알 수 있어요. 그녀는 자고 있다고 생각해요'와 같았다. 하지만 같은 사진에 대한 다른 어떤 아이의 반응에는 '어떤 사람이 침대에서 자고 있어요'나 '침대에 사람이 있는데 자고 있어요'와 같이 임신에 대한 언급이 모두 빠져 있었다.

두 번째 단계에서 부모가 아이와 함께 사진을 보는 동안 어떻게 의논을 했는지에 대한 분석이 이루어졌다. 이러한 분석은 어떤 아이가 무슨 반응을 했는지 알지 못하는 심리학자에 의해 이루어졌다. 여기에서 어떤 부모는 묘사된 장면에 대해 솔직한 반면, 어떤 부모는 그것에 대해 전혀 언급하지 않았고 역겨움을 표현했다는 것이 밝혀졌다. 예를 들어, 임산부 사진의 경우 한 아이의 어머니는 여자가 아기를 낳을 것이고 오후 휴식을 취하고 있다고 솔직하게 말했다. 반면, 다른 어떤 부모는 그런 언급을 전혀 하지 않고 2분의 논의를 마쳤다. 그들은 여자의 머리 모양, 입은 옷의 소재, 가구의 질과 같은 정서적으로 중립적인 내용에 집중하였다. 아이가 사진에 반응하는 방식과 부모가 사진에 대해 논의하는 방식 간에 높은 상관이 있다는 것은 그리 놀라운 일이 아니다.

세 번째 사진을 보여 주었을 때 아이의 모든 설명은 정확도 면에서 높아졌다. 그러나 첫 번째 사진을 보았을 때 솔직하게 반응한 12명이 첫 번째에서 사진의 내용을 보고하지 못했던 13명에 비하여 더 많은 향상을 보였다.

사진에 대해 토의하는 동안 부모 중 일부가 의식적 · 무의식적으로 사진의 내용에 대한 언급을 피하고 있었다는 것은 거의 의심의 여지가 없다. 첫 번째 보여 줄 때 성적 주제를 설명하지 못한 아이는 그들이 가정에서 경험한 '분위기'에 의해 어느 정도 영향을 받았을 것으로 추론할 수 있다. 물론 이 실험에서 이들이 묘사된 장면을 정말 지각하지 못한 건지 아니면 지각했지만 본 것을 보고하지 못한 건지는 알 수 없다. 사춘기 이전 아이의 지각은 느리고 종종 불확실한 경향이 있기 때문에 내 생각에 이 실험에 참여한 아이 중 최소 몇몇은 일어나고 있는 일의 성격을 정말로 지각하지 못했을 수 있다. 그러나 어떤 아이는 그 장면이 자신들이 알면 안되는 장면이어서 그것을 보지 말아야 한다는 것을 본능적으로 알았을 수 있다.

얼핏 보면 어떤 특정 의미에 대한 정보가 차단되거나 혹은 선택적으로 지각에서 제외될 수 있다는 개념은 모순되게 느껴질 수 있다. 어떤 사람이 배제하기 원하는 자극을 먼저 지각하지 않고 어떻게 선택적으로 정보처리에서 제외할 수 있는가? 그러나 지각을 단계적 처리 과정으로 보면 이해가 된다. 지난 약 10년 동안 이루어진 인간의 정보처리에 대한 실험 연구는 우리가 논의해 온 차단 과정의 특징에 대해 전통적 정신역동 방어이론에 비해 훨씬 더 나은 발상을 가능하게 해 준다. 이 새로운 접근에 대해 간단히 설명하도록 하겠다.

인간 지각에 대한 연구들(Erdelyi, 1974; Norman, 1976)은 한 사람이 뭔가를 보거나 들었다고 자각하기 이전에 눈이나 귀를 통해 들어오는 감각 유입이 이미 많은 단계의 선택과 해석, 그리고 평가를 지닌다는 것을 보여 주었다. 이러한 단계를 지나는 동안 처음 유입된 원래의 자극은 상당 부분 배제된다. 이렇게 광범위한 배제가 일어나는 이유는 가장 발전된 정보처리 채널도 한정된 용량이 있어서 과부하가 걸리지 않도록 보호해야 하기 때문이다. 가장 관련 있는 것을 통과시키고 덜 관련된 것을 제외하기 위해 유입된 정보는 중앙의 통제를 통해 선택되는데, 이때 중앙이 우리 식으로 말하면 자아(ego)라 할 수 있다. 이 과정이 거의 모두 의식 밖에서 놀라운 속도로 이루어짐에도 유입된 자극의 많은 부분은 배제되기 이전에 상위 단계의 정보처리 과정으로 옮겨 간다. 양분 청취(dichotic listening)에 대한 실험 결과는 충격적인 예를 보여 준다.

양분 청취 실험에서는 두 가지 서로 다른 메시지가 동시에 한 사람의 양쪽 귀에 각각 전달된다. 그러면 피험자는 오른쪽 귀로 받는 메시지를 말하도록 지시받는다. 즉, 양쪽에서 전달되는 메시지 중 하나에만 주의를 기울이도록 하는 것이다. 피험자가 계속해서 주의를 기울이고 있도록 하기 위해 듣고 있는 동안 단어 그대로를 정확히 반복함으로써 메시지를 '따라 하도록' 요구받는다. 두 메시지를 구별하는 것은 매우 쉬운 것으로 나타났지만, 회기가 끝날 때 피험자는 대개 주의를 기울이지 않은 메시지 내용에 대해서는 전혀 자각을 하지 못하였다. 그러나 유의미한 예외가 있었다. 예를 들어, 주의를 기울이지 않은 메시지에 자신의 이름이나 개인적으로 의미 있는 단어가 나오면 피험자는 잘 주목하고 그것을 기억했다. 이는 의식적으로 주의를 기울이지 않는다 하더라도 이러한 메시지가 계속해서 상위 단계의 영향을 받을 수 있다—그 단계 동안 메시지의 의미가 모니터링되고 내용의 관련성이 평가된다—는 것을 보여 주며, 이 모든 과정은 피험자가 무엇이 진행되고 있는지에 대해 자각하지 못한 상태에서 일어난다.

한 사람의 일상적인 생활에서 어떤 정보가 수용되고 배제될 것인가를 결정하는 감각 유입에 대한 적용 규준은 특정 시간에 그 사람의 가장 큰 관심사가 어디에 있는지를 반영한다. 따라서 배가 고프면 음식과 관련한 감각 유입이 우선적으로 이루어지고, 다른 때였다면 관심사일 수 있는 많은 것이 배제된다. 그러나 위험이 다가오면 우선순위는 재빨리 바뀌어서 위험 및 안전 문제와 관련된 유입이 앞서게 되고 음식에 대한 유입은 일시적으로 배제된다. 어떤 유입이 수용되고 배제되느냐를 다스리는 규준에서의 이러한 변화는 인격의 중심이 되는 평가 체계(evaluating systems)에 의해 영향을 받는다.

이렇게 관련 영역의 연구 결과를 요약하면서 내가 강조하고 싶은 주요 요점은 첫째, 한 사람의 일생을 통해 도달하는 모든 정보의 상당 부분은 배제되고 차단된다는 것이고, 둘째, 자신과의 관련성이 평가된 후에만 그렇게 한다는 것이며, 셋째, 이러한 선별적 배제 과정은 대개 자각하지 못한 채 이루어진다는 점이다.

지금까지 이러한 실험의 대부분은 이미 기억에 저장된 정보의 활용인 회상이 아니라 현재의 감각 유입 과정인 지각과 관련되어 있었다. 그러나 동일한 일반적 원리가 적용되는 것 같다. 각 사례에서 규준은 1개 이상의 중앙 평가 체계에 의해 정립되며, 어떤 정보가 의식적인 심화 과정을 통과할 것인지 아니면 배제될 것인지는 바로 이 규준이 지배한다. 따라서 인지심리학자의 연구 덕분에 어떤 특정 유형의 정보를 자각 없이 차단할 수 있는 정신적 장치에 대해 상상하고 조작적 용어로 설명하는 일이 쉽게 이루어질 수 있게 되었다.

다음으로 차단되고 잊어버리는 경향이 있지만 동시에 한 사람의 생각과 감정, 행동에 크고 작은 영향을 지속해서 미치는 장면이나 경험의 두 번째 범주에 대해 생각해 보도록 하겠다. 아이가 생각하거나 기억하기에 상당히 견디기 어려운 방식으로 부모가 아이를 대하는 장면과 경험이 있다. 여기에서 다시 사건의 순서에 대한 부분적 혹은 완전한 기억상실이 일어날 뿐 아니라 그러한 사건에 대한 자연스러운 반응인 사고, 감정, 행동하고 싶은 충동을 의식에서 배제하는 일이 일어난다. 이는 다양한 성격장애로 이어질 수 있는데, 보다 흔하거나 경미한 성격장애의 경우 자기애나 거짓 자기로 진단되는 경향이 있고, 더 심각한 형태로는 해리성 둔주(fugue), 정신증(psychosis), 다중인격 등으로 진단될 수 있다. 그런 장애를 유발하는 경험은 유년기 동안 몇 년에 걸쳐 지속되고 반복되는데, 보통 처음 2세나 3세에 시작하여 4, 5, 6, 7세까지 지속되며, 의심할 나위 없이 그 이상으로 오랫동안 종종 유지된다. 그 경험에는 아이의 사랑과 돌봄, 안식에 대한 욕구를 비웃는 부모의 반복적인 거절이 포함되며, 특히 더 심각한 형태는 신체적 학대(구타)나 아버지 또는 어머니의 남자친구에 의한 반복적이고 때로는 체계적인 성적 착취가 포함된다. 이러한 불행한 경험을 모두 하는 아동도 자주 있다.

관련 증상 가운데 덜 심각한 것부터 시작해 보도록 하겠다.

'거짓 자기'로 진단된 환자의 예는 이미 앞 장(88페이지를 보라)에서 제시한 바 있다. 이는 심각하게 우울하면서 자살하고 싶어하는 한 대학졸업생과 관련이 있었는데, 그는 분석과정 동안 어머니가 어떻게 지속적으로 자신을 거절했는지, 어떻게 우는 것을 무시했는지, 어떻게 날이면 날마다 며칠씩 어머니 방에 들어가 문을 걸고 있었는지, 어떻게 여러 번 집을 나갔었는지 회상했다. 다행히도 그는 자신의 문제를 이해하고, 자신이 기술하는 아동기 경험을 전적으로 믿으며, 사랑과 돌봄에 대한 혼자만의 갈망과 자신에 대한 어머니의 대우가 불러일으킨 어머니에 대한 폭력적인 느낌―이것은 처음에는 치료자를 향해 있었다―을 공감적으로 인지하는 치료자를 만났다. 제4장에서 보고한 한 환자 역시 유사한 문제를 경험하였는데, 이 환자는 4세 때 시작되어 18개월 동안 비인격적인 상황에서 이루어진 경험을 가지고 있었다. 이 두 환자모두 치료과정을 통해 나아졌음에도 둘 다 그런 불행을 겪지 않은 다른 사람보다는 더 예민한 상태로 남았다.

아이든 성인이든 그들의 장애가 주로 불운한 경험을 통해 유사하게 시작되었고, 과거 10년 동안 치료자들이 기술해 온 정도보다 훨씬 더 심한 인격분열로 나타났던 것 같다. 한 예로 11세 제럴딘의 경우 멍한 상태에서 헤매고 있었고, 어머니의 불치병과 이후 3년의 사건에 대한 모든 기억을 잃은 상태였다. McCann(in Furman, 1974)이 자세히 기술한 바에 따르면, 장기치료가 끝나갈 무렵 제럴딘은 자신의 기억상실에 선행했던 경험을 다음과 같이 요약하였다. "엄마와 있을 때, 나는 그릇된 행동을 할까 봐 무서워 죽을 것 같았어요. 나는 내 눈으로 엄마가 말과 행동으로 어떻게 아빠와 언니를 공격하는지 봤어요. 그리고 결국 … 나는 단지 어린아이였어요. 힘없는 … 내가 어떻게 엄마에게 화를 낼 수 있겠어요… 엄마밖에 의지할 수 있는 사람이 없었는데… 나는 모든 감정을 완전히 닫았어요. 내가 견딜 수 있는 것 이상의 일이 일어나면… 나는 계속 그래야 했어요. 일어나는 일이 나를 치도록 그냥 두었다면 나는 여기 있지 못했을 거예요. 죽었든가 정신병원에 있었을 거예요."[29]

제럴딘의 복잡한 심리 상태와 그 원인인 아동기 경험은 다중인격으로 고통받는 환자의 상태 및 아동기 경험과 매우 유사함을 보였다.

최면방법으로 임상적 조사와 치료를 한 Bliss(1980)의 논문에 보면, 모두 다중인격으로 진단된 14명의 여성 환자에 대한 설명이 나온다. Bliss는 환자가 가끔 보이는 부수적 성격(또는 2차적 성격)은 환자가 4~7세 동안 심하게 고통스러웠던 경험을 겪으면서 생겨난 핵심 성격의 인지적 결과물이라는 가설을 세웠다. Bliss에 따르면, 여러 인격은 각각 처음에 뚜렷한 목적이나 역할을 하기 위해 생겨난다. 그가 제시한 예를 통해 판단해 보면, 세 가지 종류의 중요한 역할이 있다. 가장 단순하면서 가장 양호한 형태는 외롭거나 혼자라고 느낄 때, 예를 들어 부모가 지속적으로 적대적이거나

---

29) McCann의 설명에 대한 긴 축약본이 '상실'(Bowlby, 1980, 338-44)에 제시되어 있다.

부재할 때 또 의지할 다른 사람이 없을 때 창조된 인격이 친구나 보호자로서 기능하는 경우다. 두 번째 역할은 암으로 죽어 가며 고통 때문에 몇 시간씩 비명을 지르는 어머니와 방을 같이 쓰는 4~5세 아이의 예에서처럼 참을 수 없이 고통스러운 사건에 스스로 무감각해지는 것이다. 세 번째 역할은 좀 더 복잡한데, 환자가 자신의 것으로 받아들이기에는 견딜 수 없는 방식으로 사고나 감정, 행동에 책임을 지우는 것이다. Bliss가 제시한 예는 아이였을 때 자신을 죽이고자 한 어머니에 대해 실제 살해할 의도가 있을 정도의 폭력적인 미움을 품게 된 것, 또 아이였을 때 강간당한 후 성적으로 느끼고 행동하게 된 것, 마지막으로 울음에 대한 부모의 처벌과 위협 이후 두렵고 울먹이는 느낌을 갖게 되는 것 등을 포함한다.

최면술에서 나온 결과는 논란의 여지가 있기 때문에 전통적인 절차를 사용하여 많은 사례(Reagor, 개인서신)를 연구해 온 캘리포니아 어바인(Irvine) 대학의 임상연구 집단이 Bliss의 연구[30]와 매우 유사한 결론을 내렸다는 점에 주목해야 한다. 이들 연구에서 제안한 치료절차는 공통된 것이 많으며 더욱이 마지막 장에서 기술하는 치료의 개념과 상당히 일치한다.

마지막으로, 많은 아동 정신의학자와 아동 심리치료자(예, Stroh, 1974; Rosenfeld, 1975; Bloch, 1978; Hopkins, 1984)는 생각과 행동에 있어 정신증 환자로 보이는 아이에 대해 기술해 왔다. 이들은 뚜

---

30) Bliss(1986). 압도적인 트라우마에 대한 방어로서 아동기에 형성된 다중인격장애는 Kluft(1985)를 참조하라.

렷하게 편집증적 생각을 나타내었는데, 증거가 보여 주는 바에 따르면 이는 부모에게서 지속적인 학대를 받은 데 기인하였다. 그러한 아이는 종종 매력적이고 사랑스럽게 행동하다가도 어느 순간 매정하면서 적대적이 되는데, 이러한 변화는 뚜렷한 이유 없이 갑작스럽게 일어난다. 더욱이 이들이 보이는 가장 심한 폭력은 가장 가까운 애착인물에게 향하는 것 같다. 어떤 괴물이 자신을 공격할 것이란 강렬한 두려움으로 고통받으며, 그 공격을 피하고자 애쓰는 데 시간을 보내는 것은 이러한 아이에게 드문 일이 아니다. 이들이 두려워하는 것은 사실상 부모에 의한 공격이지만, 그런 생각이 참을 수 없을 만큼 두려움을 유발하기 때문에 상상 속의 괴물이 자신을 공격하는 것으로 믿게 되었다는 것이라는 설득력 있는 증거가 있다.

일례로 Hopkins(1984)가 보고한 6세 실비아의 사례를 생각해 보도록 하겠다. 실비아의 주요 증상 중 하나는 의자나 달렉(Dalek)[31]이라고 부르는 가구가 방을 가로질러 날아와 자신을 칠 것이라는 공포였다. Hopkins는 "실비아의 공포는 심했고, 달렉이나 다른 괴물로부터 마치 금방 타격을 받을 것처럼 두려워 몸을 숙일 때 나는 실비아가 환각을 보는 것으로 생각했다."라고 보고했다. 처음부터 실비아는 자기 어머니가 그랬던 것처럼 치료자 역시 자기를 때릴 거라는 두려움도 표현했다. 실비아는 치료자를 계속해서 공격했을 뿐 아니라 종종 죽일 거라고 위협했다.

---

31) 역주: 영국 BBC의 공상과학 TV 시리즈물 〈닥터후(Doctor Who)〉에 나오는 돌연변이 외계인 로봇의 이름이다.

실비아의 아버지는 2년 전 오토바이 사고로 죽었다. 매주 2회씩 여러 달 동안 이루어진 사회복지사와의 면담에서 실비아의 어머니는 극도로 방어적이었고 가족관계에 대해 거의 말하지 않았다. 그러나 거의 2년이 지난 후 마침내 베일이 벗겨졌다. 그녀는 실비아가 태어난 때부터 아이를 굉장히 많이 거절했던 것을 인정했고 자신과 아버지 둘 다 실비아에 대해 죽이고 싶은 느낌을 가졌었음을 인정했다. 그녀는 실비아에 대해 '전적으로 야만적인' 대우를 했다고 고백하였다. 실비아의 아버지는 극도로 폭력적인 기질을 가지고 있었고 격노할 때면 가구를 부수고 던졌다. 그는 실비아를 자주 때렸고 심지어 던지기까지 했다.

따라서 달렉이 무엇을 나타내는지는 의심의 여지가 없다. 달렉 공격의 '환상' 뒤에는 아버지나 어머니가 하는 공격이라는 심각한 현실에 기초한 예상이 자리 잡고 있었다. Bloch(1978)가 지적한 것처럼, 치료적 접근의 기본 전제는 환상이라고 쉽게 이름 붙여진 것이 실제로는 암울한 현실을 반영한다는 점을 바로 인식해야 하며, 초기의 치료적 과제는 기만적인 위장 뒤에 놓인 실제 생활 경험을 규명하는 것이라는 점이다.

이렇게 정신증에 가까운 증상을 보이는 아동의 유년기 경험은 다중인격 성인 환자의 특징으로 여겨지는 것과 동일할 뿐 아니라 각각의 치료자가 기술하는 마음의 상태와도 놀랍도록 유사한 특징을 갖는다. 따라서 두 가지 조건은 긴밀하게 관련해 있는 것 같다. 나아가 이 같은 결과는 Niederland(1959a & b)가 앞서 제시한 가설, 즉 Freud가 자신의 편집증 이론의 근거로 삼은 재판관 슈레버의 편집증적 망상이 생후 초기부터 환자의 아버지가 강요해 온 비정상적인 교육방법의 왜곡된 버전이라는 가설을 뒷받침해 준다.

　거의 모든 내 저작에서처럼 이 글에서도 나는 정신병리와 정신병리를 유발하는 조건에 초점을 두었다. 그 이유는 병인과 정신병리에 대한 더 나은 이해를 해야만 효과적이면서 경제적인 치료 기술 및 나아가 예방적 측정의 개발이 가능해질 것으로 믿기 때문이다.

　나의 치료적 접근은 전혀 새롭게 창조된 것이 아니다. 기본 가설은 간단히 진술될 수 있다. 정서적으로 유의미한 사건과 경험에 결정적인 영향을 받아 현재의 상황을 인식하고 해석하는 양식과 거기에서 파생되는 감정과 행동이 의식적인 처리과정에서 차단되면, 성격은 현재의 상황에 부적응적인 인지, 정서, 행동이 되기 쉽다. 사랑과 돌봄에 대한 열망이 차단되면 그것에 계속해서 접근하기 어렵게 된다. 분노가 있을 때, 이는 계속해서 부적절한 대상을 향하게 된다. 이와 유사하게 불안은 부적절한 상황에서 계속 유발되며 적대적인 행동은 부적절한 원인에서 발생한다. 따라서 치료 과제는 환자가 자신을 지속적으로 괴롭히는 생각, 감정, 행동을 불러일으키는 특정 사건이나 경험을 발견하고 그 상황에 다시 연결될 수 있도록 도와주는 데 있다. 그러면 열망과 분노의 참 표적 대상과 불안과 두려움의 참 이유가 선명해질 것이다. 이러한 발견을 통해 환자는 자신의 인지, 정서, 행동 양식을 이전보다 더 쉽게 이해하게 된다. 또한 환자가 어떻게 그리고 왜 자기가 그러한 방식으로 반응하고 있는지를 알게 되면, 자신의 반응을 재평가하고 새로운 방식으로 해석하게 할 수 있는 자리에 서게 될 것이다. 이

182

러한 재평가와 재구조화는 환자에 의해서만 이루어질 수 있다. 따라서, 치료자의 과제에 대한 이같은 개념화는 첫째, 환자가 관련된 장면이나 경험을 '스스로' 발견하도록 돕고, 둘째, 그것이 환자에게 지속적으로 어떻게 영향을 미쳤는지 생각해 볼 시간을 갖도록 돕는 데 그 강조점이 있다. 그런 경우에만 환자는 세상을 해석하고 세상에 대해 사고하며 세상 속에서 행동하게 하는 자신의 양식을 재조직화하는 자리에 서게 될 것이다.

여기서 정리한 치료과정의 개념은 다른 연구자가 훨씬 자세하게 기술한 개념과 유사하다. Peterfreund(1983)나 Guidano와 Liotti (1983)가 쓴 논문이 그 예다. 이 두 논문의 저자가 급진적으로 다른 위치, 즉 전통적인 유형의 정신분석과 행동치료에서 치료작업을 각기 시작했음에도 현재 그들의 치료 원리는 놀라울 정도의 수렴을 보인다. 이와 유사하게 상대적으로 오래지 않은 과거에 일어난 고통스러운 사건에 초점을 맞추는 사별 치료 역시 마찬가지로 다른 전통 내에서 발달되었음에도 매우 동일한 원리에 바탕을 두고 있다(Melges & DeMaso, 1980; Raphael, 1977). 아무리 다양한 기술이 나타난다고 하지만, 전략적인 사고가 수렴되는 과정 속에 있다.

A Secure Base

어린 자녀 양육

애착이론의 기원

예술 및 과학으로서의 정신분석

자연과학으로서의 정신분석

가정폭력

확인받지 못한 사고와 감정

성격발달에서 애착의 역할

애착, 의사소통, 치료과정

CHAPTER 07

🌸 성격발달 과정에서 애착이 갖는 역할에 대한 증거는 1980년대에 빠른 속도로 축적되었다. 이전의 연구 결과가 다른 표본에도 적용되는지 반복 연구되고 관찰 방법이 정교화되었으며, 새로운 방법이 도입되었다. 또한 건강한 정서발달을 위해 부모와 자녀 사이에 양방향 소통의 역할이 강조되었다. 나는 이러한 새로운 작업이 갖는 임상적 함의가 크다고 믿기 때문에 이번 장에서 정신건강 분야에 종사하는 심리치료자의 요구에 맞게 이러한 연구 결과를 제시하려고 한다.

독자의 편의를 위해 애착이론 중에서 가장 독특한 특징을 요약적으로 다시 언급하면서 시작하도록 하겠다.

🎓 애착이론의 독특한 특징

애착이론이 유아 및 아동뿐 아니라 청소년과 성인의 어떤 행동 패턴과 특징—이전에는 의존과 과잉의존이란 용어로 개념화되었던—을 설명하기 위해 만들어졌다는 점을 기억할 것이다. 처음 개념화 단계에서는 아동이 낯선 장소에서 낯선 사람과 함께 있을 때 어떤 반응을 하는지와 그런 경험이 아동과 부모의 관계에 어떤 영향을 미치는지를 관찰하는 것이 특별히 중요하게 다루어졌다. 모든 후속작업에서 애착이론은 지속적으로 개인이 특정한 상황에서 어떻게 반응하는지에 대한 상세한 관찰 및 면담 자료를 통해 다듬어졌다. 역사적으로 애착이론은 정신분석 내 대상관계 전통에서 발달되었으나, 진화론, 동물행동학, 통제이론 및 인지심리학의 개념도 가져왔다. 그 결과 현대 생물학 및 심리학과 양립되는 한편, 자연과학에서 일반적으로 수용되는 범주에 맞춰 정신분석적 메타심리학을 재정립하게 되었다(4장 참조).

애착이론은 다음과 같은 것을 강조한다.

(1) 개인과 개인 사이의 친밀한 정서적 유대가 갖는 일차적 지위와 생물학적 기능을 강조한다. 이때 정서적 유대의 생성과 유지는 중추 신경계 내에 위치한 인공지능 체계가 상호 관계에서의 자기와 애착인물에 대한 작동모형(working models)을 활용하면서 조절한다고 가정한다.[32]

(2) 부모 특히 어머니가 아동을 어떻게 다루었는지가 아동의 발

달에 강력한 영향을 미친다는 점을 강조한다.

(3) 어떤 사람이 고착하거나 퇴행할 수 있게 하는 발달의 특정 국면을 언급하는 유아 및 아동의 발달에 대한 현 지식이 발달경로 이론으로 대체되어야 한다고 요구한다.

🍄 친밀한 정서적 유대의 시초

애착이론은 특별한 개인과 친밀한 정서적 유대를 맺는 경향성을 인간본성—신생아 때 미발달 형태로 이미 나타나서 성인기를 지나 노년까지 지속하는—의 기본적인 구성요소로 간주한다. 유아기와 아동기에는 보호, 안전, 지지를 위해 의지하게 되는 부모(혹은 부모대체 대상)와 유대를 맺게 된다. 이러한 유대는 건강한 청년기와 성인기에도 유지되지만 이때는 보통 이성과의 새로운 유대에 의해 보완된다. 음식과 성(sex)이 애착관계에서 중요한 역할을 하지만 관계는 그 자체로도 존재하며 자체의 핵심적인 생존 기능, 즉 보호기능을 갖는다. 처음에 유아와 어머니 사이의 유일한 의사소통 수단은 정서표현과 이에 수반되는 행동을 통한 것이다.

---

32) 표상이 임상문헌에서 더 익숙한 개념이기 때문에 이전 출판물에서 나는 종종 '표상모형(representational model)'을 '작동모형(working model)'과 같은 개념으로 사용했지만, 역동심리학에서는 작동모형이 더욱 적절한 용어이고 요즘은 인지심리학자(예, Johnson-Laird, 1983) 사이에서도 사용되는 용어다. 애착의 틀 안에서 애착인물에 대한 작동모형 개념은 전통적 정신분석학의 내부 대상 개념과 많은 점에서 유사하며 대체 용어로 사용되기도 한다.

나중에 언어에 의해 보완되기는 하지만, 정서적으로 매개된 의사소통은 친밀한 관계의 주요한 특성으로 일생을 통해 유지된다.

이런 이유로 애착 개념 내에서 친밀한 정서적 유대는 음식과 성의 종속물도 아니고 파생물도 아닌 것으로 여겨진다. 역경에 처했을 때 안전과 지지에 대한 긴급한 열망은 의존이론에서는 유치한 것으로 함의하나 여기서는 그렇지 않다. 때로는 돌봄 추구 역할에서 때로는 양육 역할에서 다른 개인과의 친밀한 정서적 유대를 만드는 능력은 효과적인 성격 기능과 정신건강의 주요 특징으로 간주된다.

대개 돌봄 추구는 약자이자 경험이 적은 개인이 상대적으로 강자이면서 현자(賢者)로 간주되는 누군가를 향해 나타난다. 돌봄을 바라는 아동이나 성인은 돌봐 주는 사람의 범위 내, 즉 상황에 따라 바로 접근할 수 있거나 가까이 있는 정도를 유지한다. 결국 이것이 애착행동의 개념이다.

부모의 주요 역할이면서 애착행동에 대한 보완행동인 양육은 돌봄 추구와 마찬가지로 인간본성의 기본 구성요소로서 간주된다(1장 참조).

놀이나 또래와의 다양한 활동과 같이 환경을 탐색하는 행동은 세 번째 기본 구성요소이면서 애착행동에 대조되는 것으로 보인다. 어떤 연령의 개인이 안전하다고 느낄 때 그는 자신의 애착인물에서 떨어져 멀리 탐색하는 경향이 있다. 반면에 깜짝 놀라거나 불안하거나 피곤하거나 좋지 않을 때 그는 근접욕구를 느낀다. 따라서 우리는 아동과 부모 간 상호작용의 이러한 전형적인 패턴을 Ainsworth(1967)가 처음 기술한 개념인 안전기지의 탐색으로 본다. 부모에게 언제라도 접근할 수 있다는 것을 알고 있고 요청할 때 부모가 반응적이라면 건강한 아동은 충분히 안전감을 느끼게 되어 탐색이 가능해진다. 처음에 이러한 탐색은 시간과 장소 모두에서 제한된다. 그러나 3세 중반 무렵, 안정애착을 맺은 아동은 처음에는 반나절에서 나중에는 하루 종일까지 시간과 거리를 늘릴 만큼 자신감을 갖게 된다. 아동이 청소년으로 자라면서 그의 탐색은 몇 주 혹은 몇 달로 확장되지만, 그럼에도 가정이라는 안전기지는 최적의 기능과 정신건강을 위해 필수 불가결하게 남아 있다. 이것이 안전기지 개념이 제안하는 심리치료 이론의 핵심적 특징이다.

생애 초기 몇 개월 동안 유아는 나중에 애착행동을 구성하게 되는 많은 요소 반응을 보여 준다. 그러나 조직화된 패턴은 첫돌 후반 무렵이 되어야 발달한다. 유아는 태어날 때부터 사회적 상호작용에 참여할 수 있는 능력을 보여 주며, 그렇게 할 때 기쁨을 느낀다(Stern, 1985). 따라서 자폐나 자기애적인 단계는 나타나지 않는다. 더욱이 유아는 며칠 내에 냄새와 목소리, 그리고 자기를 안아 주는 방식을 통해 어머니와 다른 사람을 구별할 수 있다. 첫해 후반기까지 시각적 구별은 신뢰하기 어렵다. 처음 태어나서 울음은 돌봄의 필요를 알리기 위해 할 수 있는 유일한 수단이며, 만족감(contentment)은 욕구를 충족하였다고(satisfied) 신호를 보내는 유일한 방법이다. 그러나 생후 2개월에는 어머니의 돌봄 행동을 북돋우기 위해 사회적 미소를 강력하게 사용하며 정서적 의사소통의 레퍼토리를 급격하게 확장한다(Izard, 1982; Emde, 1983).

조직화된 체계로서 애착행동의 발달은 어머니에 대한 근접성

(proximity)이나 접근성(accessibility)의 유지를 목적으로 갖게 되는데, 이를 위해서는 어머니가 없을 때 어머니를 기억하는 인지능력의 발달이 필요하다. 이러한 능력은 생후 6개월 이후에 발달한다. 따라서 9개월부터 유아의 대다수가 낯선 사람과 남겨지는 데 대해 줄곧 저항과 울음으로 반응하며, 또한 다수가 낯선 사람에 대해 안절부절못하고 거절하는 것으로 반응한다. 이러한 관찰은 이 시기 동안 유아에게 표상 능력이 있으며, 어머니 부재 시 비교할 목적으로 그리고 어머니가 돌아왔을 때 인식하기 위해 어머니에 대한 작동모형을 사용할 수 있게 된다는 것을 보여 준다. 유아는 어머니와의 상호작용 속에서 어머니에 대한 작동모형에 보완하여 자신에 대한 작동모형을 발달시키는데, 이는 아버지에 대해서도 마찬가지다.

애착이론의 주요 특징은 애착행동이 중추신경계 내에 있는 조절체계에 의해 조직화된다는 가설에 있다. 이 조절체계는 혈압과 체온처럼 일정한 범위 내에서 생리적인 수치를 유지하는 생리적 조절체계와 유사하다. 따라서 애착이론에서는 애착조절체계가 생리적 항상성과 비슷한 방식으로 거리 두기와 접근성의 어떤 한계 안에서 정교화된 의사소통 방법을 활용하여 애착인물에 대한 관계를 유지한다고 제안한다. 그러한 작동의 효과를 환경적 항상성이란 용어로 지칭할 수 있다(Bowlby, 1969, 1982). (다른 형태의 행동을 조절하는 유사한 체계와 함께) 이런 종류의 조절체계에 대해 가정함으로써 애착이론은 전통적인 이론—에너지나 추동의 증가를 가정하여 언급하는—을 대체할 수 있는 동기이론을 그 안에 포함하였다. 여러 가지 이점 중에서도 조절이론은 행동을 시작하는 조건만큼이나 행동의 연속을 종식하는 조건에 대해 많은 관심을 가지고 있고 경험적 연구를 위한 알찬 틀을 입증하고 있다.

애착조절체계의 존재 그리고 이 애착조절체계와 아동기에 구축된 자기 및 애착인물에 대한 작동모형과의 연결은 일생을 통해 성격기능의 핵심 특성으로 자리 잡게 된다.

애착 패턴 및 발달을 결정하는 조건

애착이론이 특별한 관심을 갖는 두 번째 영역은 아동의 발달에서 부모가 갖는 역할이다. 미성숙 시기—유아기, 아동기, 청소년기—에 개인이 발달시키는 애착 패턴이 부모(혹은 다른 부모역할 인물)가 대하는 방식에 깊이 영향을 받는다는 인상적이면서도 많은 증거가 오늘날 나타나고 있다. 이러한 증거는 많은 체계적인 연구에서 나왔는데, 가장 인상적인 연구는 임상적 소양을 갖춘 발달심리학자들이 수행한 생후 5년 동안의 사회적 · 정서적 발달에 대한 연구다. Ainsworth(Ainsworth, Blehar, Waters, & Wall, 1978; Ainsworth, 1985)가 개척하고, 미국의 Main(Main, Kaplan, & Cassidy, 1985)과 Sroufe(1983, 1985), 독일의 Grossmann(Grossmann, Grossmann, & Schwan, 1986)이 괄목할 정도로 확장한 연구가 빠르게 발전하고 있다. 그들의 연구 결과는 놀랍도록 일관되며 명확한 임상적 유의미성을 갖는다.

1971년 Ainsworth와 동료들이 처음 기술한 애착의 세 가지 주요 패턴은 이제 그것을 촉진하는 가족 조건과 함께 신뢰할 만한 것으로 규명되어 있다. 첫 번째로 안정애착 패턴의 아동은 어떤 어려움이나 무서운 상황을 만나게 될 때 부모(혹은 부모역할 인물)가 가용적이고 반응적이며 도움을 줄 것이라고 신뢰한다. 이렇게 안심하면서 아동은 세상을 향한 탐색에 담대해진다. 이러한 패턴은 생애 초기에 기꺼이 가용적이며 아동의 신호에 민감하고 아동이 보호나 안전을 찾을 때 사랑스럽게 반응하는 부모, 특히 어머니에 의해 촉진된다.

두 번째 패턴은 요청할 때 부모가 가용적일지 반응적일지 또 도움을 줄지에 대해 확신을 갖지 못하는 불안−저항애착이다. 아동은 이러한 불확신 때문에 항상 분리불안을 갖기 쉽고, 매달리는 경향이 있으며 세상을 탐색하는 데 불안해한다. 갈등이 분명해 보이는 이러한 패턴은 어떤 경우에는 가용적이고 도움을 주지만 다른 경우에는 분리와 유기위협을 통제의 수단으로 사용하는(이는 임상에서 발견됨) 부모에 의해 조장된다.

세 번째 패턴은 불안−회피애착으로 아동은 돌봄을 구할 때 도움을 받을 것인가에 대해 전혀 확신하지 못한 채 묵살당할 것을 예상한다. 이러한 개인이 사랑이나 타인의 도움 없이 삶을 살고자 할 때, 정서적으로는 자기충족적(self-sufficient)이 되고자 애쓰며 나중에는 자기애 혹은 Winnicott(1960)이 말한 거짓 자기 유형을 갖는 것으로 진단될 수 있다. 이런 패턴에는 갈등이 숨겨져 있는데, 아동이 안전이나 보호를 위해 어머니에게 다가갈 때 어머니가 지속적으로 이를 묵살한 결과로 나타난다. 가장 극단적인 사례는 반복된 거절에서 나온다.

대부분의 사례에서 관찰된 패턴은 세 가지 유형 중 어느 하나에 거의 일치하지만, 당황스러운 예외가 있다. 이러한 연구에 사용되는 Ainsworth의 낯선 상황 절차에서는 일련의 짧은 장면 사이에 어머니-유아 상호작용이 관찰되는데, 어떤 아이는 혼란에 빠진 것처럼 보인다. 어떤 아이는 멍해 있고 다른 아이는 꼼짝 않고 얼어붙어 있다. 세 번째 아이는 반복적인 행동을 하며, 네 번째 아이는 움직이기 시작하다 뚜렷한 이유 없이 멈추었다. 많은 연구 이후 Main과 동료들은 이런 특정 형태의 행동이 세 가지 전형적인 패턴 중 하나, 대개는 불안-저항애착 패턴이 해체된 형태를 보이는 아이에게 발생한다고 결론지었다(Main & Weston, 1981; Main & Solomon, 1990). 어떤 경우는 신체적으로 학대받았거나 부모가 심하게 방임한 아이에게서 나타난다(Crittenden, 1985). 다른 경우는 어머니가 심각한 양극성 정서장애를 앓거나 아이를 변덕스럽고 예측하기 어려운 방식으로 대하는 관계에서 발생한다(Radke-Yarrow et al., 1985). 그러나 또 다른 경우는 자신의 유년기에 일어난 부모역할 인물(parental figure)의 상실을 슬퍼하는 데 여전히 사로잡혀 있는 어머니나, 어렸을 때 신체적·성적 학대를 겪었던 어머니의 아이에게서도 발견된다(Main & Hesse, 1990). 이러한 일탈적인 패턴을 보여 주는 사례는 분명히 임상적으로 크게 관심받을 만하며, 최근에는 실제 많은 관심을 받고 있다.

이러한 일탈적 패턴의 기원에 대한 지식은 부모가 아이를 대하는 방식이 아이의 애착 패턴에 영향을 미치게 된다는 점을 분명하게 확인해 준다. 그러나 더 확증적인 증거는 아이가 2세 6개월이었을 때 실험 장면에서 어머니들이 아이를 어떻게 대했는지 그 방식을 상세하게 관찰한 데서 나왔다(Matas, Arend, & Sroufe, 1978).

이 연구에서 아이는 작지만 어려운 과제—해결을 하려면 약간의 도움이 필요한—를 받게 되며, 어머니는 아이와 자유롭게 상호작용하게 된다. 이런 상황에서 어머니가 아이를 대하는 방식은 아이가 18개월 이전에 어머니에게 보인 애착 패턴과 밀접하게 상관이 있었다. 이전에 안정애착으로 평가된 한 아이의 어머니는 아이의 수행에 주의를 기울이고 민감해하며 아이의 성공과 어려움에 도움을 주거나 격려하는 식으로 반응하였다. 반대로 이전에 불안정 애착으로 평가된 아이의 어머니는 주의를 덜 기울이고 민감성이 덜한 것으로 나타났다. 어떤 사례에서 어머니의 반응은 시기적절하지 않거나 도움이 되지 않았고, 다른 경우에서는 어머니가 아이가 무엇을 하는지 또는 어떻게 느끼는지에 거의 주목하지 않았다. 그러나 또 다른 경우에서 어머니는 도와달라거나 격려해 달라는 부탁을 적극적으로 좌절시키거나 거절하였다. 안정적인 아이의 어머니가 채택하는 상호작용 패턴이 이 장에서 이야기할 치료적 개입의 패턴에 탁월한 모델을 제공해 준다는 점에 주목할 필요가 있다.

　따라서 어머니가 아이의 발달에 미치는 지대한 영향을 강조할 때, 또한 무엇이 어머니로 하여금 자신의 양육방식을 갖도록 이끄는지 고려해야 한다. 여기에서 한 가지 주요한 영향은 어머니 자신이 이 시기에 받고 있는 정서적 지지 또는 결핍의 크기다. 또 다른 영향으로는 어머니 자신이 아동기에 받은 돌봄의 형태다. 일단 이런 요인이 치료자에 의해 오랫동안 분석을 받으면서 인식되고 나면, 부모를 비난하는 생각이 사라지고 치료적 접근이 대신 자리하게 된다. 과거에서 연유한 부모의 정서적 문제와 그것이 아이에게 미치는 영향이 하나의 체계적인 연구 분야가 되었기 때문에 최근 연구에 대한 설명을 제8장 마지막에서 간략하게 제시할 것이다.

🍄 패턴의 지속

1세 때 관찰되었던 애착 패턴으로 돌아가 본다면, 애착의 각 패턴이 일단 발달하고 나면 지속되는 경향이 있다는 것을 알 수 있다. 한 가지 이유는 부모가 아이를 대하는 방식이 좋든 나쁘든 계속하여 변화되지 않는 경향이 있기 때문이며, 또 다른 이유는 각 패턴이 자기 영속적인 경향이 있기 때문이다. 따라서 안정애착 아이는 더 행복하고 돌보는 데 보다 보람을 느끼게 하는 아이이며, 불안정 애착의 아이보다 덜 요구적이다. 불안-양가적 애착 아이는 쉽게 짜증을 내고 매달린다. 반면 불안-회피애착 아이는 타인과의 거리를 유지하고 다른 아이를 괴롭히는 경향이 있다. 이들 두 사례에서 아이의 행동은 부모의 우호적이지 않은 반응을 이끌어 내어 악순환을 발달시키는 것 같다.

이렇게 일단 형성된 패턴은 지속되는 경향이 있지만 그렇다고 절대적인 것은 아니다. 증거에 따르면, 처음 2~3년 동안의 애착 패턴은 아이와 어머니, 아이와 아버지가 갖는 관계의 산물이며, 부모가 아이를 다르게 대하면 패턴도 그에 따라 변화한다. Sroufe (1985)가 리뷰한 결과와 같이 이러한 변화가 아이의 타고난 기질 탓으로 볼 수 없다는 근거는 많이 있다. 그럼에도 아이가 성장하면서 패턴은 점차 아이 자신의 것이 된다. 이는 아이가 교사, 의붓 어머니, 치료자와 같은 새로운 관계에 이전의 패턴을 부여하는 경향이 있음을 의미한다.

이러한 내면화 과정의 결과는 아이가 12개월일 때 평가된 모자쌍의 애착 패턴 특징이 3년 6개월 후 (어머니가 없는) 양육집단에서 아이가 어떻게 행동할지를 예언해 주는 것을 보여 주는 연구에서 분명하게 나타난다. 12개월에 어머니와 안정애착 패턴을 보였던 아이는 보모가 협력적이고, 다른 아이에게 인기가 많으며, 회복탄력성이 있으며, 자원이 풍부한 것으로 기술하는 경향이 있었다. 불안-회피애착 패턴을 보이는 아이에 대해서는 정서적으로 차단되어 있고, 적대적이거나 반사회적이며, 이와는 역설적으로 지나치게 관심을 끌려고 하는 것으로 기술되는 경향이 있었다. 불안-저항애착 패턴을 보이는 아이 역시 과도하게 관심을 끌려고 하며, 강렬하면서 충동적이고 쉽게 좌절하거나 아니면 수동적이거나 무력한 것으로 묘사되는 경향이 있었다(Sroufe, 1983). 이러한 결과를 볼 때 두 개의 서로 다른 연구, 즉 캘리포니아에서의 개척 연구(Main & Cassidy, 1988)와 독일에서의 반복 연구(Wrtner, 1986)에서 모두 12개월일 때 측정된 애착 패턴이 5년 후 어머니와의 상호작용 패턴을 상당히 예언해 준다는 것은 놀라운 일이 아니다.

부모에 대한 6세 아이의 행동 레퍼토리가 1세 아이보다 훨씬 더 많음에도 전문가의 눈에 초기 애착 패턴은 쉽게 식별된다. 따라서 6세에 안정애착으로 분류된 아이는 부모를 편안하면서도 친근하게 대하고, 부모와의 친밀함에 쉽게 들어가며, 자유롭게 흐르는 대화에 참여한다. 불안-저항애착으로 분류된 아이는 불안정과 친밀함이 뒤섞인 상태를 보여 주는데 이때 불안정은 슬픔과 두려움을 포함하고 있고, 친밀함은 때로는 은밀하게 때로는 공공연하게 적대감으로 대체되었다. 이런 사례에서 아이의 행동은 자의식이 강하며 심지어 인위적이기도 한 인상을 관찰자에게 준다. 이 아이들은 항상 부모의 부정적인 반응을 예상함에도 귀엽게 하려고 하거나 특히 매력적인 모습으로 자신을 내세움으로써 환심을 사려고 애쓴다(Main & Cassidy, 1988; Main과의 개인서신).

불안-회피애착으로 분류된 6세 아이는 부모와 거리를 두고 조용히 있는 경향이 있다. 그들이 하는 인사는 형식적이고 간단하며 대화의 주제는 비인격적이다. 아이는 장난감이나 다른 활동을 하느라 분주하고 부모가 청하는 시도(initiative)를 모른 척하거나 묵살한다.

12개월에 혼란애착으로 분류된 아동은 5년 후 부모를 통제하거나 지배하려는 경향성이 눈에 띄었다. 한 형태로 부모를 굴욕적이거나 거절하는 방식으로 대하거나, 다른 형태로는 세심히 배려하거나 보호적인 방식으로 대하는 것이 있다. 이는 치료자가 부모와 아이의 역할 역전(inversion) 혹은 역할 전도(reversal)로 이름 붙인 것의 분명한 예다. 이들 사이의 대화는 끊기며, 문장은 시작했다가 끝을 맺지 못하고, 화제는 꺼냈다가 갑자기 바뀐다.

6세 아이가 부모와 갖는 상호작용 패턴을 고려할 때 핵심적인 질문이 생겨난다. 즉, 이 나이에서 보이는 패턴이 어느 정도까지 아이의 성격에 녹아든 것인지 또 어느 정도까지 부모가 아이를 대하는 방식의 반영인 것인지에 대한 물음이다. 임상 경험에서 말해주는 답은 이 나이쯤에는 두 가지 영향이 다 작동하기 때문에 대부분의 효과적인 개입은, 가족치료나 부모와 아이를 병행하여 도움을 주는 방식 등으로 두 가지 영향 모두를 고려하는 것이다.

어머니와의 상호작용으로 성격발달에 미치는 영향이 아버지와의 상호작용과 비교해서 어떻게 다른지에 대해 아직은 거의 알려진 바가 없다. 성격의 서로 다른 측면이 각기 다른 상황에서 드러나고 그에 따라 다르게 영향을 받는다는 것은 거의 놀라운 일이 아니다. 게다가 남자에게 미치는 영향이 여자에게 미치는 영향과 다를 것이라고 예상할 수 있다. 이는 분명히 많은 연구가 필요한 복잡한 영역이다. 최소한 인생 초기에는 둘 중에서 어머니와 상호 작용하는 자기 모형이 더 영향력 있을 것 같다. 알려진 모든 문화권에서 유아와 아동의 대다수가 아버지보다 어머니와 훨씬 더 많이 상호 작용하기 때문에 이는 그렇게 놀라운 일은 아니다.

애착 패턴 및 각 패턴의 성격 특성이 상대적으로 지속되는 것에 대한 연구가 아직은 6세 이상에서 수행되지 않았음을 인식해야 한다. 초기에 형성된 각 패턴의 성격 특성이 청소년에게서도 발견된다는 것을 청소년에 대한 두 횡단 연구가 보여 준다(Cassidy & Kobak, 1988; Hazan & Shaver, 1987; Kobak & Sceery, 1988). 그 사이 가족관계가 상당히 변화한 사례를 제외하면 그 패턴들이 계속해서 나타나는 경향이 있다. 우리의 모든 임상 경험은 그러한 견해를 강력하게 지지한다.

🍄 내면화 이론

점차 아이 자신의 속성이 되어 가는 애착 패턴의 경향성을 설

200

명하기 위해 애착이론은 이미 언급했던 대로 자기(self)와 부모에 대한 작동모형 개념에 대해 말한다. 아이는 어머니와의 상호작용 속에서 자신에 대한 상보적 모형을 구축하는 동시에 어머니가 자신에게 소통하고 행동하는 방식으로 작동모형을 구축한다. 이러한 작동모형은 생애 첫 몇 년 사이 만들어져서 곧 영향력 있는 인지구조로 확립된다. 아버지에 대한 모형도 이와 유사하다(Main, Kaplan, & Cassidy, 1985). 지금까지 검토된 증거는 그 모형이 취하는 형태가 부모와의 매일의 상호작용 속에서 아이가 실제 경험하는 것에 기초하고 있음을 강하게 시사한다. 나중에 아이가 구축한 자신에 대한 모형은 부모가 자신에게 갖는 이미지—곧 부모가 아이를 각각 어떻게 대하는지에 의해서뿐 아니라 아이에게 무엇을 말하는지에 의해서 소통되는 이미지—를 또한 반영한다. 그러면 이 모형은 부모와 자신에 대해 어떻게 느끼는지, 어떻게 부모가 자신을 대할 것을 기대하는지, 그들에 대한 자신의 행동을 어떻게 계획할 것인지를 조절한다. 이 모형들은 아이의 백일몽에서 나타나는 두려움과 희망 모두를 조절한다.

부모와 자기에 대한 이러한 모형이 일단 구축되면 지속되는 경향이 있고, 무의식적 수준에서 작동하게 되는 것은 매우 당연하게 여겨진다. 안정애착 아이가 자라면서 그 부모가 아이를 다르게 대할 때, 점진적인 모형의 갱신이 일어난다. 이는 항상 시간상의 차이는 있지만 부모와 상호작용에 대해 현재 아이가 지닌 작동모형에서 상당히 좋은 시뮬레이션이 지속되고 있음을 의미한다. 반면, 불안정 애착 아이의 사례에서 모형의 점진적인 갱신은 서로 모순된 경험과 정보의 방어적인 배제를 통해 방해받는다. 이는 모형이 이끄는 상호작용 패턴이 습관화, 일반화, 무의식화되면서, 부모가 하던 방식과는 전적으로 다르게 자신을 대하는 사람을 상대할 때조차 거의 교정되지 않고 변화되지 않는 상태로 지속된다는 것을 의미한다.

모형이 갱신되는 정도에 있어서의 이러한 차이를 이해하기 위한 단서는 모자 간 의사소통의 자유에 있어 차이가 나는 점에서 찾을 수 있다. 이는 Bretherton(1987)이 특별한 관심을 가진 변인이다.

위에서 기술한 Main의 종단연구에서 5년 전 관찰하였을 때 안정애착 패턴을 보여 주던 6세 아이와 어머니 간의 의사소통 패턴은 앞서 불안정 애착 패턴을 보인 관계에서 관찰한 것과 매우 다르다는 점이 주목할 만하다. 안정애착 쌍의 경우 감정의 표현과 함께 사적인 것을 포함한 다양한 화제에 접촉하면서 대화가 진행되는 반면 불안정 애착 쌍은 그렇지 않았다. 어떤 경우에 대화는 끊기고 화제는 급작스럽게 바뀌었다. 다른 경우, 뚜렷한 회피 애착 쌍에서는 대화가 제한되고 화제가 비인격적이며 감정과 관계된 것은 모두 생략되었다. 의사소통이 자유로운지 제한되는지 정도에 따라 나타나는 이와 같은 놀라운 차이는 어떤 아이는 건강하게 발달하고 또 다른 아이는 왜 그렇지 않은지에 대한 이유를 이해하는 것과 밀접한 관련이 있는 것으로 보인다. 더욱이 똑같은 변인—즉, 두 개인 간 의사소통이 제한되거나 상대적으로 자유로운 정도—이 오랫동안 분석적 심리치료 실제에서 핵심 관심 중하나로 인식되어 왔다는 것도 그냥 지나칠 수 없다.

두 개인 간에 조화롭게 진행되는 관계에서 각자는 상대방의 관점, 목적, 감정, 의도를 알아차려야 하며 목적이 잘 조정되도록 자신의 행동을 조절해야 한다. 이는 자기와 타자에 대해 둘 사이의 자유로운 의사소통을 통해 규칙적으로 갱신되는 상당히 정확한 모형을 가져야 할 것을 요구한다. 안정애착 아이의 어머니가 뛰어나고 불안정 애착 아이의 어머니가 현저하게 부족한 이유가 여기에 있다.

일단 초점을 부모-자녀 간 의사소통의 자유로움 정도에 맞추면, 안정애착을 발달시키게 되는 부모-자녀 관계에서의 의사소통이 가지는 자유의 정도가 그렇지 않은 관계에서보다 생애 아주 초기에서부터 훨씬 더 크다는 것이 명백해진다(Ainsworth, Bell, & Stayton, 1971; Blehar, Lieberman, & Ainsworth, 1977). 따라서 유아의 상태를 계속적으로 살피고, 유아가 관심을 원하는 신호를 보낼 때 그 신호를 입력하여 거기에 맞게 행동하는 것이 유아의 안정애착을 발달시키는 어머니의 특징이다. 반면, 불안정 애착인 어떤 유아의 어머니는 유아의 상태를 산발적으로만 살피며 신호를 보게 될 때 지체하거나 부적절하게 반응하는 경향이 있다. 더욱이 유아가 첫 번째 생일을 맞을 즈음, 의사소통의 자유에 있어 이러한 차이는 Ainsworth의 낯선 상황 실험에서 분명하게 드러난다(Grossmann, Grossmann, & Schwan, 1986). 유아가 어머니와만 함께 있게 될 때 도입 장면에서조차 안정애착 쌍의 다수는 불안정 애착 쌍보다 눈맞춤, 얼굴표정, 발성, 장난감 보여 주기나 장난감 주기 등으로 직접적인 의사소통에 참여하는 것이 관찰되었다. 아이에게 미치는 스트레스가 증가할 때 모자 사이의 차이도 증가했다. 따라서 두 번째 분리 이후 재회 단계에서 안정애착 16쌍 중 1쌍을 제외하고

는 소수의 불안정 애착 쌍과 대조적으로 직접적인 방식의 의사소
통을 했다. 여기에 또 매우 놀라운 차이가 있었다. 안정애착으로
분류된 모든 유아가 만족할 때뿐 아니라 힘들 때도 어머니와 직접
적인 의사소통을 보인 반면, 회피애착으로 분류된 유아는 만족할
때만 직접적인 의사소통을 하였다.

따라서 어떤 아이는 이미 12개월 무렵 어머니에게 자신의 가장
깊은 정서나 편안함과 안심에 대한 깊은 바람을 더 이상 표현하지
않는다. 이것만 봐도 부모-자녀 간 의사소통의 붕괴가 얼마나 심
각한지 쉽사리 알 수 있다. 게다가 아이의 자기 모형(self-model)이
어머니가 자신을 어떻게 바라보고 대하는지에 따라 깊이 영향을
받기 때문에 어머니가 아이에게서 인식하지 못하는 것이 무엇이
든 아이도 자신에게서 이를 인식하지 못하는 것 같다. 이런 식으
로 아이가 발달시켜 가는 성격의 주요 부분이 어머니가 인식하고
반응하는 아이 성격의 주요 부분— 이것은 어떤 사례에서 어머니
가 아이의 탓으로 잘못 돌리는 성격의 특성을 포함한다—으로부
터 떨어져 나갈 수 있다. 즉, 의사소통의 범위 밖으로 벗어나는 것
이다.

이러한 분석을 통해 우리는 서로 다른 성격 부분 간의 혹은 성
격 내 체계 간의 소통을 막는 장애물이 아이에 대한 어머니의 특
이한 반응과 소통을 반영한다고 결론지을 수 있다. Freud에 따르
면 성격은 가장 생애 초기부터 해결해야 할 결정적인 문제이다.
어머니가 아이의 특정 정서적 의사소통에만 우호적으로 반응하고
다른 것에는 눈을 감을 때, 아이는 어머니가 좋아하는 반응을 패
턴으로 확립하고 다른 반응은 버린다.

이런 방식으로 애착이론은 탄력적이면서 정신적으로 건강한 성격과 우울하고 불안하기 쉽고 거짓 자기를 개발하기 쉬우며 정신건강에 취약한 성격의 발달에 대해 설명한다. 성격발달과 정신병리의 문제에 인지적 관점으로 접근하지만 정서의 힘에도 비중을 두는 Epstein(1980, 1986)이나 Liotti(1986, 1987)와 같은 사람이 이 이론과 본질적으로 양립할 수 있는 이론을 형성해 온 것은 우연이 아니다.

🌰 어머니의 아동기 경험 회상 방식에서의 다양성

Main의 종단연구에서 나온 최근의 주요 연구 결과는 자유로운 의사소통이 정신건강을 결정하는 데 인지적 · 정서적 역할을 한다는 시금까지의 결론을 강력히 지지해 준다. 아이가 있는 어머니와의 면담을 통해 Main은 어머니가 자신의 아동기에 부모와 가졌던 관계에 대해 기술하는 방식이 현재 아이와 맺는 애착 패턴과 강한 상관이 있음을 발견하였다(Main, Kaplan, & Cassidy, 1985; Morris, 1981; Ricks, 1985). 안정애착 유아의 어머니가 자신의 아동기에 대해 자유로우면서도 감정을 담아 말할 수 있는 반면, 불안정 애착 유아의 어머니는 그렇지 않았다.

이 연구에서 면담자는 어머니에게 초기 관계와 애착 관련 사건, 그리고 이러한 관계와 사건이 자신의 성격에 어떻게 영향을 미쳤다고 느끼는지에 대해 기술해 달라고 요청하였다. 결과를 분석할 때 어머니들이 묘사한 과거사의 내용뿐 아니라, 어머니가 어떠한 태도로 자신의 스토리를 이야기하고 인터뷰 질문을 대하는지도 유심히 살핀다. 안정애착 유아의 어머니는 상당히 행복한 아동기를 가진 것으로 보고하며 행복한 사건만큼이나 일어날 수 있었던 불행한 사건에 대해서도 기꺼이 그리고 자세히 이야기하는 모습을 보인다. 반면, 불안정 애착 유아의 어머니는 두 가지 중 하나의 방식으로 질문에 반응하는 경향이 있었다. 한 가지 방식은 불안-저항애착 유아의 어머니들이 보여 준 것으로 이들은 자기 어머니와의 어렵고 불행한 관계를 묘사하였다. 이 관계는 이들에게 여전히 괴롭고 정신적으로 얽혀 있으며, 만일 어머니가 살아 있다면 현실에서도 여전히 어머니와 엮여 있는 것이 분명하였다. 다른 방식은 회피애착 유아의 어머니가 보인 것으로 이들은 일반화된 사무적인 방식으로 자신이 행복한 아동기를 보냈다고 주장하였다. 그러나 이들은 구체적인 내용을 이야기하지 못할뿐더러 정반대의 장면을 언급하기도 하였다. 종종 그런 어머니는 자신의 아동기에 대해 아무것도 기억나지 않으며 자신이 어떻게 대우받았는지도 기억나지 않는다고 주장한다. 이는 행복한 아동기를 보낸 어머니는 아이도 안정애착인 경향이 있으며, 불행한 아동기를 보낸 어머니는 잘 회상하지 못하고 어려움을 향해 나아가는 것 같다는 치료자의 강한 인상을 분명히 뒷받침해 준다.

　두 번째 결과 역시 흥미로운데 이는 일반적인 규칙에서 예외인 연구에서 나왔다. 이는 매우 불행한 아동기를 가졌다고 기술하였으나 그럼에도 안정애착을 보이는 아이를 둔 어머니들이다. 아동기에 겪었던 많은 거절과 불행의 경험을 보고하며 눈물을 많이 흘렸음에도, 이 어머니들이 불안정 애착 유아의 어머니와 구별되게 보이는 특성은 자기 경험의 긍적적인 측면을 있는 그대로 두면서 거기에 부정적인 경험을 통합하는 방식으로 유창하고 일관되게 자신의 스토리를 말할 수 있다는 점이었다. 균형 능력에서 그들은 다른 안정애착 유아의 어머니와 닮아 있었다. 연구자들에게 이런 예외적인 어머니는 불행했던 초기 경험에 대해 많은 것을 생각했고 그것이 어떻게 자신들에게 오랜 기간 영향을 미쳤는지, 또한 그들의 부모가 왜 그렇게 대했었는지에 대해 많은 것을 생각해 왔던 것처럼 보였다. 이들은 실제 자신의 경험을 받아들이려고 애쓰는 것 같았다.

반면, 불안정 애착을 보이는 아이를 둔 동시에 불행한 아동기를 보고했던 어머니는 유창하지도 일관적이지도 않게 말하였다. 거기에는 모순이 많았으나 알아차리지 못했다. 더욱이 이 어머니들은 자신의 아동기가 기억나지 않는다고 하면서, 아이가 자기와의 관계에서 불안정했었다는 것을 반복적으로 강하게 주장하였다.[33]

이러한 결과에 비추어 Main과 동료들은 애착 관련 정보에 대한 자유로운 접근과 이 정보의 일관된 조직화가 성인기 안정적인 성격발달에 결정적인 역할을 한다고 결론지었다. 행복한 아동기를 보낸 사람에게는 어떠한 장애물도 그런 정보의 정서적·인지적 측면에 대한 자유로운 접근을 막는 것 같지 않다. 불행을 많이 겪었거나 부모가 불행한 사건을 주목하거나 기억하는 것을 금지했던 사람에게 접근은 고통스럽고 어려운 것이며 도움이 없이는 실

---

[33] 자료에 대한 심화된 검토를 통해 이 모든 상관이 아버지에게도 또한 적용된다는 것이 발견되었다(Main과의 개인서신).

로 불가능할 수 있는 것이다. 그럼에도 어떤 식으로든지 그런 불행한 기억에 대한 접근을 유지하거나 되찾아 그것을 받아들일 수 있는 방식으로 재처리하게 될 때, 이러한 어머니 역시 아동기가 행복했던 여성처럼 아이의 애착행동에 반응할 수 있게 되고 이를 통해 아이는 안정애착을 발달시킬 수 있다. 이는 오랫동안 어머니를 이러한 방식으로 돕고자 했던 많은 치료자에게 대단히 고무적인 발견이다. 정신적으로 문제가 있는 어머니를 돕는 기술에 대한 자세한 언급은 8장 끝에서 다룰 것이다.

🍄 성격발달의 경로

애착이론이 전통적인 정신분석이론과 다른 점이 한 가지 있다면, 그것은 발달모형—여기에서 개인은 일련의 단계를 통과하도록 되어 있으며 그 단계 중 어느 하나에 사람은 고착하거나 퇴행할 수 있다—을 거부하고 개인이 잠재적인 발달경로 중 하나를 따라 나아가는 것으로 보는 모형으로 대체한 점이다. 이러한 경로 중 어떤 것은 건강한 발달과 양립할 수 있다. 다시 말해, 어떤 경로는 건강과 양립할 수 없는 방향으로 벗어나게 된다.

발달의 단계에 대해 언급하는 전통적인 모형은 정상적인 발달단계에서 아동이 보이는 특정 심리적 특성이 성인에게서 나타나면 정신병리의 신호라는 가정에 근거하고 있다. 따라서 만성적으로 불안하고 매달리는 성인은 구강기나 공생단계에 고착되거나 퇴행했다고 여겨질 수 있으며, 깊이 철수한 성인은 자폐나 자기애

단계로 퇴행했다고 간주될 수 있다. Stern(1985)이 보고한 것과 같은 유아에 대한 체계적이고 민감한 연구가 나오면서 이러한 모형을 지지할 수 없게 되었다. 관찰에 따르면 아이는 출생부터 줄곧 사회적으로 반응한다. 건강하게 발달한 걸음마 단계의 아이는 무섭거나 고통을 받을 때를 제외하고는 불안한 매달림을 보이지 않는다. 즉, 보통 때 아이들은 신뢰를 갖고 탐색해 간다.

발달경로 모형에서는 출생한 아이에게 잠재적인 경로 대열이 개방되어 있다고 본다. 아이가 어떤 경로를 따를지는 실제 매 순간 결정되며, 그 결정은 아이의 개별적 특징과 아이가 마주하는 환경과의 상호작용에 의해 이루어진다. 어떤 신경 손상을 갖고 태어난 아이를 제외하고, 모든 아이는 성격 발달을 위한 자신의 잠재적 경로 대열을 각자 갖게 되어 있다. 여기에는 정신건강과 양립할 수 있는 많은 경로와 양립할 수 없는 많은 경로가 포함되어 있다. 아이가 어떤 특정 경로를 따를지는 자신이 마주하는 환경, 특히 부모(혹은 대체부모)가 아이를 대하는 방식과 아이가 부모에게 어떻게 반응하는지에 의해 결정된다. 민감하고 반응적인 부모를 둔 아이는 건강한 경로를 따라 발달해 갈 수 있다. 둔감하고 비반응적이며 방임적이고 거부하는 부모를 둔 아이는 정신건강과 양립하기 어려우며 심각하게 부정적인 사건을 만나면 붕괴에 취약해지는 일탈 경로를 따라 발달하는 경향이 있다. 그렇다 하더라도 후속발달 경로가 고정되어 있지 않기 때문에 아이를 다루는 방식에서의 변화는 더 우호적인 방향이나 덜 우호적인 방향 중 어느 하나로 경로를 전환할 수 있다. 발달적 변화 능력은 나이가 들면서 약화되지만 변화는 전 생애 주기를 통해 지속되어 좋

건 나쁘건 항상 이루어진다. 살아가는 동안 전혀 역경을 겪지 않
는 사람도 없고, 또 우호적인 영향을 전혀 받지 않는 사람도 없다.
이것은 곧 변화에 대한 지속적인 잠재력이 있음을 의미한다. 이러
한 변화에 대한 지속적인 잠재력이 효과적인 치료의 기회를 제공
한다.

어린 자녀 양육

애착이론의 기원

예술 및 과학으로서의 정신분석

자연과학으로서의 정신분석

가정폭력

확인받지 못한 사고와 감정

성격발달에서 애착의 역할

애착, 의사소통, 치료과정

CHAPTER **08**

🌸 1976년 Maudsley 강연의 두 번째 파트 '정서적 유대의 형성과 붕괴(The making and breaking of affectional bonds)' (1977)에서 나는 애착 이론의 치료적 함의에 대한 내 생각을 기술하였다. 이후 많은 경험을 통해 나는 이 접근에 대해 더 확신을 가지게 되었다. 이 장에서의 설명은 이전 것의 확장이라 할 수 있다. 이 장에서 나는 환자의 초기 경험이 전이 관계에 영향을 주는 방식에 세심한 관심을 기울이고자 한다. 나아가 환자가 자신 및 애착인물에 대한 작동모형(working models)을 재정립하여 잊어버렸던 불행의 저주에서 벗어나 현 상태에서 동반자인 치료자를 있는 그대로 더 잘 인식할 수 있도록 하는 치료자의 목적에 대해 논하도록 하겠다.

이해하지 못했던 일은 불가피하게 다시 나타난다. 풀려난 유령처럼…

그 유령은 미스터리가 해결되고 저주가 끊기기 전까지 쉴 수 없다.

-Sigmund Freud, 1909

과거를 기억할 수 없는 사람은 그것을 반복하도록 선고받았다.

-George Santayana, 1905

🍄 다섯 가지 치료과제

지금까지 대략 설명한 이 성격발달 및 정신병리 이론[34]은 요즘 쓰이고 있는 분석적 심리치료의 세 가지 주요 형태—개인치료, 가족치료, 집단치료—를 안내하는 틀로서 사용할 수 있다. 여기서 나는 개인치료만 다루도록 하겠다.

애착이론을 적용하는 치료자(therapist)는 자신의 역할을 환자가 환자 자신과 애착인물에 대한 표상모형을 탐색할 수 있는 상태—이 상태 안에서 환자는 치료적 관계에서 얻은 새로운 이해와 새로운 경험의 관점으로 작동모형을 재평가하고 재구조화할 목적으로 자기와 애착인물에 대한 표상모형을 탐색할 수 있다—를 제공하는 것으로 본다. 환자가 이 목적을 향해 나아가도록 돕는 데 있어 치료자의 역할은 다음의 다섯 가지로 설명할 수 있다.

첫 번째 과제는 환자에게 안전기지를 제공하는 것이다. 이 안전

---

34) 역주: 애착이론을 의미한다.

214

기지로부터 환자는 과거와 현재 자신의 삶의 여러 가지 불행하고
고통스러운 면을 탐색할 수 있게 된다. 환자는 지지, 격려, 공감 혹
은 지침을 제공해 주는 신뢰할 만한 동반자가 없이는 고통스러웠
던 일에 대해 떠올리거나 다시 곰곰이 숙고하는 것이 어렵고 불가
능하다는 것을 알게 된다.

두 번째 과제는 환자의 탐색을 돕는 것이다. 이러한 탐색과정에
서 치료자는 환자가 현재 삶에서 의미 있는 인물과 관계를 맺는 방
식에 대해, 자신과 타인의 감정과 행동에 비추어 기대하고 있던 것
이 무엇이었는지에 대해, 친밀한 관계를 맺고 싶은 사람을 선택할
때와 자신에게 불리하게 상황을 만들어 가면서 자신이 가져오는
무의식적 편향이 무엇이었는지에 대해 생각해 보도록 촉진한다.

환자가 탐색해 가도록 치료자가 촉진하는 특별한 관계가 치료
자와 환자 사이의 관계인데 이것이 세 번째 과제가 된다. 환자는
애착인물이 자기에게 어떻게 느끼고 행동했는지—이는 부모와
자기에 대한 작동모형의 지시를 받는 것이다—에 대한 모든 지
각, 해석, 기대를 이 관계 안으로 들여오게 된다.

네 번째 과제는 환자에게 지금의 지각과 기대, 그리고 그것이
불러일으키는 감정과 행동이 어떻게 자신이 아동기와 청소년기에
겪었던 사건이나 상황의 산물이 될 수 있었는지 생각해 보도록 촉
진하는 것이다. 이때 그 사건이나 상황은 특별히 부모에게서 겪었
거나 아니면 부모에게 반복적으로 들었을지 모르는 것의 산물이
다. 이는 고통스럽고 어려운 과정으로, 환자가 부모에 대해 여태
상상할 수도 없고 생각할 수도 없는 것으로 여겼던 생각과 감정이
가능할 수도 있음을 생각해 보도록 치료자가 환자에게 승인해 주

는 것이 필요하다. 그렇게 할 때 환자는 강한 정서와 행동하려는 충동에 의해 움직이는 자신을 보게 되는데, 어떤 것은 부모를 향해 있고 어떤 것은 치료자를 향해 있다. 환자는 그중 많은 것이 섬뜩하거나 기이하고 수용될 수 없는 것임을 알게 된다.

치료자의 다섯 번째 과제는 환자로 하여금 자신과 타인에 대한 상(모형)—이는 과거 고통스러운 경험이나 부모에게서 뿜어져 나온 호도된 메시지에서 유래하였으나 너무나 자주 문헌에서 '환상'으로 잘못 이름 붙인—이 자신의 현재와 미래에 적절할 수도 있고 그렇지 않을 수도 있음을, 혹은 실제 결코 타당하지 않음을 인식할 수 있도록 하는 것이다. 일단 환자가 자신을 지배하는 상(모형)의 속성을 파악하고 그 기원을 추적하면, 무엇이 세상과 자기 자신을 그렇게 바라보게 했는지, 또 무엇이 자신이 하는 방식으로 느끼고 생각하고 행동하도록 했는지 이해하기 시작한다. 그러면 그는 부모뿐 아니라 치료자를 포함한 정서적으로 의미 있는 사람과의 현재 경험에 비추어 상(모형)의 정확성과 적절성을 반영할 수 있게 되고, 또 그런 상이 가져오는 생각과 행동도 반영할 수 있게 된다. 일단 그러한 과정이 시작되면 환자는 이전에 가졌던 상(모형)의 본질이 과거 경험이나 반복해서 들었던 것으로 인한 이상하지 않은 결과물임을 알게 되고 그 결과 현재 삶에 더 잘 맞는 대안을 자유롭게 상상하게 된다. 이러한 방식으로 치료자는 환자가 이전의 무의식적 고정관념(stereotype)의 노예가 되는 것을 멈추고 새로운 방식으로 느끼고 사고하고 행동할 수 있게 되길 바란다.

독자들은 이러한 원리가 분석적으로 훈련 받은 다른 심리치료자—이들은 대인관계 안에서 일어나는 갈등을 환자의 문제를 이해하기 위한 열쇠로 여기며 전이에 초점을 맞추고 또한 정도는 다양할지라도 환자가 부모와 가진 초기 경험에 비중을 둔다—가 설명하는 원리와 공통점이 많다는 점을 알아차렸을 것이다. 이런 맥락에서 언급할 수 있는 유명한 학자로는 영국의 Fairbairn, Winnicott, Guntrip, 미국의 Sullivan, Fromm-Reichmann, Gill, Kohut 등이 있다. 여기에서 기술한 내용의 많은 부분을 담고 있는 연구로 최근 출간된 것에는 Peterfreund(1983), Casement(1985), Pine(1985), Strupp과 Binder(1984) 그리고 단기심리치료 분야에서 Malan(1973), Horowitz 등(1984)과 같은 것이 있다. 특히 급성 스트레스 징후를 겪는 환자의 치료에 대한 기술에서 여기에서 제시된 것과 매우 비슷한 개념적 틀을 적용한 Horowitz와 동료들의 생각에 관심을 갖길 바란다. 그들의 기법이 환자가 최근의 심각한 스트레스 사건의 영향에서 회복하는 것을 돕는 데 맞춰져 있기는 하지만, 그들 연구의 원리는 오래전 스트레스 사건—생애 초기에 발생한 일을 포함하는—에서 비롯한 만성 장애의 영향으로부터 회복하는 것을 돕는 데도 동일하게 적용할 수 있다.

치료자의 다섯 가지 과제에 대해 글로 서술할 때는 여기에서처럼 논리적인 방식으로 정렬하는 것이 편리하지만 실제 치료에서는 이러한 과제가 상호 관련되어 있어서 생산적인 회기의 경우 처음에는 한 가지 과제 그다음에는 다른 과제를 포함하는 경향이 있다. 그럼에도 치료자가 환자로 하여금 안전감을 어느 정도 느끼게 할 수 없다면 치료는 시작할 수조차 없다. 따라서 환자에게 안전기지를 제공하는 치료자의 역할부터 시작하고자 한다. 이는 Winnicott 의 '버텨주기(holding)'와 Bion의 '담아주기(containing)'에서 기술된 것과 매우 비슷한 역할이다.

환자에게 자신의 사고와 감정을 탐색하고 표현하도록 안전기지를 제공하는 치료자의 역할은 어머니가 아이에게 세상을 탐색하도록 안전기지를 제공하는 것과 유사하다. 치료자는 환자의 탐색에 대해 신뢰하고, 주의를 기울이며 동정적으로 반응하고자 하며, 또한 할 수 있는 한 환자의 눈을 통해 세상을 보고 느끼고자, 즉 공감적이고자 노력한다. 동시에 치료자는 환자가 자신의 과거 부정적 경험 때문에 치료자가 친절하게 행동하고 자신의 어려움을 이해하려고 하는 것을 신뢰하지 않을 수 있다는 점도 알아차리게 된다. 아니면 예상치 못한 관심과 공감적 반응을 받은 환자가 항상 열망했으나 갖지 못했던 돌봄과 애정을 치료자가 줄 것이라 기대할 수도 있다. 즉 어떨 때는 치료자가 환자에게 지나치게 비판적이고 적대적인 것으로 비치기도 하며, 어떨 때는 환자 눈에 치료자가 현실적인 것 이상을 기꺼이 제공하는 것처럼 보이기도 한다. 이러한 두 가지 형태의 왜곡과 그것이 일으키는 정서 및 행동은 환자가 겪고 있는 어려움의 핵심 특성이기 때문에 치료자는 이러한 왜곡된 지각이 나타나는 여러 다른 형태와 이를 유발할 수 있는 초기 경험의 다양한 종류에 대해서 가능한 한 폭넓게 알고 있어야 한다. 그러한 지식이 없으면 치료자는 환자와 동일한 방식으로 세상을 왜곡하여 지각하게 된다.

그렇다고 해서 치료자와의 관계를 해석하는 환자의 방식이 환자의 과거 경험에 따라서만 결정되는 것은 아니다. 즉, 치료자가 환자를 실제 대하는 방식에 따라서도 결정된다. 그러므로 치료자는 항상 관계에서 자기가 기여하는 바의 속성—이는 여러 영향 가운데서도 치료자 자신의 아동기 경험을 어떻게든 반영하는 경향이 있다—을 인식하고자 노력해야 한다. 치료의 이러한 면, 즉 역전이는 그 자체로 매우 중요한 이슈이며 연구주제다. 여기에서 그것을 더 다루는 것은 불가능하기 때문에 나는 역전이의 중요성뿐 아니라 치료의 초점이 지금−여기에서 환자와 치료자의 상호작용에 항상 있어야 한다는 점과 환자에게 자신의 과거를 탐색하도록 해야 하는 유일한 이유는 그것이 현재 삶을 다루고 느끼는 방식에 던지는 관점 때문이라는 점을 강조하고 싶다.

이를 마음에 명심한다는 전제하에 환자의 왜곡된 지각이 흔히 취할 수 있는 형태 몇 가지와 왜곡된 지각이 어떻게 유래했는지에 대해 생각해 보도록 하겠다. 이것이 애착이론을 적용하는 치료자가 전통적인 성격발달 및 정신병리 이론을 적용하는 치료자와 가장 다른 치료의 측면이다. 예를 들어, 환자의 왜곡된 지각과 오해를 환자가 실제 과거에 경험한 것의 마땅한 산물로 보는 치료자는 동일하게 왜곡된 지각과 오해를 자동적이고 무의식적인 환상의 비이성적인 결과로 보는 치료자와 전적으로 다르다.

다음에서 나는 역학자의 연구, 발달심리학자의 연구, 가족치료 과정에서 이루어지는 관찰, 특히 내가 직접 치료한 환자와 내가 지도감독한 치료의 환자에게서 배운 점 등에 대해 설명하도록 하겠다.

🍄 전이관계에 미치는 초기 경험의 영향

치료자가 자신을 거절하거나 비판하거나 경멸하지 않을까 하며 환자가 심하게 불안해하는 일은 종종 발생한다. 많은 아이가 부모 중 한쪽이나 양쪽 모두에 의해 이런 식으로 취급받는 것을 알고 있기 때문에 그것이 환자가 가진 경험이었다는 것을 강하게 확신할 수 있다. 자신을 대하는 치료자에게 환자가 어떻게 느끼고 기대하는지를 환자가 자각하는 것같이 보이면 치료자는 치료자 또한 그 문제를 알아차리고 있다고 표시할 것이다. 치료자가 이러한 기대를 부모에 대한 환자의 기대에 얼마나 빨리 연결하는지는, 환자가 그러한 가능성을 기꺼이 고려하는지 아니면 반대로 자신에 대한 부모의 처우에 전혀 문제가 없다고 주장하는지에 달려 있다. 후자의 경우, 반대 증거에도 불구하고 왜 환자가 그러한 우호적인 그림을 지속적으로 갖고자 고집하는지에 대해 먼저 이해해야 할 필요가 있다.

후자와 같은 상황은 부모가 자신은 아이를 위해 할 수 있는 모든 것을 항상 해 온 훌륭한 부모이고 마찰이 나타나는 한 문제는 아이에게만 있다고 주장하는 가족에게서 일어난다. 부모의 이런 태도는 보통의 기준으로도 결코 온전하지 않은 행동을 너무나 자주 은폐한다. 그렇다 하더라도 부모가 아이에게 지속적인 애정을 주었는데 아이가 나쁘게 태어나서 감사할 줄 모른다고 주장하는 한, 아이는 그 상황이 그다지 타당하지 않다는 것을 어느 정도 알아차리고 있다 하더라도 받아들이는 것 외에는 다른 선택의 여지가 없다.

환자가 어린 시절 부모로부터 가족 안에서 일어난 어떤 일을 절대 누구에게도 말하면 안 된다는 강한 지시를 받게 되면 문제가 더 부가적으로 발생한다. 이는 종종 다툼—예를 들어, 끔찍한 말이나 행동을 동반한 부모간의 다툼이나 부모와 자녀 사이의 다툼—을 야기하는데, 이 경우 부모는 대개 자신의 행동이 비난받을 여지가 있다고 인식한다. 환자가 모든 것을 말해야 한다고 치료자가 주장할수록 환자의 고통이 심해지는 딜레마가 발생한다. 침묵명령은 가족에서 흔하게 일어나는데 전통적으로 저항이라고 불리는 것의 원인으로는 상당히 무시되어 왔다. 그런 압력을 받아 왔을지 모르는 환자에게 질문하여, 만약 그렇다고 하면 그 딜레마를 해결하도록 도와주는 것이 유용하다.

이제까지 우리는 어느 정도 거절당하거나 비난받거나 멸시받을 것에 대한 자신의 예상을 환자가 알아차리고 있는 사례를 살펴보았다. 그러나 어떤 환자는 치료자에 대해 불신과 회피를 물씬 풍기면서도 그런 감정을 전혀 알아차리지 못하는 것처럼 보인다. 이런 마음 상태는 특히 정서적으로 자립적이고자 분투하며 다른 사람과의 친밀한 접촉을 차단하는 사람—이들은 초기에 불안회피 애착 패턴을 발달시켰다—에게서 일어난다. 종종 자기애나 거짓 자기를 가진 것으로 기술되는 이런 환자는 할 수 있는 한 치료를 피하며, 치료를 받는다 하더라도 치료자와 적당히 거리를 둔다. 어떤 사람은 과거와 현재 정서적으로 불러일으키는 관계를 제외한 어떤 것에 대해 끊임없이 말할 것이다. 또 다른 사람은 말할 것이 전혀 없다고 할 것이다. 모든 움직임에서 나에 대한 불신을 보인 한 젊은 여성은 자신의 비행을 자랑하고—내 생각에 그중 상당 부분은 허구였다—내 삶이 단조롭고 좁다며 나의 삶에 경멸을 퍼붓는 데 시간을 보냈다. 오래전 Adrian Stephen(1934)은 그렇게 깊이 불신하는 사람을 대하는 일을 수줍어하거나 무서워하는 조랑말과 친구가 되려고 애쓰는 것에 비교하였다. 수줍어하거나 무서워하는 두 가지 상황 모두 지속적이면서도 조용하고 우호적인 인내가 필요하다. 환자가 아이였을 때 위로나 도움을 구할 때마다 지속적으로 받아야 했던 무시와 비슷한 것을 치료자에게서 받을 것이라는 환자의 공포를 치료자가 알아차려야 환자가 보고 있는 대로 치료자가 둘 사이의 상황을 볼 수 있다.

환자가 치료자와의 밀접한 접촉에 대해 조심하는 또 다른 이유는 치료자가 자기보다 치료자의 관심에 목적을 둔 관계 속에 자기를 옭아매지 않을까 하는 두려움 때문이다. 그러한 두려움의 공통적인 기원은 부모—거의 항상 어머니—가 아이를 자신의 애착인물이자 돌보는 사람으로 만들고자 추구했던, 즉 관계가 전도된 아동기에 있다. 잘 모르는 눈으로 보면 응석인 듯 보일 수 있지만 실제로는 돌보는 역할에 아이를 매어 두기 위한 뇌물인 기술을 사용하는 일이 매우 자주 무의식적으로 이루어진다.

치료 시 환자는 부모가 자신을 대한 방식으로 치료자가 자신에게 행동하는 것처럼 치료자를 대하는 것으로 갑자기 전환하곤 한다. 예를 들어, 어릴 때 적대적인 위협을 받아야 했던 환자는 치료자에 대해 적대적인 위협을 사용할 수 있다. 부모에게서 받은 경멸의 경험은 치료자의 경멸로 다시 일어날 수 있다. 부모의 성적 공격은 치료자에 대한 성적 공격으로 재연될 수 있다. 그러한 행동은 다음의 방식으로 이해할 수 있다. 아동기에 사람은 두 가지 주요한 형태의 행동을 학습하고 자신의 마음에 두 가지 유형의 모형을 세운다. 행동의 한 형태는 부모와 상호 작용하는 아동 자신의 행동이다. 이에 대응하는 것으로 아동이 만든 작동모형은 자신과 상호 작용하는 부모에 대한 것이다. 이런 이유로 환자가 치료자를 대하는 방식으로 인해 치료자가 당황하거나 화날 때마다 환자에게 언제 누구에게 다른 사람을 대하는 방식을 배웠는지 물어보는 것은 항상 현명하다. 그것은 자주 부모로부터 온다.[35]

어떤 환자에게 치료적인 관계는 불안, 불신, 비난, 때론 분노와 경멸이 그 안에 공공연하고 지배적인 것으로 보이며, 치료자는 어두운 색깔로 보인다. 치료자의 노력에 대한 감사나 치료자의 역량에 대한 존경과 같은 감정은 뚜렷하게 결여되어 있다. 이때 과제는 환자의 현재 분노가 과거 타인의 손에서 잘못된 대우를 받은데서 유래하였으며 그 결과 자신의 분노가 아무리 이해할 만하다하여도 낡은 싸움을 계속하는 것은 비생산적이라는 것을 환자로하여금 이해하도록 돕는 데 있다. 변화될 수 없는 불행한 과거를 수용하는 일은 대개 쓰디쓴 약과 같다.

또 다른 환자에게 상황은 반대다. 전이관계는 그 안에 공공연한 감사, 존경, 애정이 기꺼이 표현되며 치료자는 장밋빛의 완벽함으로 보인다. 불만족과 비난이 지나칠 정도로 없으며 치료자의 부족함, 특히 부재에 대해 분노하는 것은 상상할 수조차 없다. 내 생각에 치료자에 대한 그러한 이상화는 일부 치료자가 제공하고자 하

---

35) 전통적인 이론에서 부모에 의한 이러한 역할의 전환은 공격자와의 동일시 사례로 불리는 경향이 있다.

는 것에 대한 비현실적인 희망과 기대에서 유래하며, 일부는 죄책
감을 야기하는 기술 혹은 사랑하지 않겠다거나 버리겠다고 하는
위협과 같은 규제에 의해 부모에 대한 비판이 금지되고 순응이 강
요된 아동기에서 유래한다. 이런 유형의 아동기 경험을 가진 환자
는 부모가 기대했던 것과 같은 정도의 복종을 치료자 역시 기대할
것이며 부모가 사용했던 것과 비슷한 기술이나 위협으로 그것을
강요할 거라고 무의식적으로 가정한다.

불행히도 어떤 분야에서는 부모가 아이를 대하는 방식이 정신
과적 질병의 주요 원인이 된다고 보는 애착이론이 단순하게 부모
를 비난하는 것으로 오해되는 경향이 있어 왔다. 아동 정신의학과
가족치료 분야에서 일하는 사람은 아무도 그렇게 생각하는 것 같
지 않다. 반대로 이미 언급했듯이, 부모의 그릇된 행동이 어렵고
불행했던 아동기에서 자주 초래된다는 점은 오랫동안 인식되어
왔다. 결과적으로 부모가 자신의 아동기의 역기능적 영향에서 벗
어나도록 돕는 데 많은 시간을 들여야 했다.

더욱이 부모의 손에 고통받아 온 개인을 치료하는 동안 치료자
는 환자가 말하는 것을 인정하지만 도덕적 판단은 피한다. 반대로
기회가 주어질 때마다 치료자는 환자에게 부모가 어떻게 왜 그랬
는지 고려해 보도록 한다. 이러한 질문을 제기할 때, 문제부모가
아동기에 겪은 경험에 대해 환자가 알고 있는 바를 물어보는 것은
항상 도움이 된다. 이는 환자가 어떻게 일이 발전해 왔는지에 대
해 이해할 수 있도록 이끌어 주며, 이러한 이해를 통해 용서와 화
해의 조치가 이어질 수 있다. 가족 회기에서 부모가 자신의 아동기
에 대해 설명하도록 촉진될 수 있다면 이는 특별히 가치가 있다. 이

224

는 부모 자신, 배우자, 아이, 치료자 등에게 가족의 삶이 어떻게 왜 이렇게 발전해 왔는지에 대해 그리고 그것을 향상하기 위해 어떻게 최선의 도움을 줄 수 있는지에 대해 통찰을 얻게 해 줄 수 있다. 앞서 언급했듯이(p. 205), 애착문제는 부모 자신의 아동기에서 유래하는 관계문제가 양육행동에 미치는 영향을 통해 세대를 거쳐 전수되는데, 이러한 강력한 경향성은 마침내 해 볼 만한 연구로서 관심을 받고 있다.

🍄 아동기의 병리적 상황 및 사건

치료자는 어떤 가족에게 일어날 수 있는 은폐되거나 왜곡된 관계 혹은 끔찍한 일에 대해 최대한 많은 것을 알아야 한다고 나는 믿는다. 왜냐하면 치료자가 이에 대해 알고 있기만 하다면 환자의 방어 뒤에 놓인 것이 무엇인지 또는 환자의 불안, 분노, 죄책감의 기원에 대해 분명하게 알 수 있을 것이기 때문이다. 일단 치료자가 적절히 알게 되면, 치료자는 환자가 자신에게 일어났다고 말하는 내용의 진실을 인정하게 될 뿐 아니라 환자가 노출되었을 수 있지만 그가 의지할 수 없었던 상황에 대해 다소 시험적으로 말을 꺼내는 입장이 될 것이다. 다음에서 나는 흔하지만 최근까지 심리치료 문헌[36]에서 소홀히 여겨 온 상황에 대해 단지 언급하는 선에

---

36) 이전 출판물에서 사별과 긴 분리가 성격발달에 미치는 좋지 못한 영향에 대해 나는 많은 관심을 가졌으나, 이후의 문헌에서는 이러한 주제가 빠져 있다.

서 소개하도록 하겠다.

통제 수단으로서의 애정 철회 위협

어떤 어머니는 아이에게 이러이러한 식으로 행동하면 사랑하지 않을 거라고 쉽게 말한다. 이는 아이가 때로 당황하거나 두렵거나 고통에 처했을 때 어머니가 애정이나 편안함을 제공하지 않겠다는, 또 다른 경우 도움이나 격려를 제공하지 않겠다는 위협을 의미한다. 만약 그런 위협이 부모에 의해 체계적으로 사용된다면, 아이는 성장하면서 기뻐하는 데 강한 불안을 느끼고 죄책감을 갖기 쉽다.

유기 위협

버리겠다는 위협은 그 정도에 있어서 사랑하지 않을 거라는 위협보다 더 공포스럽다. 이는 부모가 위협한다고 몇 시간씩 사라지거나 아이의 짐가방을 싸서 이른바 불량소년 쉼터로 가는 길을 걷게 하거나 할 경우에 특히 그러하다. 버리겠다는 위협이 종종 매우 기이한 형태를 취하기 때문에 환자는 자신이 위협받았다는 것을 부인할 수도 있다. 그런 사례에서 진실은 위협을 표현하는 특별한 방식이 회상될 때만 그에 수반되는 정서와 더불어 드러날 수 있다. 일례로 어떤 어머니는 노란색 밴이 다가와서 아들을 데려갈 거라는 이야기를 지어냈다. 다른 예로 딸에게 멀리 상어가 둘러싼 바위에 있는 학교로 보낼 거라는 아버지도 있었다(Marrone, 1984).

아이가 하고 있던 것을 즉시 중단하기 위해 첫 번째 사례에서 어머니가 했어야 하는 말은 '노란 밴 온다'까지고, 두 번째 사례에서 아버지는 '그럼 바위학교에 있게 될 거야'까지만 말했어야 한다. 세 번째 사례에서 어머니는 아들을 고아원에 보낼 거라고 하고 그러면 거기서 마가린을 먹으면서 지낼 거라고 말함으로써 위협을 암호 단어 '마가린'에 연결하였다. 이러한 환자에게 '유기위협'과 같이 일반적인 구절은 어떤 기억도 이끌어 내지 못했다. 암호 단어가 밝혀져야지만 원래의 공포가 생생하게 경험되고 분리불안의 근원을 정확히 찾게 된다.

자살 위협

때때로 제정신이 아닌 부모가 괴로운 상황이 지속되면 자살하겠다고 위협한다. 이는 부부 싸움 동안 일어날 수 있는데, 아이가 이 말을 우연히 듣게 되거나 혹은 아이를 향해 직접 이 말을 할 수도 있다. 어느 경우든 그러한 위협은 공포를 가하게 된다. 이러한 사례를 통해 치료자는 환자가 부모의 싸움을 언급할 때마다 항상 "그분들은 서로에게 무엇을 말했나요?"라고 물어야 한다는 교훈을 얻게 된다. 환자가 이를 차단하는 일은 드물지 않게 일어난다. 홧김에 다투는 부모는 서로에게 뭔가를 질겁하게 만드는 말을 할 수 있다. 이는 정말 좋지 않다. 훨씬 더 악화시키는 일은 진정이 된 후 그런 말을 했다는 사실을 부인하는 것이다.

부인과 부정

자신이 했던 말이나 행동에 대해 부모가 부인(disclaimers)하는 예와 아이가 보거나 들었던 것을 부정하는(disconfirmations) 지속적인 노력의 예를 6장에서 언급했었다. 또 그러한 압력이 성격 발달에 미치는 역효과에 대해서도 강조하였다. 이러한 효과는 치료하는 동안 환자가 그러한 일이 가족 안에서 일어났었는지 여부에 대해 매우 불확실해하거나 그 일에 대해 말하는 것에 죄책감을 느끼는 것으로 나타난다. 이 지점에서 치료자의 핵심 역할은 환자가 부모에 대해 우호적이든 그렇지 않든 모든 다양한 가능성에 대해 탐색하는 것을 허용해 주고, 환자가 활용할 수 있는 증거를 검토해 보도록 격려하는 데 있다. 그렇게 하는 동안 치료자는 진실이 놓일 수 있는 지점에 대해 열린 마음을 견고하게 유지해 나간다.

지금까지 이 글에서 나는 환자가 보고하는 내용의 타당성을 어디까지 신뢰할 수 있고 또 신뢰해야 하는지에 대한 문제는 고려하지 않았다. 기억은 틀림없이 오류를 범할 수 있으며, 환자가 말하고 있는 내용의 진실에 대해 경험 많은 치료자가 적절히 질문할 때 다양한 경우가 존재한다. 그러면 우리가 판단해야 하는 범주는 무엇인가?

첫째, 환자가 아이였을 때 특정 상황에서 부모가 어떻게 대했는지에 대한 상세한 예가 뒷받침될 때 비로소 부모가 어떤 사람이었는지, 또 환자가 어떤 종류의 양육을 받았는지에 대한 광범위한 일반화를 신뢰할 수 있다. 예를 들어, 멋진 어머니에 대해 극찬하는 말은 세부적인 내용을 들어 보면 뒷받침되지 않을 수 있다. 애정 어린 양육에 대한 신뢰할 수 있는 설명은 우호적인 세부 내용을 풍부하게 제시할 뿐 아니라 경우에 따라서는 비난도 섞여 있을 수 있다. 이러한 설명에서는 부모가 총체적으로 보인다.

이와 유사하게, 한결같이 부정적인 말로 부모에 대해 험담하는 설명에 대해서도 자세히 검토하여야 한다. 전면적이면서 과도한 경향의 설명이나 흑백논리적 설명은 신뢰할 만하지 못하다. 그러한 설명을 하게 되면 세부적인 내용이 빠져 있거나 앞뒤가 맞지 않게 된다. 반대로 세부적인 내용의 설명이 다른 정보원으로부터 들었던 내용과 일치하고 부모를 괴롭히는 문제 유형의 선행사건으로 알려진 것에도 일치한다면, 몇 가지 점이 의문시된다 해서 전반적인 타당성을 의심할 수는 없다.

과도함의 근원은 종종 외부의 압력이다. 예를 들어, 한쪽 부모가 아이에게 다른 쪽 부모에 대항하여 자신의 편을 들 것을 강요한다. 이 경우 다른 쪽 부모는 전적으로 나쁜 사람으로 표상된다. 혹은 부모 중 한쪽이 많은 결점을 갖는데 자신은 흠잡을 데가 없다고 강요하는 경우다.

치료자가 환자의 이야기를 의심할 만한 또 다른 경우로는 환자가 병리적인 거짓말쟁이일 가능성이 있을 때다. 이러한 경우는 상대적으로 드물고 단지 이유가 그뿐이면 한동안 감지하지 못할 수 있다. 그러나 곧 비일관성과 비개연성이 누적되면서 환자가 자기 이야기를 하는 방식에 대해 의심이 생기게 되고 나중에는 환자를 믿을 수 없다는 것이 확실해진다.

이렇게 예외적인 경우를 제외하면 나는 환자의 설명이 충분히 신뢰할 만하다고 생각하며 따라서 치료자가 그것을 진실[37)]에 대한 근사치로 받아들여야 한다고 본다. 나아가 그렇게 하는 것이 반치료적(anti-therapeutic)이지 않기도 하다. 환자 이야기의 타당성에 지속적으로 의문을 갖거나 상상이나 환상의 왜곡된 역할에 대해 계속 강조하면 비록 넌지시 비친다 할지라도 공감적인 것에 역행한다. 그러한 태도는 치료자가 환자를 이해하지 못한다는 것을 전달하게 되며, 치료자가 부모가 예측했던 것과 똑같이 행동한다는 확신을 환자에게 줄 수 있다. 즉, 어떤 부모는 아이에게 부모가 수치스러워하는 일을 말하지 말라고 강요하면서 그런 일을 말해도 아무도 믿어 주지 않을 거라고 말하는 경우가 있었던 것이다.

이번 장에서 언급하지는 않았지만, 치료자가 염두에 두어야 하는 것으로 다수 환자의 삶에서 일어났을 법한 불운한 사건과 상황에는 다음과 같은 것이 있다.

- 한쪽 또는 양쪽 부모가 전혀 원하지 않은 아이
- 부모가 원하는 성별(남자, 여자)이 아닌 아이
- 개연성이 있든 없든 아이로 인한 가족 비극의 결과로 가족의 희생양이 된 아이
- 아이를 통제하기 위해 죄책감이 들게끔 하는 부모(예컨대, 어머니가 아이의 행동 때문에 자신이 아프다고 자주 야단치는 것)
- 아이에게 외부 세계의 탐색을 단념하게 하거나, 스스로의 힘

---

37) 그러나 연구 목적으로 할 때 회고적인 정보를 타당한 것으로 받아들이는 범주는 훨씬 더 엄격해야 한다.

으로 성공할 수 있다는 믿음을 단념하게 해서 아이 중 한 명을 자신의 애착 대상으로 만들려는 부모

- 어머니의 결혼기간 중 혼외정사의 결과로 아이의 아버지가 다른 사람으로 추정되어 가족 내에서 일반적이지 않은 역할을 하는 아이
- 부모가 아이를 친척 중 한 사람과 동일시하는 경우로, 종종 어려운 관계에 있는 아이의 조부모 중 한 사람과 동일시하는데 이때 부모가 아이와의 관계를 통해 조부모와의 관계를 재정립하고자 하는 경우
- 의붓 부모나 부모의 육체적 학대의 대상이 된 아이
- 짧거나 긴 시간 동안 부모나 의붓 부모 또는 큰 형제의 성적 학대 대상이 된 아이

이러한 상황에의 노출이 성격발달에 미치는 보편적인 영향을 인정하지 않는 사람을 위해 부가 참고자료(pp. 263-264)에 여러 참고문헌을 제시하였다.

한 개인의 첫 2, 3년 동안의 영향력 있는 사건은 불가피하게 전혀 회상될 수 없다. 물론 치료자가 할 수 있는 최선은 전이 상황 및 환자가 초기에 대해 어렵게 모은 지식에 근거하여 또 치료자 자신이 보유하고 있는 광범위한 성격 발달에 대한 지식과 결합하여 그러한 사건의 성격이 어떠했을지 추론하는 것이다. 즉, 치료자는 재구성에 의지한다. 그러나 그렇게 할 때 분석적으로 훈련받은 심리치료자가 성격발달에 미치는 가족의 영향에 대해 전통적으로 활용할 수 있었던 지식보다 더 폭넓고 신뢰할 수 있는 지식을 사

용할 수 있을 것이다.

🧢 치료자의 입장

    치료적 원리에 대한 이런 설명을 통해 치료자는 자주 다른 이름 아래 있었지만 많은 부분이 오랫동안 익숙한 개념이라는 점을 인정할 것이다. (전통적 이론에서의) 치료적 동맹 개념은 (애착이론에서) 안전기지로 표현되고, 내적대상 개념은 작동 또는 표상모형으로, 재구성화 개념은 과거 기억에 대한 탐색으로, 그리고 저항 개념은 말하거나 기억하지 말라고 과거에 부모가 한 명령에 거부하지 못하는 것으로 애착이론에서는 표현된다. 차이점으로는 자신과 경험에 대한 환자의 탐색에 있어서 환자를 위한 동반자로서의 치료자 역할을 강조하고 환자에 대한 치료자의 해석은 덜 강조한다는 점이 있다. 전통적인 치료자가 '나는 알고 있다. 내가 너에게 말해 줄 것이다'라는 입장을 택하는 것으로 묘사되는 반면, 내가 옹호하는 입장은 '당신은 알고 있다. 당신이 나에게 말한다'다. 이렇게 하여 환자는 지지와 때로는 안내를 받으며 자신의 사고, 감정, 행동의 저변에 흐르는 모형의 참 속성을 스스로 발견할 수 있다고 믿도록 촉진된다. 또 부모와의 초기 경험이 갖는 성격을 검토함으로써 환자는 무엇이 지금 자기 안에서 활동하는 모형을 만들도록 이끌었는지 이해하게 되고 따라서 모형을 재구조화하는 데 자유롭다는 것을 믿도록 촉진된다. 다행히 인간의 뼈처럼 인간의 정신(psyche)은 강력하게 자가치유적인 경향이 있다. 정형외과 의사의 일처럼 심리치료자의 일은 자가치유가 가장 잘 일어날 수 있는 조건을 제공하는 것이다.

　최근에 부드럽고 잠정적인 접근의 특별한 가치를 자세하게 설명한 사람 중에 Peterfreund(1983)와 Casement(1985)가 있다.

　앞서의 설명에서 치료자의 역할은 아이가 탐색활동하는 데 기초가 되는 안전기지를 제공하는 어머니의 역할에 비유되었다. 이는 무엇보다도 치료자의 역할이 고통에 처해 있는 사람의 동반자로서 환자의 나쁜 점까지 모두 수용하고 존중하는 것과 치료자의 최우선 관심이 환자의 안녕을 증진하는 데 있는 것을 의미한다. 이를 위하여 치료자는 일관되고, 주의를 기울이며, 공감적이며, 동정적으로 반응하고자 분투하는 동시에, 환자로 하여금 현재뿐 아니라 과거 자신의 사고, 감정, 행동의 세계를 탐색하도록 하고자 애쓴다. 항상 환자에게 주도권을 갖도록 한다고 해서 치료자가 결코 수동적인 것은 아니다. 치료자는 주의를 기울이며 민감하게 반응하고자 노력한다. 그렇지만 때로는 치료자가 주도적인 역할을 할 때도 있다. 예를 들어, 환자가 사람에 대한 생각과 감정을 제외한 채 어떤 것에 대해 말하느라 시간을 허비할 때 그가 회피하고 있는 영역으로 그의 관심을 돌릴 필요가 있으며, 나아가 도움이 되려는 치료자의 노력과 신뢰를 유지하는 능력에 대한 환자의 깊은 불신에 주의를 기울이도록 해야 한다. 또한 기꺼이 아동기 기억을 탐색하고자 하는 환자의 경우에 환자가 아직까지 직접 언급하지는 않았지만 환자가 말한 것이나 겪는 문제에 비추어 보아 가능할 수 있다고 보이는 어떤 아동기 상황에 대해 치료자가 직접 질문을 많이 하는 것이 도움이 되기도 한다. 이러한 때도, 알면 안

되는 것으로 여겨진 사건에 대해 알지 말라는 부모의 명령과 경험하면 안 되는 것으로 여겨진 감정을 경험하지 말라는 부모의 명령에 의해 환자가 여전히 강하게 영향받을 수 있음을 치료자는 결코 잊어서는 안 된다.

치료의 중단은 항상 환자에게서 어떤 반응을 유발한다. 때때로 그것은 의식적이기도 하고 무의식적이기도 하나 어쨌든 분명하다. 의식적인 경우의 반응은 공공연한 불평이나 화난 항변의 형태를 띨 수 있다. 무의식적일 때는 환자가 치료를 폄하하거나 중단 전 한두 회기에 불참하기도 한다. 치료자가 이러한 반응을 어떻게 평가하고 그것에 반응하는지에는 그의 이론적 입장이 반영된다. 애착이론을 받아들이는 치료사는 분리에 대한 환자의 고통이나 분노를 존중하고(존중은 치료자가 말하거나 행하는 어떤 것에 은연중에 표현된다), 이를 다른 사람에게 애착된 사람의 자연스러운 반응으로 여길 것이다. 동시에 치료자는 환자의 반응이 취하는 형태에 관심을 기울일 것이다. 구체적으로 말하면, 치료자는 동정적이 되고 환자에게 중단 기간 동안 어떻게 의사소통할 수 있는지 알려 줌으로써 환자의 고통을 경감할 수 있다. 또한 치료자는 환자가 중단을 어떻게 해석하는지 고려하고, 오해의 증거가 있다면 어떻게 된 일인지 알도록 시도할 것이다. 예를 들어, 치료자가 돌아오지 않을 것으로 환자가 이해하고 있다면 부모에 의해 버려질지 모를 위협에 노출되었을 가능성에 대해 탐색해 볼 수 있다. 중단이 치료자의 건강이 좋지 않아 발생할 때, 치료자는 환자가 자기 자신의 행동이나 말로 인해 치료가 중단되었지 않나 하고 염려할 수 있음을 고려해야 한다. 그럴 경우 치료자는 환자의 부모 중 한 사람이 환자의 행동방식이 그들을 아프게 한다고 주장함으로써 환자를 통제하려고 했었는지에 대해 탐색할 것이다.

이와 유사하게, 환자가 치료를 폄하하거나 회기에 불참함으로써 중단에 대해 반응한다면 애착이론을 적용하는 치료자는 왜 환자가 감정을 솔직하게 표현하는 것을 두려워하는지, 또 환자의 아동기 경험이 그의 불신에 대해 무엇을 설명해 줄 수 있는지 자문할 것이다.

중단에 대한 환자의 반응에 대응하는 치료자의 양식에 대한 설명은 전통적인 정신분석이론을 적용하는 치료자의 설명과 대조적이다. 예를 들어, 전통적인 정신분석치료자는 환자가 구강기나 공생단계에 고착되었다고 지적하면서 환자의 반응을 오히려 유치하고 철없는 것으로 여길 수 있다. 그럴 경우 치료자가 말하는 것이 환자가 현재 느끼는 애착, 고통, 분노감을 존중하지 않는 것으로 환자에게 경험될 수 있다. 이에 치료자가 차갑고 비연민적이면서 환자의 부모와 너무 비슷한 태도로 반응할 위험이 있다. 만일 그렇다면 그 관계는 반치료적으로 된다.

쉬는 동안 전화 등을 통해 소통을 유지하고자 하거나, 치료 시 고통스러운 순간에 위로받고자 하는 환자의 욕구를 치료자가 얼마만큼 현명하게 맞춰 주어야 하는지에 대한 것은 그들 관계에서의 많은 인간적인 요인에 달려 있다. 한편으로 치료자가 환자의 고통에 충분하게 연민을 나타내지 못하거나 심지어 거절하는 것처럼 보일 위험이 있다. 다른 한편으로는 치료자가 줄 준비가 되어 있는 것보다 더 많이 줄 것처럼 보일 위험이 있다. 고통스러운 환자에게 신체 접촉을 하도록 허용하지 않는 것이 비인간적인 경우가 있다. 이때의 치료자와 환자의 역할은 분명히 위로자와 위로를 받는 자다. 그러나 신체 접촉은 성적인 감정을 유발할 수 있는 위험이 있다. 특히 성이 다를 때 더 그러하다. 상황에 따라 각 치료자는 결정을 내려야 하며 자신의 노선을 정해야 한다. 치료자가 그런 이슈에 깨어 있을수록 함정을 더 잘 피할 수 있을 것이다.

🦋 정서적 의사소통과 내적 작동모형의 재구조화

치료자가 여기에서 옹호된 기법을 활용할 때, 아무 치료적 진전 없이 환자가 아이였을 때 얼마나 두려웠는지 또 부모가 얼마나 자기에게 나쁘게 대했는지를 끊임없이 반복하여 말하는 식으로 치료가 틀에 박히는 일이 때때로 일어날 수 있다. 추측컨대 그런 반복의 한 원인은 치료자가 자기가 하고 있는 말의 진실을 수용하지 않는다고 환자가 확신하고 있는 데 있다. 이런 이유로 그러한 끊임없는 반복이 일어나는 것이다. 이는 환자가 과거에 이야기를 했던 사람에게 항상 조롱받았거나 더 흔하게는 치료자가 미심쩍은 태도로 환자를 대했기 때문일 수 있다. 이는 목소리 톤, 세부 사항에 대한 질문, 환자가 말하는 내용에 특별히 비중을 두지 않는 것 등 수많은 방식을 통해 행해질 수 있다.

치료자가 쉽사리 믿지 않았던 데 문제가 있다는 것이 분명할 경우 이를 벗어나는 방법은 그런 일이 아이들에게 실제 일어나며 환자의 설명을 의심할 이유가 없다는 것을 치료자가 잘 알고 있다고 명확하게 말하는 것이다. 그렇게 해도 교착상태가 지속될 수 있다. 이 경우 환자는 어떤 식으로든 감정을 드러내지 않고 생기 없이 냉소적인 방식으로 이야기를 하고 또 한다.

이 상황은 아이를 홀대하거나 학대할 위험이 있는 취약한 어머니를 돕기 위해 나선 Selma Fraiberg와 동료에 의해 논의되었다 (Fraiberg, Adelson, & Shapiro, 1975). 그들은 그러한 어머니 두 명의 가정을 방문해서 이 여성들이 말한 고통스러운 이야기에 대해 묘사하였다. 두 사람은 각각 아동기 동안의 총체적인 학대―폭력적인 구타를 당하고, 추운 데 갇히고, 때로는 어머니에게 버림받고, 이곳저곳으로 옮겨지고 도움이나 위로를 구할 사람이 아무도 없는―에 대해 이야기했다. 둘 다 그들이 어떻게 느꼈었는지 무엇을 느꼈는지에 대해 전혀 단서를 보이지 않았다. 아기를 만지거나 안는 것을 피하던 16세 소녀(절망적으로 비명을 질렀던)가 주장했다. "말하는 게 무슨 소용이죠? 나는 항상 나 자신에게 말했어요. 난 잊고 싶어요. 나는 생각하고 싶지 않아요." 이것은 그런 상황에서 아이라면 가질 것으로 예상되는 모든 감정―얼마나 무서웠는지, 얼마나 화가 났는지, 얼마나 절망적이었는지, 또한 이해해 주고 위로와 보호를 제공해 줄 '누군가에게 가기를 얼마나 열망했는지'―을 표현하도록 치료자가 개입해야 할 지점이었다. 그렇게 개입함으로써 치료자는 환자가 어떻게 느꼈었을지에 대한 이해를 보여 주었을 뿐 아니라 그런 감정과 열망의 표현에 공감적이고 위로적인 반응으로 마주하며 의사소통을 하였다. 그리고 나서야 그 어린 어머니는 항상 느꼈지만 감히 표현하지 못했던 모든 슬픔, 눈물, '버림받은 아이로서 자신에게 느끼는 말할 수 없는 비통함'을 표현할 수 있게 되었다.

환자가 감히 보이지 못하는 정서를 표현하도록 돕는 Fraiberg의 방법에 대한 이 설명에서 나는 의도적으로 정서와 행동 간의 연결을 강조했다. 정서를 표현하지 못하는 것은 행동—정서는 행동의 일부다—이 무서운 결과로 이어질지 모른다는 무의식적 두려움 때문이다. 많은 가족에게서 어른을 향한 분노는 때때로 심각한 처벌로 이어진다. 여기에 더하여 위로와 도움을 달라고 울면서 호소하는 것은 거절과 경멸로 이어질 수 있다. 많은 아이가 고통받고 울게 될 때 또 위로를 구할 때 참을성 없는 울보 애기 소리를 들으며 쫓겨난다는 것을 치료자들은 너무 자주 잊어버린다. 이러한 아동은 이해심 많고 애정 어린 부모에 의해 제공되는 위로 대신 냉담하고 비판적인 무시에 직면하게 된다. 이런 패턴이 아동기 동안 만연된다면 아이는 고통을 내비치거나 위로를 추구하는 법을 배우지 못한다. 그가 치료를 받게 될 경우 부모가 항상 그랬듯이 치료자가 분노와 눈물을 참을 수 없을 거라 가정하게 되는 것은 전혀 이상하지 않다.

정신분석적 관점을 채택하는 모든 치료자는 환자가 자신의 기억, 생각, 꿈, 희망, 욕구에 대해 이야기할 뿐 아니라 자신의 느낌을 표현하는 것이 치료를 위해 필요하다는 것을 오랫동안 인정하고 있다. 그러므로 냉소적이고 차가운 젊은 여성이 자신의 감정의 깊이를 발견하고 치료자에게 감정을 자유롭게 표현하도록 돕는 Fraiberg의 기법에 대한 논의는 마지막에 다루기에 적합하다.

이번 장에서 나는 '정보' '의사소통' '작동모형'과 같은 용어를 사용하면서 부주의한 독자의 경우 이러한 용어가 단지 인지에만 관련되고 감정과 행동은 전무한 심리학에 속한 것으로 추측하기 쉽다는 것을 내내 의식하고 있었다. 오랫동안 인지심리학자는 감정에 대해 언급하지 않는 것이 매우 일반적이라고 여겼지만, 지금은 감정에 대한 언급을 생략하는 것이 오히려 인위적이고 무의미하다고 인식하고 있다(Hinde, Perret-Clermont, & Stevenson-Hinde, 1985). 사실 사람들 간에 감정을 표현하는 것보다 더 중요한 소통은 없으며, 자기와 타인에 대한 작동모형을 구축하고 재건하기 위해 서로를 어떻게 느끼는지보다 더 생명력 있는 정보는 없다. 실로 생애 초기에 감정의 표현과 그 표현의 수용은 우리가 가진 유일한 소통의 수단이었으며, 자신과 애착인물에 대한 작동모형의 근간이 부득이하게 그 원천에서 나오는 정보만을 사용하는 데 놓여 있다. 이런 이유로 환자와 치료자 간의 정서적 의사소통이 심리치료 과정에서 애착관계를 검토하고 자신의 작동모형을 재수립하는 데 있어 핵심 부분을 담당한다고 해도 그리 놀라운 일은 아니다.

참고문헌

Adams-Tucker, C. (1982). 'Proximate effects of sexual abuse in childhood: a report on 28 children', *American Journal of Psychiatry*, 139: 1252-6.

Ainsworth, M. D. S. (1962). 'The effects of maternal deprivation: a review of findings and controversy in the context of research strategy' in: *Deprivation of maternal care: a reassessment of its effects*, Public Health Papers no. 14, Generva: World Health Organisation.

Ainsworth, M. D. S. (1963). 'The development of infant-mother interaction among the Ganda' in B. M. Foss (ed.) *Determinants of infant behaviour*, vol. 2, London: Methuen; New York: Wiley.

Ainsworth, M. D. S. (1967). *Infancy in Uganda: infant care and the growth of attachment*, Baltimore: Johns Hopkins University Press.

Ainsworth, M. D. S. (1969). 'Object relations, dependency and attachment: a theoretical review of the infant-mother relationship', *Child Development*, 40: 969-1025.

Ainsworth, M. D. S. (1977). 'Social development in the first year of life: maternal influences on infant-mother attachment' in J. M. Tanner (ed.) *Developments in psychiatric research*, London: Tavistock.

Ainsworth, M. D. S. (1982). 'Attachment: retrospect and prospect' in C. M. Parkes and J. Stevenson-Hinde (eds.) *The place of attachment in human behavior*, 3-30, New York: Basic Books; London: Tavistock.

Ainsworth, M. D. S. (1985). 'I Patterns of infant-mother attachment: antecedents and effects on development' and 'II Attachments across the life-span', *Bulletin of New York Academy of Medicine,* 61: 771-91 and 791-812.

Ainsworth, M. D. S., and Wittig, B. A. (1969). 'Attachment and exploratory behaviour of one-year-olds in a strange situation' in B. M. Foss (ed.) *Determinants of infant behaviour,* vol. 4, London: Methuen; New York: Barnes & Noble.

Ainsworth, M. D. S., Bell, S. M., and Stayton, D. J. (1971). 'Individual differences in strange situation behavior of one-year-olds' in H.R. Schaffer (ed.) *The origins of human social relations,* 17-57, London: Academic Press.

Ainsworth, M. D., Blehar, M. C., Waters, E., and Wall, S. (1978). *Patterns of attachment: assessed in the strange situation and at home,* Hillsdale, NJ: Lawrence Erlbaum.

Anderson, J. W. (1972). 'Attachment behaviour out of doors' in N. Blurton Jones (ed.) *Ethological studies of child behaviour,* Cambridge: Cambridge University Press.

Arend, R., Gove, F. L., and Sroufe, L. A. (1979). 'Continuity of individual adaptation from infancy to kindergarten: a predictive study of ego-resiliency and curiosity in preschoolers', *Child Development,* 50: 950-9.

Baldwin, J. (1977). 'Child abuse: Epidemiology and prevention' in *Epidemiological approaches in child psychiatry,* 55-106, London: Academic Press.

Ballou, J. (1978). 'The significance of reconciliative themes in the psychology of pregnancy', *Bulletin of the Menninger Clinic,* 42: 383-413.

Bender, L. (1947). 'psychopathic behaviour disorders in children' in R. M. Lindner and R. V. Seliger (eds.) *Handbook of correctional psychology,* New York: Philosophical Library.

Bender, L., and Yarnell, H. (1941). 'An observation nursery', *American Journal of Psychiatry,* 97: 1158-74.

Blehar, M. C., Lieberman, A. F., and Ainsworth, M. D. S. (1977). 'Early face-toface interaction and its relations to later infant-mother attachment', *Child Development,* 48: 182-94.

Blight, J. G. (1981). 'Must psychoanalysis retreat to hermeneutics?', *Psychoanalysis and Contemporary Thought,* 4: 147-205.

Bliss, E. L. (1980). 'Multiple personalities: report of 14 cases with implications for schizophrenia and hysteria', *Archives of General Psychiatry,* 37: 1388-97.

Bliss, E. L. (1986). *Multiple personality, allied disorders and hypnosis,* Oxford: Oxford University Press.

Bloch, D. (1978). *'So the witch won't eat me',* Boston: Houghtpn Mifllin.

Bowlby, J. (1940). 'The influence of early environment in the development of neurosis and neurotic character', *International Journal of Psycho-Analysis,* 21: 154-78.

Bowlby, J. (1944). 'Forty-four juvenile thieves: their characters and home life', *International Journal of Psycho-Analysis,* 25: 19-52 and 107-27.

Bowlby, J. (1951). *Maternal care and mental health,* Geneva: World Health Organisation; London: Her Majesty's Stationery Office; New York: Columbia University Press; abridged version: *Child Care and the Growth of Love* (2nd edition, 1965), Harmondsworth: Penguin.

Bowlby, J. (1958). The nature of the child's tie to his mother, *International Journal of Psycho-Analysis,* 39: 350-73.

Bowlby, J. (1960). 'Grief and mourning in infancy and early childhood', *The Psychoanalytic Study of the Child,* 15: 9-52.

Bowlby, J. (1961). 'Processes of mourning', *International Journal of Psycho-Analysis,* 42: 317-40.

Bowlby, J. (1969). *Attachment, vol. 1 of Attachment and loss* (2nd edition 1982), London: Hogarth Press; New York: Basic Books; Harmondsworth: Penguin(1971).

Bowlby, J. (1973). *Separation: anxiety and anger, vol.2 of Attachment and loss,* London: Hogarth Press; New York: Basic Books; Harmondsworth: Penguin

(1975).

Bowlby, J. (1977). 'The making and breaking of affectional bonds', *British Journal of Psychiatry*, 130: 201-10 and 421-31; reprinted 1979, New York: Methuen Inc.; London: Tavistock.

Bowlby, J. (1980). *Loss: sadness and depression*, vol. 3 of *Attachment and loss*, London: Hogarth Press; New York: Basic Books; Harmondsworth: Penguin (1981).

Bowlby, J. (1981). 'Psychoanalysis as a natural science', *International Review of Psycho-Analysis*, 8: 243-56.

Bowlby, J. (1982). Attachment, 2nd edition of vol. 1 of *Attachment and loss*, London: Hogarth Press.

Brazelton, T. B., Koslowski, B., and Main, M. (1974). 'The origins of reciprocity in mother-infant interaction' in M. Lewis and L. A. Rosenblum (eds.) *The Effect of the Infant on its Caregiver*, 49-76, New York: Wiley-Interscience.

Bretherton, I. (1987). 'New perspectives on attachment relations in infancy: security, communication and internal working models' in J. D. Osofsky, (ed.) *Handbook of infant development* (2nd edition), 1061-100, New York: Wiley.

Brown, G.W., and Harris, T. (1978). *The social origins of depression*, London: Tavistock.

Burlingham, D., and Freud, A. (1942). *Young children in war-time*, London: Allen & Unwin.

Burlingham, D., and Freud, A. (1944). *Infants without families*, London: Allen & Unwin.

Burnham, D. L. (1965). 'Separation anxiety', *Archives of General Psychiatry*, 13: 346-58.

Cain, A. C., and Fast, I. (1972). 'Children's disturbed reactions to parent suicide' in A. C. Cain (ed.) *Survivors of suicide*, Springfield, Illinois: C.C. Thomas.

Casement, P. (1985). *On learning from the patient*, London: Tavistock.

Cassidy, J., and Kobak, R. (1988). 'Avoidance and its relation to other defensive processes' in J. Belsky and T. Nezworski (ed.) *Clinical Implications of Attachment*, Hillsdale, NJ: Lawrence Erlbaum.

Cater, J. I., and Easton, P. M. (1980). 'Separation and other stress in child abuse', *Lancet*, 1 (3 May 1980): 972.

Clarke-Sterwart, K. A. (1978). 'And daddy makes three: the father's impact on mother and young child', *Child Development*, 49: 466-78.

Collis, G. M., and Schaffer, H. R. (1975). 'Synchronization of visual attention in mother-infant pairs', *Journal of Child Psychology and Psychiatry*, 16: 315-20.

Crittenden, P. (1985). 'Maltreated infants: vulnerability and resilience', *Journal of Child Psychology and Psychiatry* 26: 85-96.

DeLozier, P. P. (1982). 'Attachment theory and child abuse' in C. M. Parkes and J. Stevenson-Hinde (eds.) *The place of attachment in human behavior*, 95-117, New York: Basic Books; London: Tavistock.

Deutsch, H. (1937). 'Absence of grief', *Psychoanalytic Quarterly*, 6: 12-22.

Dixon, N. F. (1971). *Subliminal perception: the nature of a controversy*, London: McGraw-Hill.

Dixon, N. F. (1981). *Preconscious processing*, Chichester and New York: Wiley.

Efron, A. (1977). 'Freud's self-analysis and the nature of psycho-analytic critism', *International Review of Psycho-analysis*, 4: 253-80.

Emade, R. N. (1983). 'The prerepresentational self and its affective core', *The Psychoanalytic Study of the Child*, 38: 165-92.

Epstein, S. (1980). 'The self-concept: a review of the proposal of an integrated theory of personality' in E. Staub (ed.) *Personality: basic issues and current research*, Englewood Cliffs, NJ: Prentice Hall.

Epstein, S. (1986). 'Implications of cognitive self-theory for psychopathology and psychotherapy' in N. Cheshire and H. Thomas (eds.) *Self-esteem and Psychotherapy*, New York: Wiley.

Erdelyi, M. H. (1974). 'A new look at the New Look: perceptual defense and vigilance', *Psychological Review*, 81: 1-25.

Fairbraim, W. R. D. (1940). 'Schizoid factors in the personality' in *Psychoanalytic studies of the Personality*, 3-27, London: Tavistock (1962); New York: Basic Books (1952).

Farrington, D. P. (1978). 'The family backgrounds of aggressive youths' in L. Hersov and M. Berger (eds.) *Aggression and anti-social behaviour in children and adolescents*, 73-93, Oxford and New York: Pergamon Press.

Feinstein, H. M., Paul, N., and Pettison, E. (1964). 'Group therapy for mothers with infanticidal impulses', *American Journal of Psychiatry*, 120: 882-6.

Fraiberg, S., Adelson, E., and Shapiro, V. (1975). 'Ghosts in the nursery: a psychoanalytic approach to the problems of impaired infant-mother relationships', *Journal of the American Academy of Child Psychiatry*, 14: 387-421.

Freud, S. (1909). 'Analysis of a phobia in a five-year-old boy', *Standard Edition*, 10, 5-149, London: Hogarth Press.

Freud, S. (1914). 'Remembering, repeating and working thought', *SE* 12, 147-56, London: Hogarth Press.

Freud, S. (1917). *Introductory lectures on psycho-analysis Part III*, *SE* 16, 243-476, London: Hogarth Press.

Freud, S. (1918). 'From the history of an infantile neurosis', *SE* 17, 7-122, London: Hogarth Press.

Freud, S. (1925). 'An autobiographical study', *SE* 20, 7-70, London: Hogarth Press.

Freud, S. (1926). *Inhibitions, symptoms and anxiety*, *SE* 20, 87-174, London: Hogarth Press.

Freud, S. (1937). 'Constructions in analysis', *SE* 23, 257-69, London: Hogarth Press.

Freud, S. (1939). 'Moses and monotheism', *SE* 23, 7-137, London: Hogarth Press.

Freud, S. (1940). 'An outline of psycho-analysis', *SE* 23, 144-207, London: Hogarth Press.

Freud, S. (1950). 'Project for a scientific psychology', *SE 1*, 295-397, London: Hogarth Press.

Frodi, A. M., and Lamb, M. E. (1980). 'Child abusers' responses to infant smiles and cries', *Child Development*, 51: 238-41.

Frommer, E. A., and O'Shea, G. (1973). 'Antenatal identification of women liable to have problems in managing their infants', *British Journal of Psychiatry*, 123, 149-56.

Furman, E. (1974). *A child's parent dies*, New Haven and London: Yale University Press.

Gaensbauer, T. J., and Sands, K. (1979). 'Distorted affective communications in abused/neglected infants and their potential impact on caretakers', *Journal of the American Academy of Child Psychiatry*, 18: 236-50.

Gayford, J. J. (1975). 'Wife-battering: a preliminary survey of 100 cases', *British Medical Journal*, vol. 1, 194-7, no. 5951.

Gedo, J. E. (1979). *Beyond interpretation: toward a revised theory for psycho-analysis*, New York: International Universities Press.

George, C., and Main, M. (1979). 'Social interactions of young abused children: approach, avoidance and aggression', *Child Development*, 50: 306-18.

Gill, H. S. (1970). 'Parental influences in a child's capacity to perceive sexual themes', Family Process 9: 40-50; reprinted in R. Gosling (ed.) *Support, innovation and autonomy*, 113-24, London: Tavistock (1973).

Goldfarb, W. (1943a). 'Infant rearing and problem behaviour', *American Journal of Orthopsychiatry*, 13: 249-65.

Goldfarb, W. (1943b). 'The effect of early institutional care on adolescent personality', *Child Development*, 14: 213-23.

Goldfarb, W. (1943c). 'The effect of early institutional care on adolescent personality', *Journal of Experimental Education*, 12: 106-29.

Goldfarb, W. (1955). 'Emotional and intellectual consequences of psychologic deprivation in infancy: a revaluation' in P. H. Hoch and J. Zubin (eds.) *Psychopathology of Childhood*, New York: Grune & Stratton.

Green, A. H., Gaines, R. W., and Sandgrun, A. (1974). 'Child abuse: pathological syndrome of family interaction', *American Journal of Psychiatry*, 131, 882-6.

Grinker, R. R. (1962). '"Mentally healthy" young males (homoclites)', *Archives of General Psychiatry*, 6: 405-53.

Grossmann, K. E., Grossmann, K., and Schwan, A. (1986). 'Capturing the wider view of attachment: a reanalysis of Ainsworth's strange situation' in C. E. Izard and P. B. Read (eds.) *Measuring emotions in infants and children*, vol. 2, New York: Cambridge University Press.

Guidano, V. F., and Liotti, G. (1983). *Cognitive processes and emotional disorders*, New York: Guilford Press.

Guntrip, H. (1975). 'My experience of analysis with Fairbairn and Winnicott', *International Review of Psycho-Analysis*, 2: 145-56.

Hall, F., Pawlby, S. J., and Wolkind, S. (1979). 'Early life experiences and later mothering behaviour: a study of mothers and their 20-week old babies' in D. Shaffer and J. Dunn (eds.) *The first year of life*, 153-74, Chichester and New York: Wiley.

Hansburg, H. G. (1972). *Adolescent separation anxiety: a method for the study of adolescent separation problems*, Springfield, Illinois: C. C. Thomas.

Harlow, H. F., and Harlow, M. K. (1965). 'The affectional systems' in A. M. Schrier, H. F. Harlow, and F. Stollnitz (eds.) *Behaviour of non-human primates*, vol. 2, New York and London: Academic Press.

Harlow, H. F., and Zimmermann, R. R. (1959). 'Affectional responses in the infant monkey', *Science*, 130: 421.

Harris, T. O. (1988). 'Psycho-social vulnerability to depression: the biographical perspective of the Bedford College studies' in S. Henderson (ed.) *Textbook of Social Psychiatry*, Amsterdam: Elsevier.

Harrison, M. (1981). 'Home-start: a voluntary home-visiting scheme for young families', *Child Abuse and Neglect,* 5: 441-7.

Hazan, C., and Shaver, P. (1987). 'Romantic love conceptualized as an attachment process', *Journal of Personality and Social Psychology,* 52: 511-24.

Heinicke, C. (1956). 'Some effects of separating two-year-old children from their parents: a comparative study', *Human Relations,* 9: 105-76.

Heinicke, C., and Westheimer, I. (1966). *Brief separations,* New York: International Universities Press; London: Longman.

Helfer, R. E., and Kempe, C. H. (eds.) (1976). *Child abuse and neglect: the family and the community,* Cambridge, Mass: Ballinger.

Hinde, R. A. (1974). *Biological bases of human social behaviour,* New York and London: McGraw-Hill.

Hinde, R. A., and Spencer-Booth, Y. (1971). 'Effects of brief separation from mother on rhesus monkeys', *Science,* 173: 111-18.

Hinde, R. A., Perret-Clermont, A.-N., and Stevenson-Hinde, J. (eds.) (1985). *Social relationships and cognitive development,* Oxford: Clarendon Press.

Holt, R. R. (1981). 'The death and transfiguration of metapsychology', *International Review of Psycho-Analysis,* 8: 129-43.

Home, H. J. (1966). 'The concept of mind', *International Journal of Psycho-Analysis,* 47: 43-9.

Hopkins, J. (1984). 'The probable role of trauma in a case of foot and shoe fetishism: aspects of the psychotherapy of a six-year-old girl', *International Review of Psycho-analysis,* 11: 79-91.

Horney, K. (1951). *Neurosis and human growth,* London: Routledge & Kegan Paul.

Horowitz, M., Marmar, C., Krupnock, J., Wilner, N., Kaltreider, N., and Wallerstein, R. (1984). *Personality styles and brief psychotherapy,* New York: Basic Books.

Izard, C. E. (ed.) (1982). *Measuring emotions in infants and children*, Cambridge: Cambridge University Press.

Johnson-Laird, P. N. (1983). *Mental models*, Cambridge: Cambridge University Press.

Jones, E. (1957). *Sigmund Freud: life and work*, vol. 3, London: Hogarth Press; New York: Basic Books.

Kaye, H. (1977). 'Infant sucking behaviour and its modification' in L. P. Lipsitt and C. C. Spiker (eds.) *Advances in child development and behaviour*, vol. 3, 2-52, London and New York: Academic Press.

Kennell, J. H., Jerrauld, R., Wolfe, H., Chesler, D., Kreger, N. C., McAlpine, W., Steffa, M., and Klaus, M. H. (1974). 'Maternal behaviour on year after early and extended post-partum contact', *Developmental Medicine and Child Neurology*, 16: 172-9.

Kernberg, O. (1975). *Borderline conditions and pathological narcissism*, New York: Jason Aronson.

Kernberg, O. (1980). *Internal world and external reality: object relations theory applied*, New York: Jason Aronson.

Klaus, M. H., and Kennell, J. H. (1982). *Maternal-infant bonding* (2nd edition), St Louis: V. C. Mosby.

Klaus, M. H., Trause, M. A., and Kennell, J. H. (1975). 'Does human maternal behaviour after delivery show a characteristic pattern?', in *Parent-infant interaction, Ciba Foundation Symposium 33 (new series)*: 69-78, Amsterdam: Elsevier.

Klaus, M. H., Kennell, J. H., Robertson, S. S., and Sosa, R. (1986). 'Effects of social support during parturition on maternal and infant morbidity', *British Medical Journal*, 283: 585-7.

Klein, G. S. (1976). *Psychoanalytic theory: an exploration of essentials*, New York: International Universities Press.

Klein, M. (1940). 'Mourning and its relation to manic-depressive states' in *Love, guilt and reparation and other papers, 1921-1946,* 311-38, London: Hogarth (1947); Boston: Seymour Lawrence/Delacorte.

Klein, M. (1981). 'On Mahler's autistic and symbiotic phases: an exposition and evaluation', *Psychoanalysis and Contemporary Thought,* 4: 69-105.

Kliman, G. (1965). *Psychological emergencies of childhood,* New York: Grune & Stratton.

Kluft, R. P. (ed.) (1985). *Childhood antecedents of multiple personality,* Washington DC: American Psychiatric Press.

Kobak, R. R., and Sceery, A. (1988). 'Attachment in late adolescence: working models, affect regulation and representations of self and others', *Child Development,* 59.

Kohut, H. (1971). *The analysis of the self,* New York: International Universities Press.

Kohut, H. (1977). *The restoration of the self,* New York: International Universities Press.

Kuhn, T. S. (1962). *The structure of scientific revolutions* (2nd edition 1970), Chicago: University of Chicago Press.

Kuhn, T. S. (1974). 'Second thoughts on paradigms' in F. Suppe (ed.) *The structure of scientific theory,* 459-99, Urbana, Illinois: University of Illinois Press.

Lamb, M. E. (1977). 'The development of mother-infant and father-infant attachment in the second year of life', *Developmental Psychology,* 13: 637-48.

Latakos, I. (1974). 'Falsification and the methodology of scientific research programmes' in I. Latakos and A. Musgrave (eds.) *Criticism and the growth of knowledge,* London: Cambridge University Press.

Levy, D. (1937). 'Primary affect hunger', *American Journal of Psychiatry,* 94: 643-52.

Lind, E. (1973). 'From false-self to true-self functioning: a case in brief psychotherapy', *British Journal of Medical Psychology,* 46: 381-9.

Liotti, G. (1986). 'Structural cognitive therapy' in W. Dryden and W. Golden (eds.) *Cognitive-behavioural approaches to psychotherapy,* 92-128, New York: Harper & Row.

Liotti, G. (1987). 'The resistance to change of cognitive structures: a counterproposal to psychoanalytic metapsychology', *Journal of Cognitive Psychotherapy,* 1: 87-104.

Lorenz, K. Z. (1935). 'Der Kumpan in der Umvelt des Vogels', J. Orn, Berl., 83, English translation in C. H. Schiller (ed.) *Instinctive behaviour,* New York: International Universities Press (1957).

Lynch, M. (1975). 'ill-health and child abuse', *The Lancet,* 16 August 1975.

Lynch, M. A., and Roberts, J. (1982). *Consequences of child abuse,* London: Academic Press.

Mackey, W. C. (1979). 'Parameters of the adult-male-child bond', *Ethology and Sociobiology,* 1: 59-76.

Mahler, M. S. (1971). 'A study of the separation-individuation process and its possible application to borderline phenomena in the psychoanalytic situation', *The psychoanalytic study of the child,* 26: 403-24.

Mahler, M. S., Pine, F., and Bergman, A. (1975). *The psychological birth of the human infant,* New York: Basic Books.

Main, M. B. (1977). 'Analysis of a peculiar form of reunion behaviour in some day-care children: its history and sequelae in children who are home-reared', in R. Webb (ed.) *Social development in childhood: daycare programs and research,* Baltimore: John Hopkins University Press.

Main, M. (1988). 'Parental aversion to physical contact with the infant: stability, consequences and reasons' in T. B. Brazelton and K. Barnard (eds.) *Touch,* New York: International Universities Press.

Main, M., and Cassidy, J. (1988). 'Categories of response with the parent at age six: predicted from infant attachment classifications and stable over a one month period', *Developmental Psychology*, 24: 415-26.

Main, M., and George, C. (1985). 'Responses of abused and disadvantaged toddlers to distress in age-mates: a study in the day-care setting', *Developmental Psychology*, 21, 407-12.

Main, M., and Hesse, E. (1990). 'Parents' unresolved traumatic experiences are related to infant disorganized attachment: Is frightened and/or frightening parental behaviour the linking mechanism', in M. Greenberg, D. Cicchetti and M. Cummings (eds.) *Attachment in the preschool years*, Chicago: University of Chicago Press.

Main, M., and Solomon, J. (1990). 'Procedure, for identifying infants as disorganized/disoriented during the Ainsworth Strange Situation' in M. Greenberg, D. Cicchetti, and M. Cummings (eds.) *Attachment in the preschool years*, Chicago: University of Chicago Press.

Main, M., and Weston, D. (1981). 'Quality of attachment to mother and to father: related to conflict behaviour and the readiness for establishing new relationships', *Child Development*, 52: 932-940.

Main, M., Kaplan, N., and Cassidy, J. (1985). 'Security in infancy, childhood and adulthood: a move to the level of representation' in I. Bretherton and E. Waters (eds.) *Growing points in attachment: theory and research*, Monographs of the Society for Research in Child Development Serial, 209: 66-104, Chicago: University of Chicago Press.

Malan, D. M. (1973). 'Therapeutic factors in analytically-oriented brief psychotherapy' in: R. H. Gosling (ed.) *Support, Innovation and Autonomy*, 187-209, London: Tavistock.

Malone, C. A. (1966). 'Safety first: comments on the influence of external danger in the lives of children of disorganized families', *American Journal of Orthopsychiatry*, 36: 6-12.

Manning, M., Heron, J., and Marshall, T. (1978). 'Styles of hostility and social interactions at nursery, at school and at home: an extended study of children' in L. Hersov and M. Berger (eds.) *Aggression and antisocial behaviour in childhood and adolescence,* 29-58, Oxford and New York: Pergamon.

Marris, P. (1958). *Widows and their families,* London: Routledge & Kegan Paul.

Marrone, M. (1984). 'Aspects of transference in group analysis', *Group Analysis,* 17: 179-90.

Marsden, D., and Owens, D. (1975). 'The Jekyll and Hyde marriages', *New Society,* 32: 333-5.

Martin, H. P., and Rodeheffer, M. A. (1980). 'The psychological impact of abuse in children' in G. J. Williams and J. Money (eds.) *Traumatic abuse and neglect of children at home,* Baltimore, Maryland: Johns Hopkins Univrsity Press.

Matas, L., Arend, R. A., and Sroufe, L. A. (1978). 'Continuity of adaptation in the sexond year: the relationship between quality of attachment and later competence', *Child Development,* 49: 547-56.

Mattinson, J., and Sinclair, I. (1979). *Mate and stalemate,* Oxford: Blackwell.

Meiselman, K. C. (1978). *Incest+a psychological study of causes and effects with treatment recommendations,* San Francisco: Jossey-Bass.

Melges, F. T., and DeMaso, D. R. (1980). 'Grief resolution therapy: reliving, revising, and revisiting', *American Journal of Psychotherapy,* 34: 51-61.

Miller, A. (1979, English translation 1983). *The drama of the gifted child and t he search for the true self,* London: Faber and Faber.

Mintz, T. (1976). 'Contribution to panel report on effects on adults of object loss in the first five years', reported by M. Wolfenstein, *Journal of the American Psychoanalytic Association,* 24, 662-5.

Mitchell, M. C. (in preparation). 'Physical child abuse in a Mexican-American population' in K. E. Pottharst (ed.) *Research explorations in adult attachment.*

Morris, D. (1981). 'Attachment and intimacy' in G. Stricker (ed.) *Intimacy,* New

York: Plenum.

Morris, M. G., and Gould, R. W. (1963). 'Role reversal: a necessary concept in dealing with the "Battered child syndrome"', *American Journal of Orthopsychiatry, 32*: 298-9.

Newson, J. (1977). 'An intersubjective approach to the systematic description of mother-infant interaction', in H. R. Schaffer (ed.) *Studies in mother-infant interaction,* New York: Academic Press.

Niederland, W. G. (1959a). 'The "miracled-up" world of Schreber's childhood', *The Psychoanalytic Study of the Child, 14*: 383-413.

Niederland, W. G. (1959b). 'Schreber: father and son', *Psycho-Analytic Quarterly, 28*: 151-69.

Norman, D. A. (1976). *Memory and attention: introduction to human information processing* (2nd edition), New York: Wiley.

Offer, D. (1969). *The psychological world of the teenager: a study of normal adolescent boys,* New York: Basic Books.

Palgi, P. (1973). 'The socio-cultural expressions and implications of death, mourning and bereavement arising out of the war situation in Israel', *Israel Annals of Psychiatry, 11*: 301-29.

Parke, R. D., (1979). 'Perspectives on father-infant interaction' in J. D. Osofsky (ed.) *Handbook of infant development,* New York: Wiley.

Parke, R. D., and Collmer, C. W. (1975). 'Child abuse: an interdisciplinary analysis' in E. M. Hetherington (ed.) *Review of Child Development Research,* vol. 5, Chicago: University of Chicago Press.

Parkes, C. M. (1972). *Bereavement: studies of grief in adult life,* London: Tavistock; New York: International Universities Press.

Parkes, C. M., and Stevenson-Hinde, J. (eds.) (1982). *The place of attachment in human behavior,* New York: Basic Books; London: Tavistock.

Pedder, J. (1976). 'Attachment and new beginning', *International Review of Psycho-analysis, 3*: 491-7.

Peterfreund, E. (1971). *Information, systems, and psychoanalysis,* Psychological Issues, vol. VII. Monograph 25/26, New York: International Universities Press.

Peterfreund, E. (1978). 'Some critical comments on psychoanalytic conceptualizations of infancy', *International Journal of Psycho-Analysis,* 59: 427-41.

Peterfreund, E. (1983). *The process of psychoanalytic therapy: modes and strategies,* New York: Analytic Press.

Peterson, G. H., and Mehl, L. E. (1978). 'Some determinants of maternal attachment', *American Journal of Psychiatry,* 135: 1168-73.

Pine, F. (1985). *Developmental theory and clinical process,* New Haven: Yale University Press.

Popper, K. R. (1972). *Objective knowledge: an evolutionary approach,* Oxford: Clarendon Press.

Pound, A. (1982). 'Attachment and maternal depression' in C.M. Parkes and J. Stevenson-Hinde (eds.) *The place of attachment in human behavior,* 118-130, New York: Basic Books; London: Tavistock.

Pound, A., and Mills, M. (1985). 'A pilot evaluation of Newpin, a home visiting and befriending scheme in South London', *Newsletter of Association for Child Psychology and Psychiatry,* 7, no. 4: 13-15.

Provence, S., and Lipton, R. C. (1962). *Infants in institutions,* New York: International Universities Press.

Radford, M. (1983). 'Psychoanalysis and the science of problem-solving man: an application of Popper's philosophy and a response to Will (1980)', *British Journal of Medical Psychology,* 56: 9-26.

Radke-Yarrow, M., Cummings, E. M., Kuczynski, L., and Chapman, M. (1985). 'Patterns of attachment in two- and three-year olds in normal families and families with parental depression', *Child Development,* 56: 884-93.

Rajecki, D. W., Lamb, M. E., and Obmascher, P. (1978). 'Towards a general theory of infantile attachment: a comparative review of aspects of the social bond', *The Behavioral and Brain Sciences,* 3: 417-64.

Raphael, B. (1977). 'Preventive intervention with the recently bereaved', *Archives of General Psychiatry,* 34: 1450-4.

Raphael, B. (1982). 'The young child and the death of a parent' in C. M. Parkes and J. Stevenson-Hinde (eds.) *The place of attachment in human behaviour,* 131-50, New York: Basic Books; London: Tavistock.

Raphael, D. (1966). 'The lactation-suckling process within a matrix of supportive behaviour', dissertation for the degree of PhD submitted to Columbia University.

Ricks, M. H. (1985). 'The social transmission of parental behaviour: attachment across generations' in I. Bretherton and E. Waters (eds.) *Growing points in attachment theory and research,* Monograph of the Society for Research in Child Development Serial no. 209, 211-29.

Ricoeur, P. (1970). *Freud and philosophy: an essay in interpretation* (trans: D. Savage), New Haven: Yale University Press.

Ringler, N., Kennell, J. H., Jarvella, R., Navajosky, R. J., and Klaus, M. H. (1975). 'Mother to child speech at two years: the effects of increased postnatal contact', *Journal of Pediatrics,* 86, 141-4.

Robertson, J. (1952). *A two year-old goes to hospital* (film), Ipswich: Concord Films Council; New York: New York University Film Library.

Robertson, J. (1953). 'Some responses of young children to loss of maternal care', *Nursing Times,* 49: 382-6.

Robertson, J. (1958). *Going to hospital with mother* (film) Ipswich: Concord Films Council; New York: New York University Film Library.

Robertson, J. (1970). *Young children in hospital* (2nd edition) London: Tavistock.

Robertson, J., and Bowlby, J. (1952). 'Responses of young children to separation from their mothers', *Courrier Centre Interntaionale Enfance,* 2: 131-42.

Robson, K. M., and Kumar, R. (1980). 'Delayed onset of maternal affection after childbirth', *British Journal of Psychiatry,* 136: 347-53.

Rosen, V. H. (1955). 'The reconstruction of a traumatic childhood event in a case of derealization', *Journal of the American Psychoanalytic Association,* 3: 211-21; reprinted in A. C. Cain (ed.) (1972) Survivors of suicide, Springfield, Illinois: C.C. Thomas.

Rosenblatt, A. D., and Thickstun, J. T. (1977). *Modern psychoanalytic concepts in a general psychology,* parts 1 and 2, Psychological Issues Monograph 42/43, New York: International Universities Press.

Rosenfeld, S. (1975). 'Some reflections arising from the treatment of a traumatized child' in *Hampstead Clinic Studies in Child Psychoanalysis,* 47-64, New Haven, Conn.: Yale University Press.

Rubinstein, B. B. (1967). 'Explanation and mere description: a meta-scientific examination of certain aspects of the psychoanalytic theory of motivation' in R. R. Holt (ed.) *Motives and thought: psychoanalytic essays in honor of David Rapaport,* 20-7, Psychological Issues Monograph 18/19, New York: International Universities Press.

Rutter, M. (1979). 'maternal deprivation, 1972-1978: new findings, new concepts, new approaches', Child Development, 50: 283-305; reprinted in *Maternal Deprivation Reassessed* (2nd edition), Harmondsworth: Penguin, 1981.

Rutter, M. (ed.) (1980). *Scientific foundation of developmental psychiatry,* London: Heinemann Medical Books.

Sameroff, A. J., and Chandler, M. A. (1975). 'Reproductive risk and the continuance of caretaking casualty' in F. D. Horowitz, et al. (eds.) *Review of Child Development Research,* vol. 4, 187-244, Chicago: University of Chicago Press.

Sander, L.W. (1964). 'Adaptive relationships in early mother+child interaction', *Journal of the American Academy of Child Psychiatry,* 3: 231-64.

Sander, L. W. (1977). 'The regulation of exchange in the infant-caregiver system and some aspects of the context-content relationships' in M. Lewis and L.

Rosenblum (eds.) *Interaction, conversation and the development of language,* 133-45, New York and London: Wiley.

Sander, L. (reporter) (1980). 'New knowledge about the infant from current research: implications for psychoanalysis', Report of panel held at the Annual Meeting of the American Psychoanalytic Association, Atlanta, May 1978, *Journal of the American Psychoanalytic Association,* 28: 181-98.

Santayana, G. (1905). *The life of reason,* vol. 1, New York: Scribner.

Schafer, R. (1976). *A new language for psychoanalysis,* New Haven: Yale University Press.

Schaffer, H. R. (ed.) (1977). *Studies in mother-infant interaction,* London: Academic Press.

Schaffer, H. R. (1979). 'Acquiring the concept of the dialogue' in H. M. Bornstein and W. Kessen (eds.) *Psychological development from infancy: image to intention,* 279-305, Hillsdale, New Jersey: Lawrence Erlbaum.

Schffer, H. R., and Crook, C. K. (1979). 'The role of the mother in early social development' in B. McGurk (ed.) *Issues in childhood social development,* 55-78, London: Methuen.

Schaffer, H. R., Collis, G. M., and Parsons, G. (1977). 'Vocal interchange and visual regard in verbal and preverbal children', in H. R. Schaffer (ed.) *Studies in mother-infant interaction,* 291-324, London: Academic Press.

Sosa, R., Kennell, J., Klaus, M., Robertson, S., and Urrutia, J. (1980). 'The effect of a supportive companion on length of labour, mother-infant interaction and perinatal problems', *New England Journal of Medicine,* 303: 597-600.

Spiegel, R. (1981). 'Review of *Loss: Sadness and Depression* by John Bowlby', *American Journal of Psychotherapy,* 35: 598-600.

Spinetta, J. J., and Rigler, D. (1972). 'The child-abusing parent: a psychological review', *Psychological Bulletin,* 77: 296-304.

Spitz, R. A. (1945). 'Hospitalism: an enquiry into the genesis of psychiatric conditions in early childhood', *The Psychoanalytic Study of the Child,* 1:

53-74.

Spitz, R. A. (1946). 'Anaclitic depression', *The Psychoanalytic Study of the Child*, 2: 313-42.

Spitz, R. A. (1947). *Grief: a peril in infancy* (film), New York: New York University Film Library.

Spitz, R. A. (1957). *No and yes*, New York: International Universities Press.

Sroufe, L. A. (1983). 'Infant-caregiver attachment and patterns of adaptation in pre-school: the roots of maladaptation and competence', in M. Perlmutter (ed.) *Minnesota Symposium in Child Psychology*, vol. 16, 41-48, Minneapolis: Univrsity of Minnesota Press.

Sroufe, L. A. (1985). 'Attachment-classification from the perspective of infant-caregiver relationships and infant temperament', *Child Development*, 56: 1-14.

Sroufe, L. A. (1986). 'Bowlby's contribution to psychoanalytic theory and developmental psychology', *Journal of Child Psychology and Psychiatry*, 27: 841-9.

Steele, B. F., and Pollock, C. B. (1968). 'A psychiatric study of parents who abuse infants and small children' in R. E. Helfer and C. H. Kempe(eds.) *The battered child*, 103-45, Chicago: University of Chicago Press.

Stephen, A. (1934). 'On defining psychoanalysis', *British Journal of Medical Psychology*, 11: 101-16.

Stern, D. N. (1977). *The first relationship: infant and mother*, London: Fontana, Open Books.

Stern, D. N. (1985). *The interpersonal world of the infant*, New York: Basic Books.

Strachey, J. (1959). Editor's introduction to the *Standard Edition of Freud's Inhibitions, Symptoms and Anxiety, SE 20*, 77-86, London: Hogarth Press.

Stroh, G. (1974). 'Psychotic children' in P. Barker (ed.) *The residential psychiatric treatment of children*, 175-90, London: Crosby.

Strupp, H. H., and Binder, J. L. (1984). *Psychotherapy in a new key: a guide to time-limited dynamic psychotherapy*, New York: Basic Books.

Sulloway, F. (1979). *Freud, biologist of the mind*, New York: Basic Books.

Svejda, M. J., Campos, J. J., and Emde, R. N. (1980). 'Mother-infant bonding: failure to generalize', *Child Development*, 51: 775-9.

Trevarthen, C. (1979). 'Instincts for human understanding and for cultural co-operation: their development in infancy', in M. von Granach, K. Foppa, W. Lepenies, and D. Ploog (eds.) *Human Ethology*, 539-71, Cambridge: Cambridge University Press.

van der Eyken, W. (1982). *Home-start: s four-year evaluation*, Leicester: Home-Start Consultancy (140 New Walk, Leicester LE1 7JL).

Waddington, C. H. (1957). *The strategy of the genes*, London: Allen & Unwin.

W rtner, U. G. (1986). 'Attachment in infancy and at age six, and children's self-concept: a follow-up of a German longitudinal study', doctoral dissertation, University of Virginia.

Weisskopf, V. F. (1981). 'The frontiers and limits of physical sciences', *Bulletin of the American Academy of Arts and Sciences*, 34.

Wenner, N. K. (1966). 'Dependency patterns in pregnancy', in J. H. Masserman (ed.) *Sexuality of women*, 94-104, New York: Grune & Stratton.

Winnicott, C. (1980). 'Fear of breakdown: a clinical example', *International Journal of Psycho-Analysis*, 61: 351-7.

Winnicott, D. W. (1957). 'Primary maternal preoccupation', in *Collected papers: through paediatrics to psychoanalysis*, 300-5, London: Tavistock.

Winnicott, D. W. (1960). 'Ego distortion in terms of true and false self', reprinted in D. W. Winnicott (1965) *The maturational process and the facilitating environment*, 140-52, London: Hogarth; New York: International Universities Press.

Winnicott, D. (1974). 'Fear of breakdown', *International Review of Psy-choanalysis*, 1: 103-7.

Wolkind, S., Hall, F., and Pawlby, S. (1977). 'Individual differences in mothering behaviour: a combined epidemiological and observational approach' in P. J. Graham (ed.) *Epidemiological approaches in child psychiatry*, 107-23, New York: Academic Press.

Zahn-Waxler, C., Radke-Yarrow, M., and King, R. A. (1979). 'Child-rearing and children's prosocial initiations toward victims of distress', *Child Development*, 50: 319-30.

부가 참고자료

가족 희생양이 된 아동

Gillett, R. (1986). 'Short-term intensive psychotherapy? a case history', *British Journal of Psychiatry*, 148: 98-100.

죄책감을 유발하는 기술을 사용하는 부모

Griffin, P. (1986). *Along with youth: Hemingway, the early years*, Oxford: Oxford University Press.

신체학대 아동

(a) 발달적 연구

Crittenden, P. (1985). 'Maltreated infants: vulnerability and resilience', *Journal of Child Psychology and Psychiatry*, 26: 85-96.

George, C., and Main, M. (1979). 'Social interactions of young abused children: approach, avoidance and aggression', *Child Development*, 50: 306-18.

Main, M., and George, C. (1985). 'Responses of abused and disadvantaged toddlers to distress in age mates: a study in the day-care setting', *Developmental Psychology*, 21: 407-12.

(b) 치료적 연구

Hopkins, J. (1984). 'The probable role of trauma in a case of foot and shoe fetishism: aspects of the psychotherapy of a 6-year-old girl', *International Review of Psychoanalysis*, 11: 79-91.

Hopkins, J. (1986). 'Solving the mystery of monsters: steps towards the recovery from trauma', *Journal of Child Psychotherapy*, 12: 61-71.

Lanyado, M. (1985). 'Surviving trauma: dilemmas in the psychotherapy of traumatized children', *British Journal of Psychotherapy*, 2: 50-62.

성학대 아동

Bass, E., and Thornton, L. (eds.) (1983). *I never told anyone: writings by women survivors of child sexual abuse*, New York: Harper & Row.

Herman, J. L. (1981). *Father-daughter incest*, Cambridge, Mass: Harvard University Press.

Herman, J., Russell, D., and Trocki, K. (1986). 'Longterm effects of incestuous abuse in childhood', *American Journal of Psychiatry, 143:* 1293-6.

A Secure Base: Clinical Applications of Attachment Theory

찾아보기

인명

Adams-Tucker, C. 164

Ainsworth, M. D. S. 27-29, 48, 54,
79, 80, 82, 83, 91, 110, 101, 189,
192, 202

Anderson, J. W. 102

Arend, R. 28, 194

Baldwin, J. 134

Baliant, M. 85

Ballou, J. 20

Bell, S. M. 202

Bender, L. 45

Bergman, A. 80, 100

Binder, J. L. 216

Bion, W. 217

Blehar, M. C. 192, 202

Blight, J. G. 120

Bliss, E. L. 145, 177, 178

Bloch, D. 145, 178, 180

Bowlby, J. 19, 39, 45, 60, 64, 66, 90,
100, 135, 163, 169, 177, 191

Brazelton, T. B. 24

Bretherton, I. 201

Brown, G. W. 65

Burlingham, D. 45

Burnham, D. L. 58

Cain, A. C. 160

Campos, J. J. 34

Casement, P. 216, 232

Cassidy, J. 192, 197-200, 204

Cater, J. I. 38

Chandler, M. A. 140

Clake-Stewart, K. A. 29

Collis, G. M. 26

Collmer, C. W. 37

Crittenden, P. 141, 194

Crook, C. K. 32

Darwin, C. 108

DeLozier, P. P. 37, 38, 66, 134–136

DeMaso, D. R. 182

Deutsch, H. 59

Dixon, N. F. 63, 114

Easton, P. M. 38

Efron, A. 76

Emde, R. N. 34, 190

Epstein, S. 204

Erdelyi, M. H. 114, 173

Fairbairn, R. 85, 113, 216

Farrington, D. P. 147

Fast, I. 160

Feinstein, H. M. 139

Fraiberg, S. 236, 237

Freud, A. 45, 46, 78

Freud, S. 51, 57, 62, 71, 76, 95, 99,
102, 107–109, 114, 118, 125, 158,
180, 203, 213

Frodi, A. M. 145

Frommer, E. A. 36

Fromm-Reichmann, F. 216

Furman, E. 60

Gaensbauer, T. J. 139

Gaines, R. W. 38

Gayford, J. J. 147

Gedo, J. E. 100

George, C. 66, 141, 143

Gill, H. S. 170, 216

Goldfarb, W. 45

Gould, R. W. 38, 133

Gove, F. L. 28

Green, A. H. 38

Grinker, R. R. 17

Grossmann, K. E. 192, 202

Guidano, V. F. 182

Guntrip, H. 216

Haeckel, E. 108, 109

Hall, F. 36

Hansburg, H. G. 134

Hargreaves, R. 45

Harlow, H. F. 48, 53

Harris, T. O. 65

Harrison, M. 150, 152

Hazan, C. 199

Heinicke, C. 47, 78, 91

Helfer, R. E. 150

Heron, J. 143

Hesse, E. 194

Hinde, R. 48, 54, 238

Holt, R. R. 120

Home, H. J. 99

Hopkins, J. 145, 178, 179

Horney, K. 126

Horowitz, M. 216

Izard, C. E. 190

Johnson-Laird, P. N. 188

Kaplan, N. 192, 200, 204

Kaye, H. 25

Kempe, C. H. 150

Kennell, J. H. 23, 33, 34

Kernberg, O. 85, 86

King, R. A. 35, 143

Klaus, M. H. 23, 33, 34

Klein, G. 100

Klein, M. 50, 52, 59, 64

Kliman, G. 60

Kluft, R. P. 178

Kobak, R. R. 199

Kohut, H. 63, 85, 113, 216

Koslowski, B. 24

Krist, E. 78

Kuhn, T. S. 52, 64

Kumar, R. 24

Lamarck, J.-B. 108

Lamb, M. E. 29, 54, 145

Latakos, I. 119

Levy, D. 45

Lewin, K. 66

Lieberman, A. F. 202

Lind, E. 88

Liotti, G. 182, 204

Lipton, R. 47

Lorenz, K. Z. 51

Lynch, M. 38, 144, 150

MacCarthy, B. 164, 165

Mackey, W. C. 29

Mahler, M. 64, 78, 80, 91, 100

Main, M. B. 24, 28, 66, 91, 141, 143,
      192, 194, 197, 198, 200, 201, 204

Malan, D. M. 216

Malone, C. A. 140

Manning, M. 143

Marris, P. 60

Marrone, M. 226

Marsden, D. 146, 143

Martin, H. P. 139, 144

Matas, L. 194

Mattinson, J. 145, 147

Mehl, L. E. 34

Meiselman, K. C. 164

Melges, F. T. 182

Miller, A. 150, 166, 168

Mintz, T. 110

Mitchell, M. C. 136

Morris, D. 38, 133, 204

Newson, J. E. 110

Niederland, W. G. 180

Norman, D. A. 63, 173

O'Shea, G. 36
Obmascher, P. 54
Offer, D. 18, 100
Owens, D. 146

Palgi, P. 166
Parke, R. D. 29, 37
Parkes, C. M. 60, 66, 118
Parsons, G. 26
Paul, N. 139
Pawlby, S. J. 36
Pedder, J. 88
Perret-Clermont, A.-N. 238
Peterfreund, E. 64, 100, 182, 216, 232
Peterson, G. H. 34
Pettison, E. 139
Pine, F. 80, 100, 216
Pollock, C. B. 38, 133
Popper, K. R. 119
Pound, A. 141, 150
Provence, S. 47

Radford, M. 120
Radke-Yarrow, M. 35, 143, 194
Rajecki, D. W. 54
Raphael, B. 33, 60, 182
Ricks, M. H. 204
Ricoeur, P. 99
Rigler, D. 133
Ringler, N. 34
Roberts, J. 144, 150

Robertson, J. 46, 47, 60, 61, 78, 91
Robson, K. M. 24
Rodeheffer, M. A. 139, 144
Rosen, V. H. 161, 163
Rosenblatt, A. D. 100
Rosenfeld, S. 178
Rubinstein, B. B. 100
Rutter, M. 54, 65, 66

Sameroff, A. J. 140
Sander, L. W. 24, 100
Sandgrun, A. 38
Sands, K. 139
Santayana, G. 213
Sceery, A. 199
Schaffer, H. R. 24, 26, 32, 100
Schwan, A. 192, 202
Shapiro, V. 236
Shaver, P. 199
Sinclair, I. 145, 147
Solomon, J. 194
Sosa, R. 33
Spencer-Booth, Y. 48
Spiegel, R. 63
Spinetta, J. J. 133
Spitz, R. 45, 46, 48, 78, 100
Sroufe, L. A. 28, 54, 192, 194, 196, 197
Stayton, D. J. 202
Steele, B. F. 38, 133
Stephen, A. 221
Stern, D. N. 24, 100, 190, 208

Stevenson-Hinde, J. 54, 66, 118, 238

Strachey, J. 57

Stroh, G. 145, 178

Strupp, H. H. 216

Sullivan, H. S. 63, 216

Sulloway, F. 108

Svejda, M. J. 34

Thickstun, J. T. 100

Trause, M. A. 23

Trevarthen, C. 110

van der Eyken, W. 152

Waddington, C. H. 106

Wall, S. 192

Wörtner, U. G. 197

Waters, E. 192

Weisskopf, V. F. 120

Wenner, N. K. 20

Westheimer, I. 47, 91

Weston, D. 28, 194

Winnicott, C. 87, 88

Winnicott, D. W. 24, 63, 85-87, 90,
    92, 94, 113, 193, 216, 217

Wittig, B. A. 54

Wolkind, S. 36

Yarnell, H. 45

Zahn-Waxler, C. 35, 143

Zimmermann, R. R. 53

가정폭력 125

감정 167

개념적 틀 51

거리 두기 61

거절 145

거짓 자기 63, 176

경계선적 성격 85

근접성 19, 55

근접성 추구행동 102

근접욕구 189

근친상간 164

낯선 상황 절차 194

낯선 상황 절차 연구 28

내면화 197

내부 세계 77

내재적 19, 132

내적 표상 77

담아주기 217

대안 이론 64
동물행동학적 17, 101
동물행동학적 관점 19
동반자 231

리비도 22

모성 돌봄의 박탈 48
모성 박탈 49
무의식적 고정관념 215

발달경로 107
발달경로 이론 188
발달단계 52
방어과정 61
방어적 배제 63, 114
버텨주기 217
병인론 158
부모의 아동기 경험 35
부인 227
분리 24
분리불안 56
분열형 성격 85
불안-저항애착 193
불안정 애착 패턴 28
불안-회피애착 193
불확인 227

상호작용 23
생물학적 관점 22
서비스 150

선택적 63
성격발달 46, 207

안전기지 30, 190
안정 애착 190
안정 애착 패턴 28
압력 169
애도 59
애착대상표상모델 56
애착동기 54
애착유대 55
애착이론 55
애착인물 20, 149, 187
애착행동 19, 20, 189
어머니-유아 상호작용 82
역전이 218
역할 역전 198
역할 전도 38
외부 세계 77
유기위협 58
의존 19, 31
이만하면 좋은 어머니90 86
인지적 장애 157

자기애적 성격 63
자기충족적 193
자기표상모델 56
작동모형 187, 188, 238
재구성 230
전도 198
전이관계 219

접근성 191

정보처리 114

정서적 유대 130, 188

정서적 의사소통 235

조절 체계 62

지금-여기 218

진화론 103

차단 63, 167

참자기 90

추동 50

치료과제 213

치료의 중단 233

치료자 역할 232

탐색 214

평가 체계 174

항상성 56

항상성 원리 56

혼란애착 198

홈스타트 150

환경적 항상성 191

황홀경 23

저자 소개

John Bowlby (1907~1990)

영국의 중산층 가정에서 6남매 중 넷째로 태어난 그는 정신분석을 수련한 정신과 의사이며, 애착이론의 주창자다. 제2차 세계대전 후 타비스톡 클리닉의 부소장으로 일하는 한편, 1950년부터 세계보건기구(WHO)에서 정신건강 자문위원을 지냈다. 그는 아동을 돌보고 관찰하는 과정에서 애착경험이 인간의 건강한 발달에 필수 불가결하다는 이론을 발전시켰으며, 특히 생물학적 접근을 통해 이론을 형성하고자 하였다. 이와 관련한 대표적인 저서로는 『애착』『분리』『상실』 등이 있다.

역자 소개

김수임

서울대학교 교육학과(교육상담전공)에서 석사학위와 박사학위를 수여하였다. 1급 상담심리사(한국상담심리학회)이자 수련감독 전문상담사(한국상담학회 심리치료, 기업상담)이며, 현재 용문상담심리대학원대학교 상담심리학과 교수로 재직 중이다. 주요 연구로는「애착과 심리적 독립이 진로발달 및 선택에 미치는 영향에 관한 국내 연구의 동향」「대학생의 성인애착유형, 부모애착, 진로결정 자기효능감 및 진로미결정의 관계: 조절된 매개모형을 중심으로」「대인관계 반향메세지 원형모형검사(IMI-C)의 타당화」등이 있다.

강예리

고려대학교 심리학과(임상심리전공)에서 석사학위를 수여하고, 영국 래딩대학교 심리학과(발달심리전공)에서 박사학위를 수여하였다. 정신보건 1급 임상심리사이며, 현재 영국 타비스톡 클리닉에서 임상실습을 하며 초등학교에서 아동을 대상으로 심리치료를 실시하고 있다. 주요 연구 및 저서로는「우울한 아동을 위한 집단놀이치료의 효과」, *Anxiety prevention in children and adolescents*, *Psychiatric epidemiology* 등이 있다.

강민철

뉴욕대학교에서 미술치료로 석사학위를 수여하고, 서울대학교 교육학과(교육상담전공)에서 박사학위를 수여하였다. 현재 차의과학대학교 미술치료대학원 교수로 재직 중이다. 주요 연구로는「대학생의 애착, 진로결정 자기효능감, 진로미결정의 관계에서 심리적 독립과 우유부단의 조절효과」「산후우울증 유병률 및 관련요인에 대한 메타연구: 사회적 지지와 양육스트레스를 중심으로」「우울, 불안, 수치심, 자살사고에 대한 잠재프로파일 분석」등이 있다.

존 볼비의 안전기지
애착이론의 치료적 적용
A Secure Base: Clinical Applications of Attachment Theory

2014년 3월 25일 1판 1쇄 발행
2024년 1월 25일 1판 5쇄 발행

지은이 • John Bowlby
옮긴이 • 김수임 · 강예리 · 강민철
펴낸이 • 김 진 환
펴낸곳 • (주) 학지사

　　　　04031 서울특별시 마포구 양화로 15길 20 마인드월드빌딩 5층

대표전화 • 02) 330-5114　　　팩스 • 02) 324-2345

등록번호 • 제313-2006-000265호

홈페이지 • http://www.hakjisa.co.kr
인스타그램 • https://www.instagram.com/hakjisabook

ISBN 978-89-997-0343-0 93180

정가 16,000원

출판미디어기업 학지사

간호보건의학출판 학지사메디컬 www.hakjisamd.co.kr
심리검사연구소 인싸이트 www.inpsyt.co.kr
학술논문서비스 뉴논문 www.newnonmun.com
원격교육연수원 카운피아 www.counpia.com